Kay P. Hradilak

Führen von IT-Service-Unternehmen

Edition CIO

herausgegeben von Horst Ellermann

Der Schlüssel zum wirtschaftlichen Erfolg von Unternehmen liegt heute mehr denn je im sinnvollen Einsatz von Informationstechnologie. Nicht ob, sondern WIE die Informationstechnik der Motor für wirtschaftlichen Erfolg sein wird, ist das Thema der Buchreihe. Dabei geht es nicht nur um Strategien für den IT-Bereich, sondern auch deren Umsetzung - um Architekturen, Projekte, Controlling, Prozesse, Aufwand und Ertrag.

Die Reihe wendet sich an alle Entscheider in Sachen Informationsverarbeitung, IT-Manager, Chief Information Officer – kurz: an alle IT-Verantwortlichen bis hinauf in die Chefetagen.

Konsequente Ausrichtung an der Zielgruppe, hohe Qualität und dadurch ein großer Nutzen kennzeichnen die Buchreihe. Sie wird herausgegeben von der Redaktion der IT-Wirtschaftszeitschrift CIO, die in Deutschland seit Oktober 2001 am Markt ist und in den USA bereits seit 20 Jahren erscheint.

IT-Management mit ITIL® V3
Von Ralf Buchsein, Frank Victor, Holger Günther und Volker Machmeier

Management von IT-Architekturen
Von Gernot Dern

IT-Controlling realisieren
Von Andreas Gadatsch

Outsourcing realisieren
Von Marcus Hodel, Alexander Berger und Peter Risi

IT für Manager
Von Klaus-Rainer Müller und Gerhard Neidhöfer

Von der Unternehmensarchitektur zur IT-Governance
Von Klaus D. Niemann

Steuerung der IT im Klinikmanagement
Herausgegeben von Helmut Schlegel

Optimiertes IT-Management mit ITIL
Von Frank Victor und Holger Günther

www.viewegteubner.de

Kay P. Hradilak

Führen von IT-Service-Unternehmen

Zukunft erfolgreich gestalten

2., aktualisierte und erweiterte Auflage

Mit 22 Abbildungen

PRAXIS

VIEWEG+
TEUBNER

Bibliografische Information der Deutschen Nationalbibliothek
Die Deutsche Nationalbibliothek verzeichnet diese Publikation in der
Deutschen Nationalbibliografie; detaillierte bibliografische Daten sind im Internet über
<http://dnb.d-nb.de> abrufbar.

Das in diesem Werk enthaltene Programm-Material ist mit keiner Verpflichtung oder Garantie irgendeiner Art verbunden. Der Autor übernimmt infolgedessen keine Verantwortung und wird keine daraus folgende oder sonstige Haftung übernehmen, die auf irgendeine Art aus der Benutzung dieses Programm-Materials oder Teilen davon entsteht.

Höchste inhaltliche und technische Qualität unserer Produkte ist unser Ziel. Bei der Produktion und Auslieferung unserer Bücher wollen wir die Umwelt schonen: Dieses Buch ist auf säurefreiem und chlorfrei gebleichtem Papier gedruckt. Die Einschweißfolie besteht aus Polyäthylen und damit aus organischen Grundstoffen, die weder bei der Herstellung noch bei der Verbrennung Schadstoffe freisetzen.

1. Auflage 2007
2., aktualisierte und erweiterte Auflage 2011

Alle Rechte vorbehalten
© Vieweg+Teubner Verlag | Springer Fachmedien Wiesbaden GmbH 2011

Lektorat: Christel Roß | Maren Mithöfer

Vieweg+Teubner Verlag ist eine Marke von Springer Fachmedien.
Springer Fachmedien ist Teil der Fachverlagsgruppe Springer Science+Business Media.
www.viewegteubner.de

Das Werk einschließlich aller seiner Teile ist urheberrechtlich geschützt. Jede Verwertung außerhalb der engen Grenzen des Urheberrechtsgesetzes ist ohne Zustimmung des Verlags unzulässig und strafbar. Das gilt insbesondere für Vervielfältigungen, Übersetzungen, Mikroverfilmungen und die Einspeicherung und Verarbeitung in elektronischen Systemen.

Die Wiedergabe von Gebrauchsnamen, Handelsnamen, Warenbezeichnungen usw. in diesem Werk berechtigt auch ohne besondere Kennzeichnung nicht zu der Annahme, dass solche Namen im Sinne der Warenzeichen- und Markenschutz-Gesetzgebung als frei zu betrachten wären und daher von jedermann benutzt werden dürften.

Umschlaggestaltung: KünkelLopka Medienentwicklung, Heidelberg
Gedruckt auf säurefreiem und chlorfrei gebleichtem Papier
Printed in Germany

ISBN 978-3-8348-1518-7

Geleitwort zur 2. Auflage

Zehn Jahre sind bereits in einer traditionellen Industrie eine lange Zeit, in der IT hingegen stellen sie noch immer eine kleine Ewigkeit dar. In nur einer Dekade verdoppelt sich die Rechnerleistung mindestens fünfmal, Software-Programme explodieren in Umfang und Leistungsvolumen, die Speicherkapazitäten vervielfachen sich, die Preise reduzieren sich dramatisch. Diese Innovationsspirale dreht sich immer schneller. Den Vorteilen dieser Entwicklungen stehen die Herausforderungen an Organisationen und Menschen gegenüber, die immer neuen technischen Möglichkeiten einer sich auch wirtschaftlich und strukturell kontinuierlich wandelnden Welt sinnvoll zu erschließen.

Den Schlüsselfaktor für Erfolg und Wertschöpfung bilden dabei die Dienstleistungen rund um die IT. Auch hier hat sich ein gewaltiger Wandel vollzogen. Wurden früher IT-Services überwiegend als „Services zur Einführung und zum störungsfreien Betrieb von Informationstechnik" betrachtet, gelten sie heute als nur noch schwer abzugrenzendes Leistungselement aller betrieblichen Prozesse. Jegliche Änderung am Geschäftsmodell und den Geschäftsprozessen eines Unternehmens bildet sich umgehend in seinen IT-Strukturen ab, jegliche Innovation der IT zieht zwingend Konsequenzen in Geschäftsstrukturen und -prozessen nach sich. IT-Services sind daher heute weit mehr als technologischer Support analoger Unternehmensstrukturen, sie agieren direkt im Herzen digitaler Unternehmensrealitäten. Von ihnen wird selbstverständlich störungsfreies Funktionieren erwartet, aber vielmehr noch schnelles Erschließen neuer Geschäftsfelder und konkreter Nachweis von Wertschöpfung.

Sicherlich – ohne solide technische Basisservices kein reibungsloser Betrieb. Doch diese Commodities werden zunehmend industrialisiert. Neudeutsch könnte man sagen: Sie verschwinden zum Teil in der ubiquitären „Cloud". Entscheidend wird jedoch zukünftig sein, wie viel Mehrwert und messbare Wertschöpfung ein IT-Service-Anbieter für seine Kunden zu gewinnen in der Lage ist. Dazu bedarf es moderner Hochleistungsorganisationen, die wenig oder nichts mehr mit „Installation und Wartung" im klassischen Sinne zu tun haben. Diese Unternehmen müssen eine Mischung aus Kompetenz in IT und Wirtschaft bieten, die früher zum Teil nur in Management- und Technologieberatungen zu finden war. Das ist die Zukunftsherausforderung für die Dienstleister.

Keine leichte Aufgabe – denn noch müssen traditionelle Services zu marktgerechten Preisen geboten werden, noch denken Kundenunternehmen und Mitarbeiter in alten – früher durchaus sinnvollen – Schablonen, noch ist die neue Welt nicht profitabel realisiert. IT-Service-Unternehmen müssen sich innovativ aufstellen und zukunftsorientiert agieren, aber nicht in die Falle laufen, die da heißt: Mit dem Heute nicht mehr genug verdienen und mit dem Morgen noch gar nichts!

Die Erfolgsformel für moderne IT-Service-Organisationen heißt daher nicht „Kundenorientierung", sondern „Zukunftsorientierung für den Kunden". Dabei muss ein Dienstleister für seine Kunden kontinuierlich neue Potenziale entdecken und zügig erschließen. Dies setzt voraus: Marktkompetenz, Technologiekompetenz, Kundenkompetenz und die Fähigkeit, Chancen nachvollziehbar darzustellen und erfolgreich zu vermitteln. Und es heißt auch: ein neues Verständnis von Geschäftspartnerschaft zu entwickeln, indem auch konkrete Mitverantwortung übernommen wird.

Das vorliegende Buch zeigt pragmatisch heutige und künftige Erfolgswege für IT-Service-Unternehmen auf. Es zieht seine Kraft nicht zuletzt aus der Tatsache, dass der Autor das, was er predigt, selbst täglich leben muss.

Kaufbeuren, November 2010   Thomas Lünendonk

Geleitwort zur 1. Auflage

Seit das Gebiet nicht mehr „Elektronische Datenverarbeitung" genannt wird, sondern auf den Namen „Information Technology" hört, hat es an Attraktivität deutlich gewonnen. Auch der Übergang der Funktionsbezeichnung vom „Leiter DV" zum „IT-Manager" war dem Ansehen sehr zuträglich. Wenn dann noch die Perspektive des „Chief Information Officers" eröffnet wurde und die Aus- oder Neugründung von unabhängigen Servicegesellschaften anstand, die natürlich auch im Kleinstformat als Aktiengesellschaft mit Vorstand möglich wurde, konnte sich die Aufgabe mit allem vergleichen lassen, was der Markt sonst so an beruflichen Möglichkeiten bietet.

Der Internet-Hype hat mit den allseits bekannten Auswüchsen sein Übriges dazu gegeben. Kurz gesagt: IT-Services sind nicht nur modern, fortgeschrittene Technologie und fachlich attraktiv, sie bieten auch beste finanzielle Möglichkeiten und stellen ein leicht beherrschbares Managementareal dar. Wer an dieser Vorstellung festhalten möchte, sollte das Buch wieder beiseite legen — es wird keine Freude bereiten.

Wer dagegen schon länger den Eindruck hat, dass der Bereich Informationstechnologie und die damit verbundenen Dienstleistungen unwiderruflich aus den Flegeljahren herausgewachsen sind, dass sich jetzt Management an normal gewordenen Rahmenbedingungen messen lassen muss, die in anderen Industrien schon seit Jahrzehnten gang und gäbe geworden sind, der wird von der Lektüre profitieren.

Ausgangspunkt der Überlegungen zur Zukunft der IT-Services ist das Wirksamwerden normaler industrieller Rahmenbedingungen. Solche Anpassungsprozesse werden häufig als Krise wahrgenommen. Vielleicht ist es müßig, lange darüber zu diskutieren, ob es sich wirklich um eine Krise handelt oder eben nur um den schrittweisen, aber unwiderruflichen Wegfall von Sonderbedingungen, die dem Frühstadium einer Branche zuzuordnen sind. Krisen haben aber andere Ursachen und erfordern meistens auch andere Maßnahmen. Die Zukunft der IT-Services, wie sie in dem vorliegenden Text diskutiert wird, basiert gerade auf der Erkenntnis, dass die bisherigen Bedingungen zugunsten der wirtschaftlichen Normalität weggefallen sind.

Explizit bezieht sich die Veröffentlichung auf die Führung von IT-Service-Unternehmen. Wer die Analyse und die Handlungsempfehlungen mit einem anderen Blickwinkel liest, wird schnell feststellen, dass sie ohne weiteres auch auf die Führung von IT-Bereichen in einem anderen organisatorischen Umfeld bezogen werden können. Das Credo, es sei nicht die Größe, die über den Erfolg entscheide, sondern Innovation, Professionalität und Serviceerfahrung, gilt auch für IT-Services, die nicht unabhängig am Markt angeboten werden.

Innovation ist eines der Stichworte, die auf das Leistungsspektrum der IT-Services angewandt werden. „Auf Innovation beruht die Daseinsberechtigung eines IT-Service-Unternehmens, wie es in diesem Buch beschrieben wird." (siehe Seite 125) Innovation bezieht sich aber nicht nur auf die Dienste, sondern auf die Organisation als Ganzes. In gewisser Hinsicht lässt sich der gesamte Text als Aufforderung zur Innovation des Unternehmens verstehen. Welche Überzeugungen, die sich in der Vergangenheit durchaus bewährt haben, führen unter den neuen Bedingungen nicht mehr weiter? Welchen Erfahrungen ist die praktische Grundlage entzogen worden? Welche neuen Orientierungspunkte sollen im IT-Management berücksichtigt werden?

Hier sollen nicht die inhaltlichen Thesen des Textes vorweg genommen werden. Aber soviel sei vorweg gesagt: wer für ein selbständiges Unternehmen der IT-Service-Industrie oder für einen mehr oder minder verselbständigten IT-Bereich die Ausrichtung der Führung überprüfen möchte, kann dies entlang der elf Dimensionen sehr gut tun, in denen der Weg in die Zukunft skizziert wird. Auch wer dem Autor nicht in allen Punkten folgen möchte, wird den detailliert und mit Sinn für die praktischen Fragen der Unternehmensführung formulierten Reifetest mit Bezug auf die Personalführung, die Entwicklung eines Verständnisses von Serviceprodukten oder das Zusammenspiel zwischen Vertrieb und Technik mit Gewinn lesen.

Köln, den 25. November 2006   Andreas Resch

Vorwort zur 2. Auflage

Neue Trends wie Cloud Computing, Social Computing oder Mobile Apps beherrschen heute die Branchendiskussion. Diese Trends haben aber weder das Gesetz der Kommodisierung außer Kraft gesetzt, noch die seit 2000 anhaltende Marktentwicklung umgekehrt. Vielmehr sind gerade diese neuen Trends Ausdruck, dass immer mehr Serviceerwartungen den Blick auf die Informationstechnologie bestimmen, bei stagnierenden Umsätzen von klassischer IT-Ausstattung.

Service Design, das Gestalten der Dienstleistungen aus der Sicht des größtmöglichen Kundennutzens, wird um so mehr zum entscheidenden Faktor, je mehr technologische Unterschiede hinter der x-as-a-Service-Schicht verblassen. Engineeringstärke wird darüber entscheiden, wer am besten und am wirtschaftlichsten die immer komplexer werdenden „Cloud-Fabriken" gestalten wird. Monolithische Größe bleibt ein struktureller Nachteil und erweist sich auch als Hindernis beim Vermarkten von Cloud Services. Und unverändert müssen IT-Service-Unternehmen in allen Ihren Unternehmensbereichen geführt werden.

Wie wurde diese Auflage aktualisiert?

In den ersten beiden Kapiteln, die den Status der IT-Service-Branche und ihre Grundüberzeugungen behandeln, habe ich Marktzahlen aktualisiert und Updates zur Branchenentwicklung hinzugefügt.

Wesentlich überarbeitet habe ich das abschließende 4. Kapitel: Cloud Computing ist derzeit das mit Abstand am meisten verbreitete Schlagwort in der IT-Welt. Der Anspruch von Cloud Computing gleicht denen seiner Vorgänger Computing on Demand, Utility Computing, Organic IT und vielen weiteren, aber Cloud Computing steht auf einer nunmehr sehr reifen technologischen Basis. Dies bringt eine Vielzahl von neuen Chancen für IT-Service-Unternehmen — ganz gleich wie Cloud Computing in 1-2 Jahren benannt sein wird. Regiosourcing ist nur eine dieser Chancen.

Bei dieser Gelegenheit möchte ich mich ganz herzlich bei meinen bisherigen Lesern bedanken, die die erste Auflage des Buches sehr gut aufgenommen haben. Ich freue mich, dass ich eine Reihe von wissenschaftlichen Arbeiten als Quelle unterstützen konnte. Danke auch an den Diplomanten der Universität Magdeburg, der auf eine sehr nette Weise darauf hinwies, dass ich mich trotz 2 Seiten Text offensichtlich auf keine Definition von IT-Services festlegen wollte. Ich trete nun mit einer 2 Satz-Definition in den Ring!

Berlin, November 2010　　　　　　　　　　　　　　　　　　　　Kay P. Hradilak

Vorwort zur 1. Auflage

Der Geschäftsalltag von IT-Dienstleistern konfrontiert dessen Führungskräfte nahezu jeden Tag mit Herausforderungen, bei denen die gesammelten Erfahrungen und die bisherigen Erfolge nicht weiterhelfen. Mehr noch. Der Erfolg der Neunziger Jahre des letzten Jahrhunderts und die mit ihm gewachsenen Überzeugungen können jetzt lebensgefährlich für IT-Service-Unternehmen werden.

Service- und Vertriebsmanager in der IT-Dienstleistungsbranche müssen heute in einem Markt bestehen, der scheinbar nur noch Preisdruck und wachsende Austauschbarkeit kennt. Ganze Marktsegmente stagnieren oder schrumpfen. Die Großunternehmen der Branche suchen ihr Heil, indem sie Wett-bewerber kaufen und größer und größer werden wollen, ohne dass dieses aber den meisten von ihnen zu einer guten Rendite verhilft. Aus Asien nahen IT-Dienstleister mit gewaltigen Ressourcen und scheinbar unschlagbaren Preisvorteilen.

Wie kann ein IT-Service-Unternehmen trotz dieser Rahmenbedingungen ertragreich gedeihen und wachsen? Denn es gibt auch heute ertragsstarke IT-Service-Unternehmen. Es gibt margenträchtige Projekte und prosperierende Kundenbeziehungen, in denen die Kunden hochzufrieden sind und die Dienstleister sehr gute Margen erzielen.

Hinter diesen ermutigenden Erfahrungen stecken gemeinsame Muster, die in diesem Buch als Service Design und als Engineeringstärke beschrieben werden. Zum einem reichen heute wettbewerbsfähige Kosten und solide Prozessbeherrschung allein nicht mehr aus, um im IT-Service-Markt hervorzutreten. Es wird heute unerlässlich, IT-Serviceprozesse hinsichtlich des größten Kundennutzens zu designen und zu führen. IT-Services müssen zu einer positiv unvergesslichen Kundenerfahrung werden. Zum anderen müssen IT-Service-Unternehmen realisieren, dass in Zukunft nicht einfach die größten Unternehmen den größten Erfolg haben werden, sondern die Unternehmen, die über die meisten Top-Kräfte sowohl hinsichtlich Engineering-Vertrieb, Projektmanagement als auch Technologie-Können verfügen.

Wenn Vertriebs- und Servicemanager die Zukunftschancen ergreifen wollen, die in Service Design und Engineeringstärke liegen, dann müssen sie sich zuerst ihrer eigenen gewachsenen Grundüberzeugungen bewusst werden. Und sie müssen sich die Entwicklung ihrer Branche verdeutlichen, die unumkehrbar ihre „goldenen Zeiten" hinter sich gelassen hat. Hiervon handeln die ersten beiden Kapitel des Buches. Jedem Vertriebs- und Servicemanager muss klar werden, dass er mit geliebten Überzeugungen brechen muss, damit er und sein Geschäft eine Zukunft haben.

Service Design und Engineeringstärke als Fokus bleiben Worthülsen, wenn sie nicht sämtliche Unternehmensbereiche ausdauernd prägen. Was hier konkret zu tun ist, ist Gegenstand des dritten und vierten Kapitels des Buches: Wie entwickle ich überragende Dienstleistungsprodukte, wie erschließe ich dauerhaft ertragsstarke Kundenbeziehungen, wie biete ich faszinierende

Karrierepfade, wie organisiere ich Wachstum ohne Erstarrung und wie führe ich ein Unternehmen, das die „Besten der Besten" an Bord hat? Jedes dieser Themen wird „von der Praxis für die Praxis" mit einer Vielzahl von praktischen Beispielen und Checklisten beschrieben.

Der Schlüssel zur Zukunft liegt nicht in neuen „Killer"-Technologien, sondern im Führen von Teams, im Design von überragenden Serviceprodukten und in der Entwicklung von Kundenbeziehungen. Diese Erkenntnis macht auch Mut für den längerfristigen Ausblick im letzten Kapitel des Buches. Ein Verschwinden der klassischen IT-Services wird kein Ende für die Dienstleistungen bedeuten.

Danksagung

Das Schreiben dieses Buches war auch ein wunderbarer Prozess, Freundschaften zu vertiefen und interessante Menschen, vor allem natürlich aus der IT-Branche, kennenzulernen. Ivo Karzel war nicht nur einer der Ersten, der nach mir von diesem Projekt begeistert war, er begleitete auch das gesamte Buch durch all seine Versionen als kritischer Mitdenker und Mitleser. Ohne Ivo Karzels Hilfe hätte es dieses Buch in dieser Form nicht gegeben. Besonderer Dank gilt auch Herrn Damian Sicking, der als journalistischer Profi und Branchenkenner offen und kritisch dieses Buchprojekt begleitete und zum Glück nie scheute, Klartext zu reden. Herzlich zu danken habe ich auch Frau Heike Findeis, Frau Carolina Lebedies, Herrn Rolf Kleinwächter, Herrn Tim Lüdke, Herrn Andreas Mayer und Herrn Wolfgang Stübich, die mich mit wertvollen Hinweisen und spannenden Diskussionen beim Schreiben dieses Buches großartig unterstützten.

Lieben Dank an meine Frau Christine für ihre Geduld, ihren gesunden Menschenverstand, das viele Korrekturlesen und für ihre Ermutigungen.

Berlin, November 2006 Kay P. Hradilak

Inhaltsverzeichnis

Geleitwort zur 2. Auflage v
Geleitwort zur 1. Auflage vii
Vorwort zur 2. Auflage ix
Vorwort zur 1. Auflage x

1 Brechen Sie aus Ihren Überzeugungen aus

„Der Fluch der Goldenen Neunziger". 1
Überzeugungen, die in Stein gemeißelt sind 2

2 IT – eine Industrie hat sich normalisiert

2.1 IT ist eine Commodity – wird IT eine Utility? 5
Kommodisierung prägt die Informationstechnologie 5
Stetiger Preisverfall ist der bestimmende Trend der Computerhardware 5
Warum der stetige Preisverfall in der „Natur der Sache" liegt 8
Wachsender Preisdruck auch im Softwarebereich 8
Die Globalisierung erhöht den Preisdruck 9
... und ebnet den Weg für Szenarien, die die gesamte heutige Computerwelt
erschüttern können 10
Existentielle Folgen für IT-Anbieter 11
„Computing on Demand" – die nächste Welle? 14
Wie realistisch ist die Umsetzung von „Computing on Demand"? 15
Stagnation in Deutschland – IT als Kostenfaktor 18
Fazit 19

2.2 Was sind eigentlich IT-Services? 21
IT-Services sind vielfältig 21
IT-Services sind besonders. 21
Unklarheiten in der Definition 22
Zwei Servicewelten 22
Drei komplementäre Geschäftsfelder in den Infrastruktur-Services 24
Kommodisierung und „Computing on Demand" betreffen auch die IT-Services 26
Fazit 27

3 Werden Sie ein Engineering-Unternehmen

3.1 Engineeringstärke und Service Design sind entscheidender als Größe 29
IT-Services kommodisieren, aber verschwinden nicht 29
Größe oder Nische? 29
„Größe an sich" ist selten ein Vorteil! 31
Klasse statt Masse 32
Mindestgrößen stellen keine ernsthaften Eintrittsbarrieren dar 32
Konzentration auf Engineeringstärke und Service Design 32
Den Preiswettbewerb relativieren 33
Die Regeln des Geschäftes ändern 33

3.2 Forschung und Entwicklung „on the road" 37
Die Chance aus dem Frust 37
Produktisierung, ja … 37
… aber bitte „on the road" 38
Zwei Typen von IT-Serviceprodukten 38
IT-Engineering-Produkte 39
Entwicklung von Consulting- und Engineering-Produkten 40
Betriebsprodukte 45
Die Entwicklung von Betriebsprodukten: Service Design 46
Organisation der Produktentwicklung 49
Fazit 51

3.3 Servicevertrieb: Reißen Sie Wände ein 53
Ein klassisches Rollenspiel 53
Multiplizieren der Vertriebskraft: Die Serviceorganisation muss mit verkaufen 54
Der Vertrieb paukt „Services" 55
Methodenprofessionalisierung 56
Mittelfristige Kundenentwicklung – durch Fokus besser sein 57
Vertriebstaktik – „Handwerk hat goldenen Boden" 64
Vertriebsmanagement mit CRM-Systemen 65
Fazit 66

3.4 „Human Branding" und Marketing der „Besten Praxis" 67
Markenbildung bei IT-Service-Unternehmen 67
Die Stunde der Wahrheit — wie werden Sie wahrgenommen? 67
Wofür sollte das „Human Brand" eines IT-Dienstleisters stehen?. 68
Markenumsetzung — Keine Kompromisse in den Details 71
„Marketing der besten Praxis" 71
Marketingeffizienz. 77
Fazit 77

3.5 Personal: Die Besten gewinnen, fördern und entwickeln 79
Menschen der IT-Service-Branche 79
Wie gewinne ich Top-Engineers und Top-Verkäufer?. 80
Der „Marschallstab im Tornister" 82
Zwei Karrierepfade in den Services. 83
Vertrieb: Mit der Kundenbasis wachsen 86
Was macht den Schritt von einem Bereichsleiter zu einem Geschäfts-führer aus? .. 89
Fazit 90

3.6 Vergütung: Bezahlen Sie für die persönliche Wertschöpfung 91
Ein paar Grundregeln 91
Service-Vergütung: Weg von Stunden hin zu Euros und zu Meilensteinen 92
Vertrieb: „The Sky is the limit" 94
Vergütung der Bereichsleiter — der Bereich und das Ganze 97
Fazit 99

3.7 Fokussierte Beschaffung und Partnerschaftsnetze 101
Make or Buy-Entscheidungen hinsichtlich Können und Kapazität. 101
Entscheidungen zum Fokus in den Technologiepartnerschaften 102
Auswahl und Aufbau von Servicepartnerschaften. 103
Interne Besetzung von Projekten auf Basis einer Skill- und Projekt-datenbank ... 104
Fazit 106

3.8 Organisation: Regionen, Kunden, Projekte, Produkte und Basiswissen ... 107
Zwei Fragen am Anfang 107
Auf was richte ich die Organisation aus? 107
Exkurs: Die „Fallstricke der Größe" 113
Wie fördert die Organisation Wachstum ohne Erstarrung? 115
Fazit 118

3.9 Innovations- und Qualitätskultur — vom Schlagwort zur Realität 119
Innovations- und Qualitätskultur 119
„Ein Schuss Paranoia" und Bescheidenheit 121
Kultur „säen" 122
Mergers & Acquisitions- die Königsdisziplin der Kulturarbeit 122
Fazit 124

3.10 IT-Service-Controlling — von unten nach oben 125
Das Controlling auf die Füße stellen. 125
Vorschaurechnungen und zeitnahe Ist-Abrechnungen für Kunden und Teams 126
Kalkulationsverfahren und -regeln. 132
Die operative Businessplanung nach Kunden, Produkten 133
Weitere Controllingthemen: Systematiken und spannende Analysen. 135
Fazit 135

3.11 Management: Weitgehende Delegation und Führen „von der Front" 137
Eine Hochleistungsorganisation führen 137
Führen durch weitgehendes Delegieren und durch Orchestrieren. 137
„Heroische Führung", ... 139
... ohne die Tagesgeschäfte zu stören 140
Führen mit Managementberatern? 141
Führen in der Krise 143
Fazit 145

4 Ausblick: Werden Sie Servicearchitekt und Utility Engineer
Ausblick 2018: Das Ende der IT wie wir sie kennen? 147
Die Zukunft verspätet sich 148
... und die Zukunft wird nicht monolithisch sein 149
Wie sich der Markt verschieben wird 149
Die Chancen für IT-Service-Unternehmen 151
Fazit 157

Anhang

Anmerkungen 159
Abbildungen 164
Boxen 165
Bücher 166
Kapitel-Zitate 167
Stichwortverzeichnis 169

1 Brechen Sie aus Ihren Überzeugungen aus

„If you have an existing successful business, built up over many years, you may no longer afford the luxury of change." Grulke

„Der Fluch der Goldenen Neunziger"

Abends beim Bier oder bei einem Event – oft gleitet das Gespräch einer Runde von „alten IT-Kämpen" zu den guten alten Zeiten, die noch gar nicht so lange her sind. Die IT-Ausgaben wuchsen Ende der Neunziger Jahre des letzten Jahrhunderts mit Wachstumsraten von über 10 % weit über dem Durchschnitt der Bruttoinlandsprodukt-Entwicklung und erreichten 2001 mit über 70 Milliarden Euro einen Höhepunkt. 2009 betrugen die IT-Ausgaben nur noch 64 Milliarden Euro.[1]

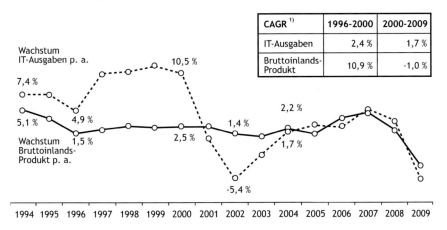

Bild 1-1 Jährliches Wachstum Nettoinlandsprodukt und IT-Ausgaben in Deutschland in Prozent (Quelle: Statistisches Bundesamt, BITKOM)

In den Neunziger Jahren eilten die Kundenanforderungen immer noch den Angeboten des IT-Marktes voraus. Sei es die Leistungsfähigkeit von Midrange Unix-Servern für die SAP R/3-Einführung oder die PC-Power für die Excel-Tabellen im Controlling – die IT-Ausstattung wurde durch die eingesetzten Applikationen über ihre Limits getrieben. Dieses konnte Innovationen ausbremsen: So scheiterte Anfang der Neunziger das Betriebssystem OS/2 von IBM gegen Microsoft Windows 3.1 wesentlich deshalb, weil OS/2 zwar technologisch weit fortgeschritten war, jedoch die Leistungsfähigkeit der damaligen Standard-PCs überforderte – ein Problem, mit dem auch Microsoft wenig später bei der Einführung von Windows NT 3.1 konfrontiert wurde.

---

1. BITKOM ITK-Marktzahlen: Lange Reihe Stand März 2005, Herbst 2010

Der IT-Markt war in dieser Zeit noch in seiner „Jugend": Technologische Brillanz oder überhaupt Technologieverfügbarkeit waren bestimmende Entscheidungskriterien. Der Vertrieb beruhte in hohem Maße auf dem Anpreisen technischer Eigenschaften und war oft eher Verteilung oder gar Zuteilung.

Nahezu alle Führungskräfte, Senior Verkäufer und Senior Engineers der IT-Branche kommen aus diesen „goldenen Zeiten" von technologischer Brillanz, hoher Nachfrage und üppiger Margen. In jenen Jahren sind diese Entscheidungsträger zu ihrem Erfolg gekommen und haben ihre grundlegenden Überzeugungen und ihr Selbstvertrauen ausgeprägt.

Diese Erfolge und Überzeugungen bestimmen die Branche bis heute.

Überzeugungen, die in Stein gemeißelt sind ...

Jede Branche hat ihre Überzeugungen, wie ihr Geschäft am besten zu betreiben ist. Diese Überzeugungen erwachsen aus den erfolgreichen Erfahrungen der Vergangenheit und bilden ein Grundgerüst für die Zukunft. Wenn sich jedoch die Rahmenbedingungen einer Branche mit hoher Geschwindigkeit grundlegend ändern, dann können Überzeugungen zu gefährlichen Hemmnissen für notwendige Anpassungen werden.

Ein Beispiel hierfür sind die Systemhäuser, eine vergleichsweise junge Gruppe im IT-Markt, die sich ab ca. 1987, vor allem getragen vom PC-Aufschwung, als zentrale Vertriebs- und Integrationspartner der Hersteller etablierten. Systemhäuser traten in das neue Jahrtausend mit einer Reihe von Grundüberzeugungen, in deren Mittelpunkt das Selbstverständnis des „Voll-Sortimenters" und des „Alleskönners" steht: Systemhäuser schrauben PCs und Server selbst zusammen, sie lagern die Ware selbst und übernehmen auch weitestgehend den Transport. Und: Systemhäuser bieten das breitestmögliche Sortiment an („Bei uns bekommen sie alles."). Hinzu kommen „Prozessüberzeugungen" wie eines möglichst dezentralen Auftragsmanagements oder, dass Vertriebsbeauftragte möglichst selbst konfigurieren.

Solange sich die PC-Marge im zweistelligen Bereich bewegte, die Hersteller Lagerwertausgleiche[1] zahlten und die Kunden Waren eher „abriefen" als ausschrieben, funktionierte dieses Geschäftsmodell. Der Markteinbruch ab 2000 brachte die Mehrzahl der Systemhäuser in existentielle Schwierigkeiten. Viele gerieten in die Insolvenz. Typische Auslöser für diese Insolvenzen waren zu hohe, nicht verwertbare Lagerbestände, fehlendes Vertragsmanagement, zu hohe Backoffice-Kosten und nicht zuletzt ein fehlender vertrieblicher Biss. Die Systemhauslandschaft hat sich bis heute nicht erholt.

Die IT-Branche ist von einer Reihe weiterer Überzeugungen geprägt:

- Beim Infrastrukturgeschäft steht der Verkauf von Hardware respektive der Handel von Geräten im Mittelpunkt. Dienstleistungen sind ein add on. Viele IT-Dienstleister sehen sich im Kern als Händler von Investitionsgütern.

---

1. Ausgleiche für Wertverluste aufgrund von Preissenkungen durch den Hersteller.

- Das Channel-System der Hersteller ist unerlässlich: Hersteller von IT-Produkten sehen IT-Dienstleister resp. Systemhäuser als verlängerte Vertriebs- und Serviceorganisation, die die Hersteller dort ergänzen soll, wo es für den Hersteller nicht rentabel ist, direkt zu agieren (Also vor allem bei Kleinunternehmen und schwierigen Neukunden). Ausgesprochen oder unausgesprochen wird dabei von den IT-Dienstleistern eine strikte Herstellertreue erwartet.
- Der Vertrieb verkauft, die Technik setzt um: Vertriebliches Können und technologisches Know How gelten als zwei getrennte Welten, ggf. mit dem „Presales Consultant" als Zwitterwesen in der Mitte.
- Je größer hinsichtlich Kapital und Mitarbeitern, um so besser per se: Umsatzwachstum ist zentrale Voraussetzung für Überleben und Marktbedeutung.
- Auch Internationalität ist ein „Wert an sich". Ein Unternehmen sollte wenigstens ein europäischer Spieler werden.

Und schließlich ist da die tief verwurzelte Überzeugung, dass die guten alten Zeiten zurückkehren, die IT-Investitionen wieder schneller als das Nettoinlandsprodukt wachsen und die Margen und Tagessätze wieder ansteigen.

Die Frage ist, ob diese Überzeugungen noch zu einer IT-Welt passen, die nicht nur weitgehend kommodisiert ist, sondern auch immer mehr zu einer granularen, zukaufbaren Dienstleistung wird?

2 IT — eine Industrie hat sich normalisiert

„I am optimistic about technology, but not about profits." De Long

2.1 IT ist eine Commodity — wird IT eine Utility?

Kommodisierung prägt die Informationstechnologie

Computer sind wie kaum eine andere Technologie dem Gesetz der Kommodisierung unterworfen: In der „Kindheit" einer Technologie können die Leistungsanforderungen der Kunden nur mit Mühe erfüllt werden. Das Ausreizen des technisch Machbaren steht im Vordergrund, und die Kunden haben keine andere Wahl, als sich proprietären Angeboten zu unterwerfen. Fortschreitende Grundinnovationen, zum Beispiel in der Prozessortechnologie und in den Speichersystemen, sorgen jedoch dafür, dass bald nicht mehr technologische Brillanz, sondern Preis/Leistungsvorteile zählen. Alternative, billigere Plattformen beginnen sich trotz anfänglicher Leistungsnachteile durchzusetzen, da sie über ein deutlich besseres Preis/Leistungsverhältnis verfügen. Wesentliche Quelle der Preis/Leistungsvorteile ist der zunehmende Einsatz von standardisierten Komponenten. Computersysteme werden so zu einer immer austauschbaren Ware mit immer geringeren Alleinstellungsmerkmalen, welche stetig mehr Leistung für immer weniger Geld bieten muss.

> **Das Gesetz der Kommodisierung**
>
> High Tech-Güter werden austauschbar, wenn sie mehr leisten als die Mehrzahl der Kunden wirklich benötigt.
>
> Dann entscheiden Preis, Marketing und Service und nicht die technologische Brillanz.

Stetiger Preisverfall ist der bestimmende Trend der Computerhardware

Die Kommodisierung vollzieht sich in der Computerbranche mit außerordentlichem Tempo und mit hoher Brutalität: Innerhalb von 10 bis 15 Jahren können ganze Plattformen — siehe die Minicomputer von Wang, NIXDORF oder DEC — boomen und untergehen. Nirgendwo wird die fortschreitende Kommodisierung deutlicher als bei den „Stars" des IT-Booms Ende der Neunziger Jahre, den PCs, Servern und Storage-Systemen.

Der **intelbasierende Standard-PC** war zugleich bahnbrechende IT-Innovation der Achtziger Jahre wie auch die erste IT-Commodity: Mit einem wirtschaftlich machbaren Personal Computing erschloss der PC riesige neue Marktsegmente für die IT und trat seinen Siegeszug an. Seit Ende der Neunziger Jahre eilt jedoch die Hardware-Leistungsfähigkeit den Software-Anforderungen voraus und macht den Preis zum entscheidenden Verkaufsargument. Die Folge ist ein anhaltender Preisverfall von größer 10 % pro Jahr bei gleichzeitig auf vier bis fünf Jahre verlängerten Nutzungszeiten (siehe „Der PC-Fall" auf der nächsten Seite).

Der PC-Fall

Der Personal Computer ist ein Musterbeispiel für atemberaubenden technologischen Fortschritt und atemberaubenden Preisverfall.

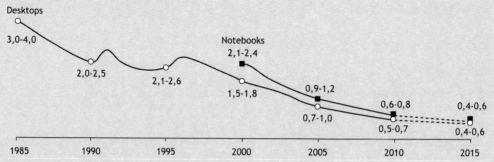

Bild 2-1   Typische PC-Preise in TUS$ [1]

Desktops: Stetiger Preisverfall ...
Der Preisverfall im PC-Bereich schreitet stetig voran, woran auch gelegentliche Plateau-Bildungen nichts ändern. In den Neunziger Jahren steigerten Windows 3.1 und Windows 95 die Hardwareanforderungen und damit kurzfristig den Preis. Dies galt schon nicht mehr bei der Windows 2000-Einführung Auch die Preissteigerungen 2010 aufgrund von Komponenten-Engpässen werden daran nichts ändern.

... bei gleichzeitiger Leistungsexplosion
Der durchschnittliche Preisverfall um über 100 US$ pro Jahr seit 1995 geht mit einer drastischen Leistungssteigerung einher. Seit 1995 wird die Leistungssteigerung in der Hardware nur noch teilweise durch Applikationsanforderungen „verbraucht". Der PC kann mehr leisten als benötigt, also entscheidet der Preis.

Performanceentwicklung von Standard-PCs

	Maßeinheit	1995	2005	1995-2005 in %
Preispunkt	EUR	2.400	1.000	-58 %
Rechenleistung	MIPS	117	7.901	6.653 %
RAM	Megabyte	32-64	512-1.024	1.500 %
Harddisk	Gigabyte	2-4	80-160	3.900 %
Grafikkarte	Megabyte	1-2	64-128	6.400 %
Optische Medien		CD-ROM 1-2fach	CD-ROM RW 32fach, DVD RW	

Notebooks – Mobilität zum Desktoppreis
Die Folge des Notebook-Booms der letzten Jahre ist, dass sich die Notebookpreise immer weiter den Desktoppreisen angleichen und sie sogar unterschreiten.

Ausblick
Stückpreise von 500-700 US$ für Desktops, aber auch für Notebooks sind 2010 Realität, da die Technologieentwicklung weiterhin den durchschnittlichen Systemanforderungen vorauseilt. Der Preisdruck wird durch die Verbreitung alternativer Geräte wie Netbooks, PDA´s oder „XY-Pads" erhöht, die PC-Funktionalität für Preispunkte ab 300 US$ und darunter anbieten. Parallel erhöht das Aufblühen der gigantischen Märkte in China und Indien die Skaleneffekte standardisierter Massenmärkte (siehe Seite 9).

Der **Servermarkt** ist von Rückzugsgefechten proprietärer Systeme (Großrechner, Unix-Server) geprägt, die seit Ende der Neunziger Jahre stetig an Marktanteilen verlieren. Auch hier vollzieht sich das klassische Muster der Kommodisierung:

Industry Standard Server (ISS), die auf x86-Prozessor-Architekturen von Intel und AMD beruhen, dominieren bereits Einsatzbereiche wie Fileserver und Applikationsserver.

Auch in den Parametern, die für „Business Critical Computing" entscheidend sind (unter anderem Skalierbarkeit, Hochverfügbarkeit), gewinnen intelbasierende Server stetig an Leistung hinzu und verringern kontinuierlich den Abstand zu den Leistungsanforderungen der IT-Kunden.

Zwar werden Unix-Server hinsichtlich ihrer High End-Fähigkeiten ständig weiter aufgerüstet (zum Beispiel Symmetric Multiprocessing, logische Partitionierung) und bewahren so ihren technologischen Vorsprung – trotzdem werden die Bereiche immer kleiner, in denen solche High End-Systeme ein unersetzbares Muss sind. Mit Serverboxen (Blades) und der Verlagerung von Hochverfügbarkeit, Workload-Management und anderen Serverfunktionalitäten auf die Softwareebene (Virtualisierung) wird der Trend zu Standardservern und zu Serverboxen noch zusätzlich beschleunigt. Gleichzeitig schreitet auch die Kommodisierung innerhalb der Unix-Server voran. So sank der Durchschnittspreis der in Deutschland verkauften Unix-Server von ca. 51 TEUR in 2002 um 42 % auf ca. 30 TEUR in 2004 [2][1].

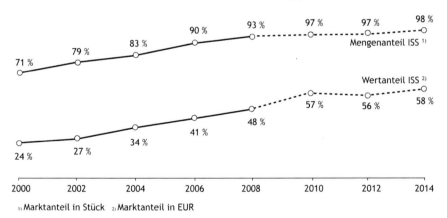

Bild 2-2 Entwicklung Marktanteile von ISS-Servern in Deutschland in Prozent (Quellen: IDC-Servertracker/Gartner Dataquest)

---

1. Zwar stieg der Durchschnittspreis der verkauften, nicht x86-basierenden Unix-Server lt. Gartner bis 2009 wieder auf ca. 40 TEUR an. Gleich reduzierte sich jedoch die verkaufte Stückzahl um gut zwei Drittel [3].

Im **Storagebereich** vollzieht sich eine vergleichbare Entwicklung wie bei den Servern: Der Anteil von Windows oder Linux-basierenden Speichersystemen am Storage-Markt wächst stetig. Mit dem Durchbruch von Storagevirtualisierung respektive von Lösungen zum heterogenen Storagemanagement, wiederum einer „Softwareebene", wird sich dieser Trend noch weiter beschleunigen.

Warum der stetige Preisverfall in der „Natur der Sache" liegt

Anhaltend ist die Hoffnung, dass die Talfahrt der Preise endlich zu Ende geht, dass endlich wieder aufgeatmet werden kann. Hierfür besteht aber keine Hoffnung, solange es einen raschen technologischen Fortschritt gibt. Server, PCs und Speichersysteme sind Maschinen zur Verarbeitung eines immateriellen Stoffes, von Bits und Bytes. Effizienzsteigerungen sind hier um ein Vielfaches einfacher möglich, als bei Maschinen, die für physische Leistungen bestimmt sind. Ein Auto, das innerhalb von vier Jahren zehnmal schneller fährt, doppelt so sicher ist und nur noch ein Drittel kostet, ist utopisch. Bei Computern ist dies seit Jahrzehnten Standard.

Natürlich gilt auch für Informationsmaschinen die Physik. Aber zumindest in den nächsten 10 bis 20 Jahren werden die exponentiellen Leistungssteigerungen und Stückkostenrückgänge in der Rechenleistung, der Speicherkapazität und in der Bandbreite weiter anhalten.

Wachsender Preisdruck auch im Softwarebereich

Auf den ersten Blick scheint das Gesetz der Kommodisierung im Softwarebereich nur teilweise zu gelten. Zwar sanken die Endverbraucherpreise für Office-Software wie Microsoft Word oder Microsoft Excel von 1995 auf 2006 um ca. 40 %. Der Preis für ein Betriebssystem stieg von Microsoft Windows for Workgroups 3.11 auf Microsoft Windows XP Professional jedoch deutlich an [4]. ERP[1]-Systeme für den Mittelstand werden weiterhin zu Preisen von weit über 1.000 EUR pro Arbeitsplatz angeboten [5]. Hier „schützen" noch Eintrittsbarrieren wie Monopole oder eine installierte Basis.

Aber auch im Softwarebereich schreitet der Preisdruck voran. Wesentliche Treiber dieser Entwicklung sind Open Source-Software, „Software aus dem Netz" und Web Services (siehe Seite 16).

Open Source-Software spielt eine zunehmende Rolle, so im Bereich der Betriebssysteme, Datenbanken und Webserver [6].[2] Bereits heute erreichen in Deutschland Server mit dem Linux-Betriebssystem einen wertmäßigen Marktanteil von über 8 %.

---

1. Enterprise Ressource Planning: Synonym für Standardsoftware, die alle betrieblichen Funktionen abdeckt.
2. Wesentliche Open Source-Initiativen neben Linux sind derzeit die Office-Suite OpenOffice, das Datenbanksystem MySQL, der Webserver Apache, die Middleware JBoss, die Systemmanagementlösung Nagios sowie die Entwicklungsumgebung Ecclipse. Eine erste Unternehmensanwendung ist das CRM-System SugarCRM.

Dieser Marktanteil soll sich bis 2009 verdoppeln [7].[1] Der Einfluss von Linux als Server-Betriebssystem reicht aber über seinen Marktanteil hinaus. Linux-Server setzen einen Preispunkt für Softwareinvestitionen, der weit unter den Angeboten der etablierten Marktteilnehmer wie Microsoft oder Hewlett Packard liegt.

Auch das Windows/Office-Monopol im Clientbereich gerät unter Druck. So wird in Deutschland mit Spannung das Projekt der Stadt München verfolgt, den klassischen Windows-Arbeitsplatz durch eine Open Source-Umgebung abzulösen.[2] Die Globalisierung schafft, wie weiter unten gezeigt wird, zusätzliche Sollbruchstellen für Softwaremonopole.

„Software aus dem Netz" bedeutet, dass die Software über das Internet bereitgestellt wird. Für die Softwarenutzung ist nur noch ein Internetzugang nötig. Die jeweilige lokale Infrastruktur, sei es ein klassischer PC, ein vernetztes Terminal oder ein Mobiltelefon, wird zweitrangig. „Software aus dem Netz" hat damit das Zeug, das derzeitige Microsoft-Monopol und das Kaufsoftware-Modell[3] in Frage zu stellen (siehe Seite 147).

Die Globalisierung erhöht den Preisdruck ...

Parallel zum technologiegetriebenen Preisverfall verschieben sich die Gewichte im weltweiten IT-Markt. Nationen, die traditionell zur Zweiten oder Dritten Welt gezählt wurden, drängen an die Spitze.

Ein Indikator ist der wachsende PC-Anteil der so genannten BRIC-Länder Brasilien, Russland, Indien und China. Bereits 2006 wird der PC-Bestand in diesen vier Ländern, den Bestand der Top 3 Europas — Deutschland, Großbritannien und Frankreich — übertreffen. Der PC-Bestand in den BRIC-Ländern wuchs in den letzten zwölf Jahren um das Zwei- bis Dreifache schneller als der Bestand in den Vereinigten Staaten und in den Top 3 Europas. Asien-Pazifik wird 2010 wenigstens der zweitgrößte Absatzmarkt für PCs sein [9] und in den folgenden Jahren der größte Absatzmarkt werden.

Die damit verbundene Vergrößerung des PC-Weltmarktes — von 2005 auf 2010 allein um voraussichtlich 61 % [10] — wird die Economy of Scales der Computerherstellung verbessern und so den Preisdruck zusätzlich erhöhen.

---

1. Erreicht wurde laut IDC im Jahre 2009 ein weltweiter Wertanteil von ca. 15 % [8].
2. Das Projekt LiMux sieht auf ca. 14.000 Arbeitsplatzrechnern die Einführung der Linux Distribution Debian GNU/Linux 3.1, der grafischen Benutzeroberfläche KDE 3.5 als Betriebssystem sowie von OpenOffice.org 2.0 als Office-Paket vor (siehe <http://www.muenchen.de/Rathaus/dir/limux/ueberblick/175149/windowsabloesung.html>)
3. Software wird gekauft und auf eigenen Rechnern installiert. Der Softwarehersteller wird in Form von Kaufpreisen, Wartungspauschalen und Upgradegebühren vergütet.

Hinzu kommt der „Preispunkt-Effekt": Länder wie Indien und China sind Regionen mit deutlich niedrigerem Pro Kopf-Einkommen als Westeuropa oder die USA. Eine zügig fortschreitende Computerisierung erfordert deshalb viel niedrigere Preispunkte für Personal Computer als in der traditionellen Ersten Welt, was wiederum bisher unbekannten Spielern den Markteintritt ermöglicht.[1]

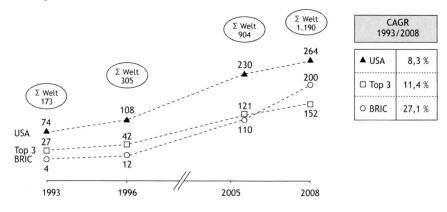

BRIC: Brasilien, Russland, Indien, China
Top 3 Europas: Deutschland, Großbritannien, Frankreich
CAGR (Compound Average Growth Rate): Durchschnittliche Wachstumsrate p. a.

Bild 2-3 Entwicklung Gesamtbestand an PCs in Mio. Stück: USA, Top 3 Europas und BRIC
(Quelle: Computer Industry Almanach, Electronics Industry Yearbook)

... und ebnet den Weg für Szenarien, die die gesamte heutige Computerwelt erschüttern können

Wird Microsoft Windows in den gerade reifenden IT-Märkten von Brasilien, Indien und China das dominierende Betriebssystem bleiben? Werden die traditionellen, westlichen Computerhersteller wie IBM, HP oder DELL ihr Oligopol behaupten können? Beides ist derzeit nicht gesichert.

Sei es, dass Brasilien Lizenzgebühren für Microsoft-Produkte in Milliardenhöhe sparen will [11], oder dass China eigene Prozessorentwicklungen vorantreibt [12], um die Dominanz von AMD und Intel zu brechen und um preiswertere Computer zu produzieren: Eine Mischung von Marktkräften,

---

1. So berichte die BBC im August 2005 (<http://news.bbc.co.uk/2/hi/south_asia/4735927.stm>): „*India's first low-cost personal computer has been launched in the Tamil Nadu state capital, Madras [...] Designed by IT firm HCL Infosystems, it is priced at 9,990 rupees ($ 225) and includes all the basic features required for a first-time user. [...] When HCL launched computers below 15,000 rupees [...], the company's market share in PC sales in India was only 3.7 %. But within 15 months, it increased to 15 %. [...] At present, India has 15 million computers and five million net connections. The government wants to increase the number to 75 million computers and 45 million net connections by 2010. [...] Bringing down computer costs to below 10,000 rupees is one effective measure to achieve this goal.*"

politischem Willen und nationaler Industriepolitik ist dabei, die seit Jahrzehnten bestehenden Wettbewerbsstruktur auf den Kopf zu stellen. Und es wäre naiv zu glauben, dass dies nicht auch Auswirkungen auf Westeuropa und die USA hat.

> **Szenario-Prozessor „Ruhm der Mitte"[1]**
>
> Im Herbst 2008 bringt das Chinesische Unternehmen „China Chip Enterprises" einen Prozessor auf den Markt, der exakt den Centrino-Spezifikationen von Intel entspricht und übersetzt „Ruhm der Mitte" heißt.
>
> Vorstöße des amerikanischen Handelsministeriums und der WTO versanden, da Auseinandersetzungen zur weltweiten Ölversorgung die politische Agenda beherrschen. Intel lenkt schließlich ein und erhält eine Lizenzgebühr von 5 US$ pro verkauften Prozessor.
>
> Zur CEBIT 2009 bieten mehrere chinesische Computerhersteller selbstentwickelte Notebooks mit einem Großhandelspreis ab 300 EUR an. Boards und Graphikchips sind gleichfalls chinesische Eigenentwicklungen.

> **Update 2010: Die Disruption kam anders**
>
> Die Disruption kam anders: Nicht über selbstentwickelte Prozessoren und nicht aus „Mainland China": Im Herbst 2007 begannen taiwanesische PC-Hersteller eine neue Unterklasse von Notebooks auszuliefern – die Netbooks: Notebooks mit kleinem Bildschirm und schwachem Prozessor, die jedoch sehr leicht und völlig ausreichend für Standardtätigkeiten wie Surfen und E-Mail-Schreiben waren und deren Preispunkte von 300-400 US$ unschlagbar weit unter den Preispunkten von Standard-Notebooks lagen [13].
>
> Innovatoren hatten wieder einmal erkannt, das zentrale Bedürfnisse von Computernutzern mit Geräten bedienbar waren, deren Leistung weit unter den damals und heute erreichbaren Spitzenwerten liegt. Und die Disruption geht weiter: Es gibt erste Meldungen, dass die insbesondere von Apple begründete Geräte-Kategorie der Computer-Pads Beschaffungen von tastaturgebundenen Computern ersetzt [14].
>
> PS: Wesentlicher Prozessorlieferant für Netbooks ist übrigens Intel mit dem Atomprozessor.

Existentielle Folgen für IT-Anbieter

Die Folgen der Computer-Kommodisierung sind für IT-Dienstleister existentiell: Hierbei darf man sich nicht von der Makroebene, der Entwicklung von Gesamtmärkten, täuschen lassen, die teilweise stabile und wachsende Märkte aufzeigt. So profitiert der Weltmarkt für Hardware mit steigender Gewichtung vor allem von dem asiatischen Wirtschaftswunder. In den Jahren 2002 bis 2004 wuchsen die IT-Märkte außerhalb Europas, der USA und Japans drei- bis fünfmal schneller [15]. Für den Zeitraum 2004 bis 2009 erwartet

---

1. „China Chip Enterprises", „Ruhm der Mitte" und das Szenario sind frei erfunden – nicht jedoch die Möglichkeit.

IDC, dass in den Schlüsselmärkten Brasilien, Russland, Indien und China ein durchschnittliches jährliches IT-Wachstum von ca. 14 % erreicht wird. Diese Länder sind damit die unbestrittenen Wachstumsmotoren der weltweiten IT-Industrie.

Auf der Ebene einzelner Zielkunden wie zum Beispiel Großunternehmen und dem gehobenen Mittelstand sind IT-Dienstleister jedoch mit drastischen Umsatzeinbrüchen gegenüber den jeweils letzten Investitionszyklen konfrontiert. Der erhebliche Preisverfall in den letzten fünf bis sechs Jahren wird nur teilweise durch Volumensteigerungen aufgefangen. Dies gilt nicht nur bei personenbezogenen Investitionsgütern wie Desktopgeräten, sondern auch bei Server- und Storageinstallationen. So kostete der zentrale File-Server eines Mittelständlers mit interner Plattenausstattung bei einer Reinvestition nach vier Jahren in 2005 bei deutlich gesteigerter Performance nur 70 % des alten Investitionsbetrages. Die Rückgänge im High-End-Projektgeschäft sind oftmals noch höher und betragen über 50 %.[1] Das Marktforschungsunternehmen IDC geht von einem Rückgang des Servermarktes in Deutschland von ca. 3,0 Mrd. EUR in 2004 auf ca. 2,5 Mrd. EUR in 2009 aus, was einem durchschnittlichen jährlichen Rückgang von ca. 4 % entspricht.[2]

Rückläufige Anlageinvestitionen in Hardware

Beredtes Zeugnis ist auch die Entwicklung der deutschen Bruttoanlageninvestitionen. So sanken die Bruttoanlageninvestitionen in Büromaschinen und DV-Geräte 2003 bis 2005 wieder auf das Niveau von 1991/1992. Auch das „Zwischenhoch" 2006 und 2007 blieb deutlich unter den Spitzenwerte der Jahrtausendwende.

Bild 2-4 Entwicklung Bruttoanlageninvestitionen Deutschland in Büromaschinen und DV-Geräte in Mrd. Euro
(Quelle: Statistisches Bundesamt 2010: Bruttoanlageninvestitionen nach Gütergruppen in jeweiligen Preisen)

---

1. So beispielsweise der Rückgang der Projektvolumina im Unix-Channelgeschäft von IBM von ehemals 2,0 Mio. EUR auf 0,8 bis 1,0 Mio. EUR (Computerpartner 36/06, S. 18).
2. Die Wirtschaftskrise der Jahre 2008/2009 drückte den deutschen Servermarkt von 2,4 Mrd. EUR in 2008 auf 2,0 Mrd. Euro Volumen in 2009 – ein Niveau, das der Markt lt. Gartner bis 2015 mit gut 2,1 Mrd. EUR nicht wesentlich überscheiten wird (Gartner Dataquest Jun 2010).

Vergleichbares vollzieht sich im Storagebereich: Auch wenn Analysten für den Storage-Gesamtmarkt ein Mengenwachstum im Speicherbedarf von > 45 % p. a. sehen, welches damit den Preisverfall ($ pro GByte) von > 30 % pro Jahr mehr als ausgleicht, so führen Budgetierung und besseres Ressourcenmanagement in konkreten Kundensituationen zu sinkenden Ausgaben für Speichersysteme. Bei einem Unternehmen, das sich auf die Verarbeitung von Bilddaten spezialisiert hat und das 2005, nach drei Jahren, seine Speichersysteme ersetzte, reduzierte sich das Investitionsvolumen um über 30 %, obgleich das Speichervolumen sich auf das Zweifache erhöhte. Für den gesamten deutschen Storagemarkt wird von 2004 bis 2009 ein jährlicher Rückgang von ca. 2 % p. a. erwartet [16].

Hoffnung Consumer-Markt? Danke iPhone!

Bringt der Boom in der Consumer Elektronik einen Ausgleich für das schrumpfende stagnierende Hardwaregeschäft mit Business-Kunden? Bis 2006 sah es nicht danach aus. Zwar stiegen die Umsätze mit Flachbildschirmen und mit Notebooks, aber der Consumer-IT Markt schrumpfte bis 2006.

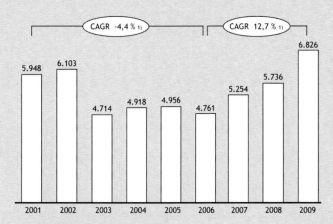

1) CAGR (Compound Average Growth Rate):
Durchschnittliche Wachstumsrate p.a.

Bild 2-5 Entwicklung Consumer IT-Markt Deutschland in Mio. EUR
(Quelle: GfK inkl. MwSt, ohne Software)

Die Trendwende ab 2007 ist vor allem dem wachsenden Volumen an abgesetzten Notebooks und dem rasant steigenden PDA/Smartphone-Geschäft – mit dem Zugpferd iPhone voran – zu verdanken. Dabei halbierte sich jedoch von 2004 auf 2009 der durchschnittliche Verkaufspreis der Consumer-Notebooks von ca. 1.200 EUR auf ca. 600 EUR [17]. Kombiniert man Angaben von GfK/CEMIX und Telekom, dann machte das IPhone mehr als ein Drittel des Smartphone-Absatzes in den Jahren 2008 und 2009 aus [18].

Aber auch dieses Wachstum reicht bei nicht aus, die Einbrüche in den IT-Investitionen (siehe *Bild 2-4*) zu kompensieren.

Die Wirkung dieser Umsatzeinbrüche verschärft sich durch gleichzeitig sinkende Margen, womit der adressierbare Ertragspool je Kundensituation nicht um 30 bis 40 %, sondern um 50 bis 80 % schrumpfen kann!

Unvermeidlich befindet sich die Anbieterseite des Computermarktes in der Konsolidierung. Die Hersteller- und Dienstleisterkonzentration schreitet voran, Produktion und Systementwicklung werden zunehmend an Komponentenhersteller verlagert [19]. IBM hat sein PC-Geschäft verkauft. Intel, eines der Flaggschiffe der PC-Ära, steckt mitten in einem fundamentalen Umbruch, der das Unternehmen vom Prozessorhersteller zum Plattformanbieter vom digitalen Wohnzimmer bis zum digitalen Krankenhaus wandeln soll. Intel will der „PC-Falle" entkommen [20]. Das Channelsystem, das aus Herstellern, Großhändlern sowie Vertriebs- und Integrationspartnern besteht, wird vielfach durch die Hersteller in Frage gestellt, da offensichtlich die Marge nicht mehr ausreicht, um einen mehrstufigen Vertriebskanal zu finanzieren.

„Computing on Demand" — die nächste Welle?

Der Begriff „Computing on Demand"[1] steht seit einigen Jahren für einen neuen „heiligen Gral" der Computerwelt: Rechner- und Speicherleistung sowie Anwendungen sollen je nach Bedarf gleich Strom über das Netz bereit gestellt werden. Befreit von den Grenzen ihrer IT, so die Verheißung, werden die Unternehmen in „real-time" so agil wie nie.

Eine Reihe der großen Computer- und Softwarehersteller (HP, (IBM, Microsoft, Oracle, SUN u. a.) haben mit Nachdruck verkündet, dass sie Computing on Demand verwirklichen wollen. Das hohe Interesse gerade der Hardwarehersteller an Computing on Demand ist leicht nachzuvollziehen, verspricht es doch der Kommodisierungsfalle zu entrinnen und eine wirklich strategische Antwort auf den Vormarsch von DELL zu geben.

Warum ist Computing on Demand für die IT-Anwender von Interesse? Datenverarbeitung ist bisher eine Geschichte nicht nachlassender, sondern zunehmender Komplexität. Diese Komplexität vernichtet Wert. Entsprechend ist der Bedarf an einfachen, effizienten und flexiblen IT-Lösungen immens.

HP	IBM	SUN	Microsoft
■ Utility Data Center ■ Adaptive Enterprise	■ Autonomic Computing ■ On Demand Business	■ N1/ The Sun Grid	■ Dynamic Systems Initiative

Bild 2-6 Überblick zu Computing on Demand-Initiativen

1. Im gleichen Sinne werden auch die Begriffe „Utility Computing" (vgl. Carr, Seite 147) und „Organic Computing" (vgl. Forrester) gebraucht. IDC spricht von „Dynamic IT".

Das Konzept des Computings on Demand beruht auf einer radikalen Verringerung der IT-Komplexität durch

- die konsequente Standardisierung und Trennung von Rechnerleistung und Speicherkapazität, die durch billige, redundante Boxen bereitgestellt und durch die Anzahl der eingesetzten Boxen beliebig anpassbar sein soll.

- ein Firmengrenzen überschreitendes, „breites" Standardnetz, das die räumliche Nähe von Ressourcen unnötig macht.

- einer in hohem Maße automatisierten Managementkonsole für sämtliche Ressourcen und nicht zuletzt.

- einfachst integrierbare Anwendungen, die nicht mehr an proprietäre Rechen- und Speicherressourcen gebunden sind.

Ein funktionierendes Computing on Demand würde die IT von einem komplexen „Managementproblem" zu einer Servicefunktion wandeln, die nach Bedarf klar definierte Leistungen zu fest vereinbarten Kosten erbringt und damit auch eine ganze Branche auf den Kopf stellen.

Wie realistisch ist die Umsetzung von „Computing on Demand"?

Bereits vor nunmehr zehn Jahren verkündete der Chairman von SUN, Scott McNealy, dass das „Netzwerk der Computer" ist und läutete das Ende der Personal Computer und der lokalen Server ein. Auch wenn sie nicht mehr der Wachstumsmotor sind – PCs und lokale Server dominieren bis heute die IT-Ausstattung der Unternehmen. Ist „Computing on Demand" wieder nur eine „Blase"? Die Situation gestaltet sich unterschiedlich:

Im Bereich der Anwendungen ist Computing on Demand eindeutig noch mehr eine Vision von Herstellern und von Research-Unternehmen als die Realität. Es fehlt noch an den plattformübergreifenden Managementkonsolen und an den einfach integrierbaren Anwendungen (siehe „Web Services: Werden die Anwendungen zur Utility?", nächste Seite). Dies macht jedoch „Applications on Demand" nicht zu einer Fata Morgana, wie der Ausblick in Kapitel 4 zeigt (siehe Seite 147 ff.).

Der erwartete Hebel der Managementkonsolen wird derzeit noch durch fehlende Standards und die hohe Heterogenität der IT-Landschaften, aber auch durch die oftmals hohe eigene Komplexität der Konsolen erschwert. Jedoch arbeitet die weitere Kommodisierung und damit Standardisierung der IT-Infrastruktur dem Erfolg dieser Konsolen zu.

In der IT-Infrastruktur ist Computing on Demand jedoch bereits voll in der Umsetzung. Hierzu tragen auch die Netzwerkstandardisierung und die „Bandbreitenexplosion" bei. Eine xGigabit-Vernetzung auch für Intel-Cluster und LAN´s hat sich bereits durchgesetzt. Drahtlose Netze bieten, zum Beispiel über WiMax, bereits bezahlbare Bandbreiten im Megabit-Bereich und

Web Services: Werden die Anwendungen zur Utility?

Die Vision

Web Services beziehungsweise Service Oriented Architectures (SOA) verkörpern die Utility-Vision für die Anwendungsprogramme. Monolithische Softwarepakete, so die Vision, werden in einzelne Bausteine aufgebrochen, die auf einfachste Weise miteinander verbunden und kombiniert werden können und die somit nicht nur die Einführungs- und Wartungskosten drastisch verringern, sondern auch die Applikationslandschaften dramatisch flexibler machen. Web-Services sollen die Basis für die nächste Runde in der Automatisierung von Backofficearbeiten und im Informationsaustausch zwischen Unternehmen sein [21].

Die Grundlagen

Schlüsseltechnologien sind die Komponentisierung der Anwendungsprogramme und die Einführung von Middleware. Die Middleware erlaubt es, Daten standardisiert und transaktionssicher über Internet-Verbindungen auszutauschen. Wichtigster Standard für den Datenaustausch ist die Extended Markup Language (XML).

Auf das Thema Web Services setzen alle großen Softwarehersteller sowie eine Vielzahl von Nischenanbietern und Start Ups. So arbeitet SAP unter dem Oberbegriff „Enterprise Services Architecture" an einem komponentisierten Nachfolger seiner ERP-Suite mit dem Code-Namen Vienna[1].

Unter der Bezeichnung Netweaver bietet SAP eine Integrationsplattform für Anwendungen an. Oracle will mit dem „Project Fusion" kontern. IBM und andere Anbieter wie BMC liefern mächtige Middleware-Plattformen, so zum Beispiel Websphere von IBM. Microsoft stellt neben einer eigenen Middleware (Biztalk Server) eine Entwicklungsumgebung (.Net-Framework) bereit.

Die Vision bleibt eine Vision

Auf absehbare Zeit bleibt jedoch die Vision eine Vision. Zum einem ist da das „Bestandsproblem". Unternehmen haben nicht nur Milliarden von Euros oder Dollars in ihre derzeitigen SAP-Landschaften investiert, die sich erst einmal rentieren müssen. Letzendlich gewichtiger ist, dass sich in diesen Installationen auch Unmengen an „versenktem" Wissen über Spezifikationen und Schnittstellen befindet. „Versenkt" heißt, dass dieses Wissen nur unzureichend dokumentiert ist. Viele teure und mächtige ERP-Installationen beinhalten also eine Vielzahl von „Schwarzen Boxen", an die keiner ohne zwingenden Grund herangehen will.

Zum anderen werden technologische Beschränkungen durch Web Services nicht einfach aufgelöst. Auch Applikationskomponenten für einzelne Prozesse und Funktionen wie zum Beispiel die Rechungsschreibung konfrontieren die Anwender mit dem klassischen Dilemma, entweder die Software oder die eigenen Abläufe anzupassen. Die Middleware liefert zwar ein Standardalphabet für den Datenaustausch, löst aber nicht das Problem, dass sich die beteiligten Unternehmen auf eine gemeinsame Sprache einigen müssen [22].

Keine schöne neue Welt, aber Schritte in Richtung höherer Standardisierung

Nichtsdestotrotz treiben Komponentisierung und XML-basierende Middleware die Standardisierung der Anwendungslandschaft voran. Die Verknüpfung von Anwendungen wird einfacher. Komponentisierte ERP-Suiten werden das Anwendungsmanagement erleichtern. Beides wird zu niedrigeren Kosten und zur Entwertung von Fachwissen führen. Die Kommodisierung macht vor der Anwendungslandschaft nicht Halt.

erschließen völlig neue Potentiale eines „Always On". Selbst ein drahtloses Gigabit-Netz ist keine Utopie mehr [23]. Die Internet-Architektur vereinnahmt und standardisiert die Sprach- und Bildkommunikation und gewinnt als VPN-Plattform stetig Marktanteile im WAN-Segment.

> **Update 2010: Cloud Computing — alter Wein in neuen Schläuchen!?**
>
> Und nun also Cloud Computing — seit 2008 einer der neuen großen Hypes der IT-Branche. „Cloud Computing" übernimmt das Versprechen des „Computing on Demand"-Konzeptes:[1]
>
> — Bereitstellung von IT-Infrastruktur über das Web in kürzester Zeit
> — praktisch nicht begrenzte Skalierbarkeit der IT-Leistungen
> — entsprechend granulare Abrechnung
>
> Als Cloud Computing gelten so unterschiedliche Angebote wie proprietäre Entwicklungsplattformen aus dem Netz, Online-Officepakete oder virtuelle Server on demand.
>
> Ein weit verbreiteter Ordnungsansatz für die Cloud ist die Forrester Taxonomie, die Cloud Dienste als Infrastructure/Plattform/Software- resp. Business Process-as-a-Service und als private respektive öffentliche Dienste — inkl. Mischformen — systematisiert. Cloud Computing, so Forrester, ist eine IT-Leistung, die über Internet-Technologie in Selbstbedienung und mit nutzungsabhängiger Vergütung bereitgestellt wird [24].
>
> Vieles spricht dafür, dass die wahre Killerapplikation der Cloud nicht die Office-Pakete aus dem Netz und die Online-Backups sind — und auch nicht in den nächsten Jahren Software-as-a-Service — sondern das Angebot individueller virtueller RZ-Infrastrukturen [25]: Die Fortschritte in der Virtualisierungstechnologie sorgen dafür, dass das Cloudversprechen bereits heute ein Stück weit eingelöst werden kann: Die Provisionierung von Servern erfolgt heute in vielen Unternehmen in Minuten/Stunden anstatt wie früher in Tagen. Erstmals nach über 15 Jahren Verheißung können Desktops praktisch handhabbar virtualisiert werden: Virtuelle Windows-Desktops anstatt Online Office.
>
> Im seinem Kern ist Cloud Computing neuer Wein, weil es eine gereifte technologische Basis für Computing on Demand/ Utility Computing repräsentiert.
>
> Das anhaltend hohe Interesse an diesem Thema — ganz gleich wie es benannt wird — verdeutlicht aber auch, wie groß die Sehnsucht nach einem Computing on Demand ist. Nicht wenige IT-Kunden sehnen sich offensichtlich danach, das Thema IT an eine Wolke loszuwerden.

---

1. Ein Ergebnis ist heute SAP's Business ByDesign-Suite.
2. Zum Cloud Computing gibt es eine Reihe von Herstellerinititiativen wie zum Beispiel die Converged Infrastructure von HP, die „Imagine Virtually Anything"-Initiative von CISCO, VMware und NetApp und das Dynamic Data Center von Fujitsu.

Natürlich ergeben sich aus Breitband, „Wireless/Always On" und Netzwerkkonvergenz auch eine Vielzahl von neuen Marktchancen. Online-Verfügbarkeit in (nahezu) „jedem Winkel" eröffnet neue Funktionalität und erfordert die Integration neuer Endgeräte und Applikationen. Sicherheit gewinnt zusätzlich an Bedeutung. Digitales Home Entertainment ist ein Wachstumsmarkt. Consumer Electronics und Home Computing wachsen zusammen. Das ändert aber nichts daran, dass die IT zu einer Branche geworden ist, in der sich auf breiter Front Standardlösungen und Preiswettbewerb durchgesetzt haben und „Computing on Demand" mittelfristige Realität ist.

Stagnation in Deutschland – IT als Kostenfaktor

Nicht nur die technologiegetriebene Kommodisierung belastet das Wachstum des IT-Marktes in Deutschland. Auch die volkswirtschaftlichen Rahmenbedingungen sind nicht von Vorteil für den IT-Markt. Wie alle Länder der ersten Welt ist Deutschland mit der beunruhigend schnell wachsenden Wettbewerbsfähigkeit anderer Nationen und Regionen konfrontiert. Diese wachsende Wettbewerbsfähigkeit beruht nicht nur auf Kostenvorteilen von bis zu 90 %, sondern auch auf einer stetig zunehmenden technologischen und unternehmerischen Leistungsfähigkeit. Die Know How- und Qualitätsvorsprünge der ersten Welt schrumpfen, und es mehren sich die Anzeichen, dass die Globalisierung eine Reihe von Nachteilen für die Länder der ersten Welt bringt [26].

Das besondere Problem von Deutschland und einer Reihe europäischer Länder ist, dass die Wirtschaftsordnung den Handlungsraum für notwendige Anpassungen zusätzlich einschränkt. Viele Unternehmen reagieren hierauf mit einem Stillhalten an der nationalen Tariffront und einer kontinuierlichen Verlagerung von Produktion und Dienstleistungen in das Ausland [27].

Diese Verlagerungen treffen die IT-Branche in zweifacher Hinsicht: Zum einen werden damit IT-Investitionen, sei es für Arbeitsplätze, Abteilungsserver oder Rechenzentren, in das Ausland verlagert und das adressierbare Marktpotential nachhaltig verringert. Zum anderen wächst die Bereitschaft, IT-Dienstleistungen aus dem Ausland zu beziehen. Beides hat verheerende Folgen in einzelnen Kundensituationen.

In diesem Umfeld hat sich auch die Gesamtsicht auf die Informationstechnologie grundlegend gewandelt. Von der „strategische Waffe" im Wettbewerb ist sie zur notwendigen Basisleistung und zu einem Kosten- und Einsparungsfaktor geworden. Der auf den meisten Unternehmen lastende Kostendruck wird direkt an die IT weiter gereicht: IT-Jahresbudgets stagnieren oder werden regelmäßig gekürzt, IT-Investitionen müssen einen schnellen und direkten Return on Investment ausweisen, was oftmals wiederum nur durch eine Senkung der direkten IT-Kosten erreicht werden kann. Wie ein IT-Leiter (nicht ganz im Scherz) sagte: Einkäufer sind die eigentlichen IT-Manager geworden.

Fazit

IT-Dienstleister müssen sich darauf einstellen, dass ihre Branche „normal" geworden ist: Eine automatische Marktentwicklung über den durchschnittlichen volkswirtschaftlichen Wachstumsraten wird es nicht mehr geben. In einigen Marktsegmenten und in vielen Kundensituationen stagniert und schrumpft der Umsatz, da IT zu einem Investitionsgut geworden ist, das selbst erhebliche Einsparungen verheißt. Ob Abspecken und Hoffen auf neue Killerapplikationen angemessene Strategien sind, ist zu bezweifeln.

2.2 Was sind eigentlich IT-Services?

IT-Services sind vielfältig

IT-Services sind vielfältig: Bei IT-Services geht es unter anderem um

- das Erarbeiten von Konzepten für Anwendungen und Plattformen,
- das Vorkonfigurieren, Installieren und dokumentierte Ingangsetzen von IT-Systemen, seien es Anwendungsprogramme oder Rechner,
- das Entwickeln und Anpassen von Software,
- die termin- und sachgerechte Bereitstellung von Gütern (Rechner, Software),
- die Übernahme von Aufgaben wie Projektkoordination, Systembetreuung oder den vollständigen Betrieb des Rechenzentrums,
- das Erbringen von Instandhaltungen und Reparaturen oder
- das Geben von Auskünften zur Systemnutzung, die Weiterleitung von Anfragen.

IT-Services sind besonders

Die Definition, was eigentlich Dienstleistungen sind, ist ein vortreffliches Diskussionsthema. Einigkeit besteht darüber, dass Dienstleistungen in der Regel immateriell sind und „uns nicht auf den Fuß fallen" können [28]. Was oft übersehen wird, ist, dass es bei Dienstleistungen um Dienst bzw. um das Dienen geht.

IT-Services sind in der Regel keine lagerbaren Produktes: Die Leistung existiert nur durch ihre Inanspruchnahme. Auch sind IT-Services an Tätigkeiten und damit meistens an Personen und an Zugänge gebunden. Dies bedeutet auch, dass IT-Services an Zeiträume gebunden sind. An einem Tage nicht genutzte Service-Kapazitäten „verfallen" und können nicht „nachgeholt" werden.

Softwareentwicklung, Softwareanpassung, aber auch die Auftragskonfiguration von Rechnern nehmen eine Sonderstellung unter den IT-Dienstleistungen ein, da ihr Ergebnis sehr wohl lagerbare, auf Vorrat erstellbare Güter sind. Aber auch sie sind bis heute zu über 90 % das Ergebnis der persönlichen Leistung von hochqualifizierten Menschen.

> **IT-Services sind Ermöglicher**
>
> IT-Services ermöglichen die Nutzung von IT-basierenden Ressourcen ohne diese selbst besitzen, erschaffen oder betreiben zu müssen. Durch IT-Services werden interne oder externe Kunden in die Lage versetzt, Informationstechnologie bestmöglich für die Erfüllung ihrer jeweiligen unternehmerischen Aufgaben zu nutzen.

Aus dem besonderen Charakter von IT-Services können weitere Schlüsse gezogen werden:

- Die unmittelbare Erfahrung ist entscheidend für die Bewertung der Dienstleistung durch den Kunden. Diese ist subjektiv und nicht vollständig in Service Level abbildbar.

- Die Serviceerfahrung wird wesentlich durch die Qualität persönlicher Leistungen bestimmt. Es kommt auf Kompetenz, Empathie, Freundlichkeit und Belastbarkeit an. Auch die Klarheit, Schnelligkeit und Stabilität der zugrunde liegenden Prozesse haben einen zentralen Einfluss auf die Serviceerfahrung.

- Der Anreiz zur Automatisierung ist enorm, da die Automatisierung erhebliche Kostenvorteile und bessere Verfügbarkeiten verspricht. Das Risiko ist jedoch die Verschlechterung der Serviceerfahrung.

Unklarheiten in der Definition

Wenn man namhafte Quellen zu dem Begriff IT-Services zu Rate zieht, so die Marktanalysten Pierre Audoin Conseil (PAC), IDC, Gartner sowie das European Information Technology Observatory (EITO), dann erhält man vier Antworten (siehe Bild 2-7). Darüber hinaus ergibt sich das Problem, dass Infrastruktur- und Applikationsdienstleistungen nur ungenügend getrennt werden — siehe zum Beispiel die Begriffe Systems Integration und Consulting & Integration. Große IT-Dienstleister wie Computacenter oder Getronics haben wiederum ihre eigenen Begriffe [29].

Zwei Servicewelten

Es ist wichtig, die fundamentalen Unterschiede zwischen der IT-Infrastruktur und den Applikationen zu verdeutlichen. Die IT-Infrastruktur umfasst die gesamte Hardwareausstattung einschließlich der zu ihrem Betrieb notwendigen Software. Applikationen umfassen die Software, welche IT für einen konkreten unternehmerischen Zweck nutzbar macht: Buchhaltungsprogramme, Branchenpakete, Büroanwendungen, Analysetools usw.. Auf der einen Seite steht zum Beispiel die Konzeption und Installation eines Rechenzentrums mit mehrstufiger Serverarchitektur und gespiegeltem SAN[1], auf der anderen Seite geht es zum Beispiel um die Ablösung einer alten ERP-Lösung durch ein modernes SAP-Release — Maschinenraum versus Oberdeck.

IT-Infrastruktur und Applikationen haben unterschiedliche Skillanforderungen und Projektlogiken, entsprechend treten meistens auch verschiedene Dienstleister an, so SAP-Berater und Windows-Spezialisten. Die Produktlieferanten sind oft verschieden, zum Beispiel Siebel vs. HP oder SAP vs. DELL und oft auch die Ansprechpartner und Verantwortlichen bei den Kunden.

---

1. SAN — **S**torage **A**rea **N**etwork: dediziertes Netzwerk für Speichersysteme

Pierre Audoin Conseil (PAC)	IDC

IT-Services (2005):
■ hardware maintenance
■ project services
  − IT consulting
  − contract staff
  − fixed-price development/systems
  − integration
  − IT training
■ outsourcing
  − processing
  − application outsourcing & BPO
  − infrastructure outsourcing
  − complete outsourcing
  − application management
	IT-Services (2004):
	■ Deploy & Support
	■ Systems Integration
	■ Outsourcing
	  (Application Management, IS Outsourcing, Network & Desktop Outsourcing, Application Service Provider und System Infrastructure Service Provider)
	■ Custom Application Development
	■ IS Consulting
	■ IT Education & Training

Gartner	**EITO**

IT-Services (2005):
■ Consulting & Integration
  (consulting, systems integration and solutions services)
■ Network & Storage
  (technical support and professional services)
■ Infrastructure Support
  (Software support, hardware maintenance/repair/logistics and Internet-enabled e-support)
■ Outsourcing
  (IT, applications, and business process outsourcing segments)
	IT-Services (2003):
	■ Consulting
	■ Implementation
	■ Operations Management
	■ Support Services

Bild 2-7 Klassifizierung von IT-Services [30]

Die Trennlinie zwischen IT-Infrastruktur und Applikationen lässt sich in der Regel gut festmachen. So gehört bei SAP-Systemen das Aufsetzen, Einstellen, Betreiben des SAP-Basissystems (derzeit mySAP ERP Operations), einschließlich des Datenbankmanagements zur „Infrastruktur-Welt", während das Customizing der Programmmodule zur „Applikations-Welt" gehört. Die Einrichtung eines Exchange-Servers einschließlich dessen Einbindung in die Active Directory Struktur ist ein anderes Gewerk, als das Programmieren von Workflowskripten oder die Einführung eines CRM[1]-Systems. IT-Infrastruktur

---

1. CRM − **C**ustomer **R**elationship **M**anagement

ist noch vornehmlich systemgetrieben, während bei den Applikationen Unternehmensprozesse der Dreh- und Angelpunkt sind oder sein sollten. Die IT-Infrastruktur ist weitgehend branchenübergreifend, während die Applikationswelt meistens Branchenanforderungen abbilden muss.

Drei komplementäre Geschäftsfelder in den Infrastruktur-Services

IT-Services folgen zudem einem Plan-Build-Run-Zyklus, der drei grundverschiedenen Kundenbedürfnissen entspricht. Hieraus ergeben sich für die Infrastruktur-Services drei komplementäre Geschäftsfelder: IT-Consulting, IT-Engineering, IT-Betrieb.

IT-Consulting adressiert die Managementaufgaben, die mit der IT-Infrastruktur verbunden sind. Das Management eines Unternehmens steht in der Pflicht, dass

- die IT-Infrastruktur transparent und steuerbar bleibt,
- die Sicherheit der Systeme und Daten gewährleistet ist,
- die Kosteneffizienz gemäß aktueller Benchmarks gewährleistet ist

und hierfür im Unternehmen entsprechende Regeln und Verfahren eingeführt sind und nachgehalten werden.

Damit beinhaltet IT-Consulting zum Beispiel die Überprüfung und Einführung von angemessenen und auditsicheren IT-Serviceprozessen, Vorschläge für Plattformentscheidungen, so Intel- vs. Unix-Server, und das Durchführen von Benchmarks. IT-Consulting ist damit naturgemäß nur ein kleines Geschäftsfeld im IT-Service-Markt, es hat jedoch eine „Speerspitzen"- und „Luftüberlegenheits"-Funktion.

Im Geschäftsfeld **IT-Engineering** werden die notwendigen Architekturentscheidungen für die IT-Infrastruktur getroffen und umgesetzt. Hierzu gehören unter anderem

- die Serverarchitektur (Konsolidierung wie: Scale Out/Scale Up?),
- das Storagekonzept (SAN/NAS, Schichten?),
- Virtualisierungsebenen (Server, Storage, Clients?)
- die Betriebsplattformen für ERP-Systeme (Unix, Linux, Windows?),
- die Arbeitsplatz-IT (Klassische Desktops, Thin Clients?),
- die Integration von Mobile Computing und

nicht zuletzt Sicherheitslösungen. IT-Engineering ist damit immer mit konkreten Produkten verbunden. Erfahrungsgemäß macht die Konzept- und Integrationsleistung 5 bis 15 % des jeweiligen Investitionsvolumens aus.

IT-Dienstleister sind im Geschäftsfeld IT-Engineering „bauausführende Architekten", die sowohl über technologische Kompetenz im Zusammenspiel aller Komponenten[1] verfügen, als auch über das Können erfahrener, verlässlicher, sauber dokumentierender Projektmanager. Hinzu kommt ein Verstehen und Gestalten der Kostenmechanismen der IT-Infrastruktur in ihrem Lebenszyklus. IT-Engineering ist insofern das Kern-Know How eines Infrastrukturdienstleisters, da mit dem IT-Engineering die Effizenz des Maschinenraumes der Unternehmens-IT bestimmt wird.

Im Geschäftsfeld **IT-Betrieb** übernimmt der Dienstleister Betriebsaufgaben für den Kunden. Dies können sein:

- die Bereitstellung von Mitarbeitern (Onsite Services)

- Outsourcing im engeren Sinne (Betrieb von Servern, Storage, Verantwortung für Infrastruktur allein oder inklusive Applikationen)

- Betriebsverantwortung in den Geschäftsräumen des Kunden (zum Beispiel Servermanagement gegen Service Level)

- Remote Services (Serverbetrieb, Managed Security)

- Life Cycle-Management zum Beispiel im Clientbereich

IT-Betrieb ist für Dienstleister besonders attraktiv, da er eine weitgehende und mittelfristige Verfügung über die IT-Budgets der Kunden sichert.

Zu den drei Geschäftsfeldern kommen **Basisfähigkeiten**, über die ein IT-Dienstleister verfügen muss:

- **Logistik**
  IT-Infrastruktur-Dienstleistungen sind in den meisten Kundensituationen mit der Bereitstellung von Hardware und Software verbunden, da der Kunde eine Komplettleistung erwartet. Hierfür ist ein leistungsfähiges und schlankes System zur Auftragsannahme und Abwicklung, zur Produktkonfiguration, gegebenenfalls Lagerung und zur Anlieferung notwendig. In Lebenszyklus-Projekten[1] kommen auch Anforderungen wie Ersatzteilebevorratung und Poollagerung hinzu.

- **Partnerschaften/Plattformwissen**
  IT-Infrastruktur ist keine „losgelöste Kunst", sondern setzt auf konkreten Hardware-Systemen und Softwarelösungen auf: Hier ist eine intensive Produktkenntnis, aber auch enge Zusammenarbeit mit den jeweiligen Herstellern in der Leadgenerierung und in den After Sales entscheidend für den Erfolg. Ein Top-Partnerstatus bei den A-Lieferanten ist unerlässlich.

---

1. Insbesondere auch Wissen über Inkompatibilitäten!
1. Lebenszyklus-Projekte adressieren den gesamten Lebenszyklus von IT-Bereichen, so zum Beispiel das Management der Arbeitsplatzrechner von der Auswahl, Lieferung, Installation bis zur Wartung im Betrieb und schließlich der Entsorgung.

Kommodisierung und „Computing on Demand" betreffen auch die IT-Services

Vor wenigen Jahren lernte der IT-Service-Markt etwas völlig Ungewohntes kennen: Stagnation und gar Rückgang. Hiervon hat sich der Markt im Ganzen bis heute noch nicht erholt. Dieser Bruch einer vormals schier unaufhaltsamen Wachstumslinie [31] erklärt sich nur zum Teil aus dem Abschluss der Jahr 2000-Projekte und dem Ende des ersten Internetrausches sowie der Stagnation der deutschen Wirtschaft. Auch hier zeigt sich die prägende Kraft der Kommodisierung.

Die Kommodisierung von Computerplattformen führt auch zu einer deutlich vereinfachten Installation, Administration und Nutzung. So erforderte die Grundinstallation eines e-Shopsystems noch vor wenigen Jahren Expertenwissen und mehrere Manntage Arbeitsaufwand. Heute ist dies eine Standardaufgabe, die in der Regel in wenigen Stunden abgearbeitet ist. Vielleicht erinnern Sie sich noch an den „halbgöttlichen Status" der Superadmins der ersten PC-Netze, Anfang der Neunziger, meistens auf Novell-Basis. Diese Halbgötter hielten gleich einem Wunder die Netze am Laufen. Und heute?

Ein weiteres Beispiel betrifft die Desktops: Die Umstellung auf Windows XP als Clientsystem führte in vielen Unternehmen zu einer Halbierung der Service Calls. Gartner weist in einer aktuellen Pressemitteilung vom Juni 2006 darauf hin, dass die Ausfallrate von PCs in den letzten zwei Jahren um circa 25 % gesunken ist und dass noch weiterer Raum für Verbesserungen besteht [32]. Eine gesunkene Ausfallrate verringert direkt den Servicebedarf für PC-Austausche und -Reparaturen.

Der geringere Bedarf an Manntagen verbunden mit der Entwertung von ehemaligen Top-Know How führte zu einem vor allem preisgetriebenen Wettbewerb und damit zu einem rasanten Preisverfall bei den IT-Services: Nach 2001 sanken die Preise je Manntag für erfahrene Berater und Senior Engineers um bis zu 10 %. Für durchschnittliche Skills sanken die Preise um über 20 %, in Onsite-Situationen sogar bis zu 30 %. Bei einfachen Tätigkeiten wie der Rollout-Unterstützung brachen die Tagessätze, auch getrieben durch die Überkapazitäten bei großen Dienstleistern, um 30 bis 40 % ein.

Mitte des Jahrzehntes wuchs nach Einschätzung verschiedener Analysten das Outsourcing-Segment in Deutschland um über 10 % jährlich – Ausdruck eines nüchternen, von Kosten geprägten Blickes auf die IT, aber auch Folge der Kommodisierung, die Auslagerungen einfacher möglich macht. Damit ist in Deutschland der gesamte IT-Service-Markt ohne Outsourcing von 2001 zu 2004 um gut ein Fünftel geschrumpft, und dieses alles noch ohne einen wesentlichen Offshoring-Einfluss [33].

Umsatzwachstum im Outsourcing bedeutet aber nicht automatisch Margenwachstum! Der Preisverfall für Server- und Storagesysteme und die gestiegene Serviceproduktivität können zu drastischen Preisreduzierungen bei Neuverhandlungen von Outsourcing-Aufträgen führen [34]. Erhöht wird dieser Margendruck durch die Tendenz zu immer kürzeren Laufzeiten mit immer größeren variablen Anteilen am Auftragsvolumen. In vielen Fällen kann also ein zehnprozentiges Umsatzwachstum mit stagnierenden oder gar schrumpfenden Roherträgen verbunden sein.

Fazit

Auch die Rahmenbedingungen für IT-Services haben sich also seit dem Jahr 2000 grundlegend verändert. Kommodisierung und Preisverfall bestimmen auch die IT-Services. Eine Rückkehr zu den alten Zeiten knapper Ressourcen und wachsender Tagessätze ist nicht in Sicht. Was können IT-Dienstleister tun?

3 Werden Sie ein Engineering-Unternehmen

3.1 Engineeringstärke und Service Design sind entscheidender als Größe

„If you can't differentiate yourself in this world, you get commodized instantaneously." Jeffrey R. Immelt

IT-Services kommodisieren, aber verschwinden nicht

Haben IT und IT-Services eine Zukunft? Auf jeden Fall! Die Kommodisierung ändert nichts daran, dass Informationstechnologie eine wesentliche Ressource zur Produktivitätssteigerung und zur Differenzierung eines Unternehmens ist. Die IT-Infrastruktur muss weiter stabil, sicher und kostengünstig betrieben und gemanagt werden und darf keine Chancen verstellen. Auch die IT-Komplexität verschwindet nicht, sie verschiebt sich: Während die Komplexität in den einzelnen Bausteinen sinkt – siehe zum Beispiel „Rechnerboxen" und Client-Betriebssysteme – entsteht neue Komplexität in den Software-Lösungen und in den Prozessen.[1] Und auch weiterhin gehört die IT nicht zu den Kern-Kompetenzen eines Unternehmens, genausowenig wie seine Stromversorgung.

Größe oder Nische?

Die derzeitige Standardantwort auf die fortschreitende Kommodisierung und den preisgetriebenen Wettbewerb in den IT-Services ist „Größe oder Nische": Marktbeobachter sehen einen Trend zum „Systemlieferanten" respektive zum „Vollsortimenter" [1], also zu Service-Unternehmen, die in der Lage sind, alle IT-Anforderungen ihrer Kunden umfassend abzudecken. Kleineren Anbietern bleibt hiernach als Perspektive nur die Spezialisierung oder die Subunternehmerschaft.

Schiere Größe in Umsatz, Mitarbeiteranzahl und Kapitalbasis gelten als Wettbewerbsvorteil: Sie sollen es ermöglichen, globale Kundenaufträge zu adressieren, „auf Augenhöhe" internationale Accounts zu gewinnen sowie nahezu sämtliche vorstellbaren IT-Dienstleistungen anzubieten. Größe gewährleistet auch Flächenabdeckung und Marktbedeutung bei Kunden und bei Herstellern. Als Top-IT-Service-Unternehmen gelten Firmen mit einem Umsatz von über 1 Milliarde Euro [2]. In Deutschland gehören zu diesen Unternehmen unter anderem IBM Global Services, HP Services, EDS, T-Systems, SBS, CSC, accenture, CapGemini und BearingPoint.

---

1. Stichworte sind hier unter anderem Storagemanagement, Server-Virtualisierung, Security sowie Service Management/Delivery und „Servicefabrik".

Größe garantiert keine hohe Profitabilität

Wenn schiere Größe die richtige Strategie ist, um auf dem IT-Service-Markt zu bestehen, dann müsste sich dies auch in der Profitabilität der „Großkampfschiffe" niederschlagen.

Die addierte Rendite vor Steuern von dreizehn der größten Dienstleister erreichte 2005 einen Wert von ca. 6 %, was deutlich unter dem Benchmark von 10 bis 15 % liegt. Ohne IBM Global Services sinkt die Rendite sogar auf 3 %. Es ist ein offenes Geheimnis, dass Top-Dienstleister Renditen von über 15 % erreichen.

Nur ein Dienstleister – accenture – erreichte im Durchschnitt der Jahre 2000 bis 2005 Renditen von über 10 %. Zehn Dienstleister bleiben im Durchschnitt weit unter dieser Messlatte. Fünf Unternehmen – SBS, T-Systems, Getronics, Logica CMG und BearingPoint – realisieren in diesem Zeitraum in Summe negative Ergebnisse.

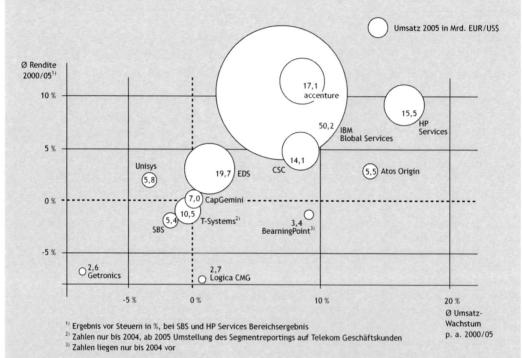

Bild 3-1 Rendite großer IT-Dienstleister
(Quellen: Geschäftsberichte, Präsentationen der Gesellschaften)

Auch Umsatzwachstum garantiert keine höhere Profitabilität. Atos Origin erreicht zwar 2000 bis 2005 ein durchschnittliches Wachstum von ca. 14 % pro Jahr, das durchschnittliche Ergebnis vor Steuern beträgt nur 3 %. Auch CSC kommt bei einer Wachstumsrate von gut 9 % p. a. nur auf eine Rendite von ca. 5 %.

Sind die Unternehmen einfach noch zu klein?

Nein. IBM Global Services und HP Services profitieren erheblich von der Einbindung in große Computer-Konzerne. Und: Beide Unternehmensbereiche sind seit 2001 mit stetig sinkenden Renditen konfrontiert, die 2005 auf jeweils ca. 7 % absanken. Der Kostendruck ist erheblich.

Es bleibt dabei: Schiere Größe garantiert keine Top-Rendite.

Zentrale Managementthemen in solchen „Großkampfschiffen" sind Transparenz, Effizienz, Synergien, Standardisierung und Kostenbegrenzung. Untereinander stehen diese Großunternehmen in einem Preis- und Komplexitätswettbewerb: Jener Großanbieter gewinnt auf Dauer, der am günstigsten anbieten kann und der sein Unternehmen am besten im Griff behält. Die fortschreitende Konzentration im IT-Service-Markt scheint diese Sicht zu bestätigen. Dabei schafft der Glaube an die Größe ein gutes Stück seine eigene Realität. Unternehmen kaufen zu, weil sie überzeugt sind, dass „Größe an sich" ein Wert ist. Schließlich übernehmen IT-Dienstleister Wettbewerber, um nicht selbst übernommen zu werden. Börsennotierte IT-Dienstleister unterliegen zudem dem Zwang, mit einer „Wachstumsstory" stetig steigende Aktienkurse zu ermöglichen.

„Größe an sich" ist selten ein Vorteil!

Größe ist ein Vorteil für die Wahrnehmung durch multinationale Großkunden mit abertausenden Bildschirm-Arbeitsplätzen. Diese Unternehmen machen aber nur einen Bruchteil der IT-Kunden aus und bündeln nur 15 bis 20 % des Marktvolumens.

Auch korreliert die Größe eines IT-Dienstleisters nicht mit seiner Servicequalität. Zwar gewinnen international operierende Unternehmen mit einem globalen IT-Dienstleister einen Partner, der aus einer Hand weltweit Kapazitäten und eine Fülle an Serviceleistungen liefern kann. Aber international geltende Serviceverträge und globale Service Level Reports garantieren keine lokale Servicequalität. Die konkrete Servicequalität ergibt sich aus den zigtausend Schnittstellen der IT-Versorgung und hängt tagein tagaus von einer Vielzahl von Servicemitarbeitern und deren Zusammenspiel in einer Vielzahl von verschiedenen Prozessen wie Service-Anfragen, Desktop-Installationen und Applikations-Anpassungen ab.

Oftmals verwandelt sich die Größe des Dienstleisters sowohl für die Kunden als auch für den Dienstleister selbst in einen Nachteil: Komplexe Prozesse und vielschichtige Führungsstrukturen verhindern oder verlangsamen Erkenntnisse und Entscheidungen. Kunden, die nicht zum „Triple-A"-Segment des Dienstleisters gehören, werden nicht angemessen wahrgenommen. Kundenmitarbeiter sind mit stetig wechselnden Ansprechpartnern ohne persönliche Verbindlichkeit konfrontiert. Immer besteht die Gefahr zu hoher Overheadkosten, da diese in den komplexen Strukturen nicht transparent werden und so nur schwer beherrscht werden können (mehr hierzu ab Seite 113) [3].

Zudem befördert Größe den Preiswettbewerb, da die vorgehaltenen, großen Kapazitäten ausgelastet werden müssen und eine Differenzierung top-down am einfachsten durch Offshoring und Automatisierung, also durch Kostenvorteile, realisierbar ist. Preiswettbewerb liegt in der Logik der Größe.

Klasse statt Masse

Die Essenz des IT-Service-Geschäftes ist aber nicht Masse, sondern Klasse. Und zwar Klasse sowohl im technologischen Wissen und Können, als auch im Prozess- und Projektmanagement und im IT-Management. Wieviele wirklich exzellente Projektmanager kennen Sie? Wieviele Engineers kennen Sie, denen Sie blindlings Ihr Rechenzentrum überlassen würden? Wieviele SAP-Berater kennen Sie, die wissen, welche Einstellungen in der Materialwirtschaft besser unterbleiben, um nicht die Faktura lahmzulegen? Top-Projektmanager, Top-Engineers und Top-SAP-Berater sind Mangelware und nicht durch Masse zu ersetzen – im Gegenteil!

Mindestgrößen stellen keine ernsthaften Eintrittsbarrieren dar

Klasse statt Masse sorgt auch dafür, dass hinsichtlich der Größe die Eintrittsbarrieren in den Club der IT-Dienstleister vergleichsweise gering sind. Ein hochwertiges SAP-Beratungshaus mit einem bestimmten Branchenfokus braucht ca. 20 bis 30 erstklassige Berater, um anspruchsvolle Projekte adressieren zu können. Ein IT-Engineering-Dienstleister kann mit 40 bis 50 Top-Engineers die Kernthemen seines Segmentes fachlich hervorragend abdecken. Der Schlüssel hierfür ist die Kombination des persönlichen Könnens dieser Berater und Engineers. Diese Kombination ermöglicht eben nicht nur Nischenlösungen, sondern vollständige Lösungen für komplette Bereiche wie die ERP-Landschaft oder die gesamte IT-Basis zu liefern. Mit dieser Bündelung von Top-Leuten kommt es auch zu einer Konzentration von guter Reputation und erstklassigen Referenzen. Und: Wenn die Kernmannschaft eines Unternehmens aus Top-Leuten besteht, dann ist „Masse", wie später beschrieben wird, in einem erheblichen Umfange zukaufbar.

Konzentration auf Engineeringstärke und Service Design

Größe allein sorgt nicht für Qualität, auch schützt sie nicht gegen Wettbewerber. Wie kann ein IT-Service-Unternehmen eine Marktposition erreichen, in der es sich trotz Kommodisierung und stetigem Preisdruck ertragreich behauptet? Auf diese Frage gibt es zwei klare Antworten: Engineeringstärke und Service Design.

Engineeringstärke. In einer kommodisierten IT-Welt werden nicht die größten IT-Service-Unternehmen den größten Erfolg haben, sondern die Unternehmen, die über die meisten Topkräfte hinsichtlich Engineering-Vertrieb, Projektmanagement und Technologie-Know How verfügen. Diese Top-Engineers, -Verkäufer und -Projektmanager bestimmen Branchentrends, sie gelangen auf die Shortlists der wichtigsten Projektausschreibungen und überzeugen gemeinsam mit ihren Teams durch stetig herausragende Leistungen. Der Zusammenhalt dieser Top-Leute, ihr Korps- und Unternehmensgeist macht ein IT-Service-Unternehmen nur schwer schlagbar und schafft viel wirkungsvollere Eintrittsbarrieren als schiere Größe.

Service Design. Auch in IT-Betriebssituationen ist eine dauerhafte Differenzierung über Kostenvorteile nicht möglich. Gegen das eigene neue Call Center in Ungarn wird von der Konkurrenz ein Call Center in Bulgarien und schließlich in Indien gesetzt. Der vollautomatische Anti-Spam-Service wird vom nächsten Anbieter in einem noch größeren Rechenzentrum noch billiger angeboten. In den Mittelpunkt muss die Frage rücken, wie IT-Services so gestaltet werden, dass sie nicht nur effizient sind, sondern auch die wirklichen Bedürfnisse der Servicekunden zufrieden stellen. IT-Services müssen zu einer positiv unvergesslichen Kundenerfahrung werden.

Den Preiswettbewerb relativieren

Unternehmen mit Engineeringstärke sind prädestiniert für die Marktführerschaft in Service-Segmenten, die noch nicht kommodisiert sind und in denen Können und Lösungsfähigkeit noch eine übergeordnete Rolle zum Preis spielen. Engineeringstärke schafft aber auch eine hervorragende Grundlage, um in Segmenten mit hoher Standardisierung einen vorrangig preisgetriebenen Wettbewerb zu relativieren und wesentlich zu entschärfen: Auch in bereits standardisierten Engineering-Bereichen, wie zum Beispiel Storage-Konsolidierungen oder Windows-Migrationen, können Qualitäts- und Kompetenzvorteile ausgespielt werden, die höhere Preise verkaufbar machen. In Betriebssituationen kann durch die Kombination von überragender Kundenerfahrung mit wettbewerbsfähigen Kosten gleichfalls der Preiswettbewerb relativiert werden.

Die Regeln des Geschäftes ändern

Konzentration auf Engineeringstärke und Service Design bedeutet, die Regeln des Geschäftes nachhaltig zu verändern und dabei eine ganze Reihe traditioneller Grundüberzeugungen über Bord zu werfen. Dies betrifft die Produktentwicklung, Vertrieb und Marketing, aber auch Personal, Beschaffung, Organisation und Management. Erst das Zusammenwirken all dieser Veränderungen macht die Wettbewerbsposition eines IT-Dienstleisters unkopierbar!

Die Differenzierung über Engineeringstärke und Service Design baut dabei naturgemäß vorrangig auf weichen Faktoren auf: Es geht nicht um Patente, große Produktionsanlagen und auch nicht um Immobilienstandorte, sondern um Kompetenzen und Prozesse. Es geht um die Fähigkeit von Organisationen, ertragreiche Service-Segmente zu besetzen und überlegene Abläufe, Strukturen und Kulturen zu schaffen. Wettbewerbsvorteile sind nicht das Ergebnis einer handvoll brillanter Einfälle, sondern das Resultat harter, ausdauernder Arbeit, die von einer klaren Vision geleitet wird.

Die nun folgenden Kapitel beschreiben, wie die Konzentration auf Engineeringstärke und Service Design die Regeln des Geschäftes verändert. Was sind die wesentlichen Inhalte dieser Kapitel?

Forschung und Entwicklung „on the road". Eine Differenzierung über Engineeringstärke und Service Design setzt zuerst voraus, dass die angebotenen Leistungen „produktisiert" werden. Forschung- und Entwicklung darf jedoch nicht als Labor- oder „Hinterstuben"-Tätigkeit stattfinden, sondern muss vielmehr als experimentelle Tätigkeit „on the road" durch die besten Engineers und Verkäufer geschehen. Dabei zeigt sich, dass die Produktentwicklung einzelner Bereiche eine Reihe von Besonderheiten hat. So hängt die Qualität von Engineering-Produkten stark von dem rechtzeitigen Erkennen „reifer technologischer Potentiale" und von einem zügigen Ausprobieren in konkreten Projekten ab. Bei Betriebsprodukten kommt es insbesondere auf die Feldforschung und ein sorgsames Prototyp-Design an.

Servicevertrieb: Reißen Sie Wände ein. Im Vertrieb muss mit der strikten Funktionsteilung von Verkauf, Presales und Technik gebrochen werden. Diese traditionelle Trennung verschwendet ein gewaltiges vertriebliches Potential. Das Kapitel beschreibt, wie die Vertriebskraft erheblich multipliziert werden kann, indem auch die Serviceorganisation Vertriebsaufgaben übernimmt. Gleichzeitig muss die Vertriebsmannschaft ohne Einschränkung alle Serviceprodukte beherrschen und offensiv plazieren. Zur Professionalisierung des Vertriebes gehört auch die Einführung der mittelfristigen Kundenentwicklung, die der tagtäglichen Vertriebsarbeit einen Rahmen gibt, der über das jeweilige Quartal weit hinausreicht.

„Human Branding" und Marketing der „Besten Praxis". Marken von IT-Service-Unternehmen sind per se „menschlich". Sie haben nicht nur eine unersetzliche Bedeutung für die Außenwirkung, sondern auch für das Selbstverständnis der Organisation. Die Markenbildung von IT-Service-Unternehmen vollzieht sich nur zum kleinen Teil über die klassische Außendarstellung mit Hilfe von Logo, Flyern, Webpräsentation und Werbekampagnen. Die erlebte Dienstleistung ist der entscheidende Faktor für die Ausprägung einer Service-Marke. Ziel ist deshalb, dass Kunden und Marktteilnehmer das Unternehmen als einen sympathischen, verlässlichen und kompetenten Dienstleister wahrnehmen. Das Kapitel zeigt, wie dieses Marken-Wunschbild in der Organisation und in der Sprache der Organisation erarbeitet wird und wie das Marketing dieses Markenbild mit der größten Wirkung verbreitet.

Personal: Die Besten gewinnen, fördern und entwickeln. Die Zukunft eines IT-Service-Unternehmen hängt wesentlich davon ab, so viele Top-Engineers und Top-Verkäufer als möglich für das Unternehmen zu gewinnen und zu entwickeln. Dieses Kapitel beschreibt, was ein Unternehmen aktiv tun kann, um die „Besten der Besten" zu beheimaten.

So ist wichtig zu erkennen, dass eine erfolgreiche Akquise wesentlich von der Anziehungskraft beruflicher Netzwerke und von „Mund-Propaganda" abhängt. Und: Das Unternehmen muss dafür bekannt sein, dass wirklich jeder Mitarbeiter die Chance hat, Geschäft zu entwickeln und eigene Teams und Bereiche aufzubauen. Jeder Mitarbeiter muss den „Marschallsstab im Tornister" haben. Um diesen hohen Anspruch zu realisieren, sind transparente und verbindliche Karrierepfade unerlässlich, die nicht von Willkür abhängen.

Vergütung: Bezahlen Sie für die persönliche Wertschöpfung. Die Vergütung, eines der naturgemäß sensibelsten Themen, muss Systeme schaffen, die direkt an der persönlichen Wertschöpfung ausgerichtet sind und die gemocht werden. Ein Unternehmen, das von seinen Mitarbeitern eine ertragreiche Entwicklung „ohne Grenzen" wünscht, darf auch den Verdienstchancen keine Grenzen setzen. Eine variable Vergütung sowohl für Verkäufer wie für Engineers ist damit unerlässlich. Für die Bemessung der variablen Vergütung werden die entscheidenden Stellschrauben vorgestellt.

Fokussierte Beschaffung und Partnerschaftsnetze. Fokussierte Beschaffung und Partnernetzwerke sind ein exzellenter Hebel, um etwaige Größennachteile auszugleichen. Es geht aber auch um die Entscheidung, welches Können intern vorgehalten wird und welches extern bezogen wird.

Dieses Kapitel zeigt, dass „Make or Buy"-Entscheidungen von der Frage geleitet sein müssen, welches Können unerlässlich für die Differenzierung über Engineeringstärke und Service Design ist. Stabile Servicepartnerschaften werden als Hebel vorgestellt, der es einem IT-Service-Unternehmen erlaubt, die adressierbaren Projektgrößen zu vervielfachen, ohne in entsprechende personelle Vorleistungen zu treten.

Organisation: Regionen, Kunden, Projekte, Produkte. Die Organisation steht vor der nicht einfachen Herausforderung, einen Rahmen für alle unternehmerischen Aktivitäten zu schaffen, ohne aber das Unternehmen erstarren zu lassen. Die Organisation muss Kundennähe und übergreifende Kompetenzen in eine Struktur bringen, die die Energien nicht absorbiert und Verantwortungen nicht verschwinden lässt. Hierfür sind Prioritäten notwendig. So beschreibt das Kapitel, warum die Organisation zuerst nach Regionen und Kunden ausgerichtet wird.

Eine Organisation, die auf „Unternehmern vor Ort" beruht, hat ein Wachstumsgen eingebaut. Soll dieses Wachstum ab einer bestimmten Unternehmensgröße nicht in zu vielen Hierarchiestufen erstarren, dann muss die Organisation die Kunst des „horizontalen" Wachstums lernen.

Innovations- und Qualitätskultur – vom Schlagwort zur Realität. Eine Kultur, die Engineeringstärke und Service Design befördert, ist weder erzwingbar noch konstruierbar. Jedoch können für eine gewünschte Unternehmenskultur die Rahmenbedingungen geschaffen werden. Weiterhin zeigt dieses Kapitel, dass Kultur durch dauerhaftes Vorleben und durch positive Beispiele „gesät" werden kann. Ist eine Innovations- und Qualitätskultur einmal errungen, so ist sie nicht nur unkopierbar, sondern auch ein unersetzliches Bindemittel für das gesamte Unternehmen.

Die Bewährungsproben einer Kultur sind Unternehmensübernahmen und wirtschaftliche Krisen. In diesen Situationen muss nicht nur der Mut vorhanden sein, zu den eigenen Werten zu stehen, sondern auch, diese Werte durchzusetzen.

Servicecontrolling – von unten nach oben. Das Controlling eines IT-Service-Unternehmen muss mit der gewachsenen Praxis brechen, vor allem eine Stabsstelle für die Geschäftsführung zu sein. Erste Aufgabe des Controllings ist es, die Vertriebsleiter und Service-Teamleiter mit den notwendigen Werkzeugen auszustatten, damit sie „ihr" Geschäft wirkungsvoll steuern können. Diese Werkzeuge für eine wirkliche Steuerung sind Hauptgegenstand des Kapitels. Das Controlling von unten nach oben wird vervollständigt durch Kalkulationsverfahren und -regeln, welche die weitgehende Eigenverantwortung und Schnelligkeit der operativen Bereiche garantieren, und durch eine operative Business Planung, die wirklich ihrem Namen gerecht wird.

Management: Führen „von der Front". Unternehmen mit den bisher beschriebenen Eigenschaften sind Hochleistungsorganisationen. Ihre Führung erfordert vom Management sowohl intensive Präsenz, als auch das Schaffen weitgehender Freiräume. Das Management muss dafür sorgen, dass das laufende Geschäft nahezu vollständig ohne seine Einbindung erfolgreich läuft. Dieses Loslassen ermöglicht dem Management wiederum, seinen „Feldherrnhügel" zu verlassen und in der Tradition Alexanders des Großen Schlüsselvorhaben, die nachhaltig die Zukunft des Unternehmens bestimmen, in der ersten Reihe persönlich voranzubringen.

Bereits heute gibt es eine Reihe von Unternehmen, die mit einem Fokus auf Engineeringstärke außerordentlich erfolgreich wachsen und gedeihen. Diese Unternehmen konzentrieren zum Beispiel einen Großteil der Top-Fachleute im Systemmanagement in ihren Reihen und sind in vielen der Top-Projekte ihres Segmentes präsent. Die Chance ist, nicht nur ein IT-Service-Segment, sondern den gesamten IT-Service-Markt zu erobern. Beginnen wir nun mit der Produktentwicklung „on the road".

3.2 Forschung und Entwicklung „on the road"

„Serviceprototypen kann man nicht im Labor zusammenbauen und verschiedenen Belastungen aussetzen, um Schwachpunkte aufzudecken; sie müssen in der Praxis entwickelt und mit tatsächlichen Kunden erprobt werden." Davidow/Uttal

Die Chance aus dem Frust

IT-Services haben ein hohes Frustpotential. Kunden fühlen sich ausgeliefert und klagen über fehlende Verbindlichkeit, ja Anonymität seitens ihrer Dienstleister. Die wahrgenommene Qualität der Dienstleistungen hängt allzuoft von der Tagesform oder vom jeweiligen persönlichen Können einzelner Mitarbeiter ihrer Dienstleister ab. Oft besteht ein unwohles Gefühl, dass man von den Dienstleistern über den Tisch gezogen wird und dass die Leistung ihren Preis nicht wert ist. Zwar können Kunden IT-Dienstleistungen für deutlich weniger Geld als noch vor drei bis vier Jahren beziehen, aber dies hat ihre Kundenerfahrung nicht verbessert. Auch die dokumentierte Einhaltung der vereinbarten Service Level muss nicht bedeuten, dass die Dienstleistung aus Sicht der Kunden wirklich gut war. Eine überwältigende, rundum zufriedene Kundenerfahrung ist die Ausnahme.

Hieraus ergibt sich eine große Chance für die Dienstleister, die es besser können. Dafür müssen diese Dienstleister aber ihre Serviceangebote bewußt entwickeln und einführen. Sie müssen die wirklichen Kundenbedürfnisse erkennen, die notwendigen Leistungen zu deren Befriedigung ermitteln und ihre Prozesse so gestalten, dass sie mit diesen Leistungen Geld verdienen können. Kurzum, sie müssen ihre Dienstleistungen produktisieren.

Produktisierung, ja ...

Die Produktisierung von IT-Services macht absolut Sinn. Produktisierung heißt, vergleichbare Dienstleistungen in klar beschriebenen Leistungspaketen zusammen zu fassen. Einmal erworbene Projekterfahrungen werden systematisch für vergleichbare Kundensituationen verfügbar gemacht. Leistungspakete werden unter einem eigenen Namen, zum Beispiel „Managed Desktop" beworben und vertrieben und haben oft auch einen Paketpreis.

Dienstleistungsprodukte bringen eine höhere Erfolgsquote im Vertrieb, da dieser auf griffigen Vorlagen und Erfolgsgeschichten aufbauen kann und so eine größere Souveränität erlangt. Sie schärfen das Erscheinungsbild im Markt und machen das Unternehmen viel interessanter. Die Produktivität in der Angebotsschreibung, in der Projektführung und in der Dokumentation wird erhöht. Es werden weniger Fehler in der Kalkulation und in der Projektarbeit gemacht. Grundlage hierfür ist, dass eine Vielzahl von Rädern nicht neu erfunden werden muss und einmal erworbenes, wertvolles Wissen im Unternehmen vielfach genutzt wird.

... aber bitte „on the road"

Offensichtlich liegt der Gedanke nahe, dass es nun an der Zeit ist auch bei IT-Service-Unternehmen einen „ordentlichen" F&E-Bereich aufzumachen [4], mit gesonderten Budgets und Mitarbeitern. Dieser Gedanke verkennt aber, dass es nicht um die Entwicklung von physischen Gütern, sondern um das Design von Integrations- und Prozessdienstleistungen geht. Dienstleistungsprodukten fehlt es an physischer Stabilität in den Produkteigenschaften und an Seriencharakter (siehe Kapitel 2, Seite 22 f.). Oftmals erweisen sich Serviceprodukte als Werkzeugkästen für individuelle Projekte.

Die gewichtigsten Argumente gegen Backoffice-Forschungseinrichtungen für IT-Services sind jedoch die technologische Komplexität und die Bedeutung der Kundenerfahrung. Wie weiter unten gezeigt wird, ist die Aufgabe von Engineering-Produkten, eine sich stetig verändernde technologische Landschaft beherrschbar zu machen. Das Labor ist die IT-Architektur bei hunderten, ja tausenden IT-Anwendern, in denen eine kaum überschaubare Vielfalt an Systemkomponenten aufeinander trifft. Und: Ungleich einem neuen Mobiltelefon kann die Kundenerfahrung von Betriebssituationen nicht in Off-site-Labors getestet werden. Das Labor sind die Kundenbeziehungen. Gleiches gilt für die umfangreichen Prozesse, die zur Lieferung einer Betriebsleistung notwendig sind.

Kein IT-Service-Unternehmen kann es sich leisten, Berge von Flyern, White Papern und Präsentationen zu produzieren, die „me too" sind, keinen Kunden hellhörig machen und schließlich in der Praxis bis zur Unkenntlichkeit angepasst werden müssen, um doch noch verkaufbar und anwendbar zu sein.

Kurzum: Die Entwicklung überragender Serviceprodukte ist ohne die besten „Macher" in den Engineeringprojekten und in den Betriebssituationen nicht möglich. Nur diese haben den notwendigen Erfahrungshintergrund, um Spitzen-Serviceprodukte zu entwickeln. Und nur sie haben den unmittelbaren Verkaufsdruck. Hinzu kommt, dass diese Produkte stets ihre persönliche Leistung sind. Halbherzigkeit wäre tödlich für Serviceprodukte.

Zwei Typen von IT-Serviceprodukten

Sowohl in der Infrastruktur- wie in der Applikations-„Welt" können IT-Service-Produkte in zwei Typen eingeteilt werden: Zum einen Engineering-Produkte und zum anderen Betriebsprodukte. In der Welt der Infrastruktur-Services sind dies zum Beispiel Consulting- und Engineering-Produkte wie Kostenbenchmarks oder Storagekonsolidierungen. Zu den Betriebsprodukten gehören Angebote wie das Desktop Management oder das Outsourcing des Rechenzentrums. Innerhalb der Applikationsservices gibt es Produkte der Anwendungs-Entwicklung und -Anpassung wie zum Beispiel SAP-Templates und wiederum Betriebsprodukte wie zum Beispiel die laufende Betreuung von Navision-Installationen.

Die Besonderheiten der Entwicklung von IT-Service-Produkten werden nun anhand der Infrastruktur-Services beschrieben.

IT-Engineering-Produkte

IT-Engineering-Produkte beinhalten Dienstleistungen, um konkrete IT-Technologien wie zum Beispiel Server, Speichergeräte und Systemsoftware effizient und stabil einsetzen zu können. Typische Gruppen von Engineering-Produkten sind Serverkonsolidierungen, Storagearchitekturen, Server Based Computing und Open Source-Betriebsumgebungen. IT-Engineering-Produkte sind wohldokumentierte und ausgetestete IT-Infrastrukturlösungen.

Komplex, um Komplexität zu verringern. IT-Engineering-Produkte sind in der Regel sehr komplex. Sie müssen eine Vielzahl von Komponenten wie Hardware-Plattformen und Software-Lösungen mit unterschiedlichen Releaseständen und Patches zu stabilen und effizienten Systemen zusammenfügen. Anschließend müssen sie diese Systeme in robuste, klar strukturierte Abläufe hinsichtlich Wartung, Monitoring, Wiederherstellung und Veränderung einbinden. Innerhalb der Produktgruppen wie zum Beispiel den Storagearchitekturen gibt es eine Vielzahl von möglichen Szenarien (SAN, NAS, Storage over IP) und noch viel mehr konkrete Einzellösungen.

IT-Engineering-Produkte bestehen aus Methodenbeschreibungen, Checklisten und vielen Templates (siehe im Detail Seite 42). Durch ihre Leistungseigenschaften kapseln sie die Komplexität der technologischen Möglichkeiten und machen diese für die Betreiber von IT-Infrastruktur stabil beherrschbar.

Ständig im Fluss. Dabei sind IT-Engineering-Produkte ständig im Fluss. Sie sind sowohl getrieben von der Weiterentwicklung der einzelnen Komponenten wie zum Beispiel einem neuen Release der Backup-Software, als auch von den konkreten Projektszenarien: Welche konkreten Hardwaresysteme will der Kunde jeweils integrieren (IBM-Server und EMC- oder HP-Storage)? Welche Managementsoftware ist im Unternehmen im Einsatz (Tivoli, BMC, OpenView oder andere)? Und nicht zuletzt: Welche Applikationslandschaft soll auf der Infrastruktur betrieben werden? Spätestens hier wird der Werkzeugkasten-Charakter von IT-Engineering-Produkten klar.

Die Verfallszeit von einzelnen Engineering-Produkten ist kurz. Schon mit einem neuen Softwarerelease, zum Beispiel einer neuen VMWare-Version, kann eine Überarbeitung notwendig werden. Die vorherrschenden Architekturen in den Produktgruppen haben zwar in der Regel über mehrere Jahre Bestand, verlieren aber bereits nach ein bis drei Jahren ihren innovativen Charakter.

Können und Kundenerfahrung. Für ein sehr gutes IT-Engineering genügt deshalb ein zertifiziertes Fachwissen über einzelne Komponenten (Unix-Server, Datenbankadministration u. a.) bei weitem nicht mehr. Intuition und Erfahrungshintergrund machen den Unterschied zwischen solidem Durchschnitt und exzellenter Leistung aus, kurzum, ein Expertenwissen über Inkompatibilitäten von Systemkomponenten trotz Herstellerfreigaben, über Lösungen für bestimmte Fehlermuster und ein Gespür für das Machbare auch in technischen Grenzsituationen.

Aber auch dieses Expertenkönnen ist inzwischen nicht mehr ausreichend: Top-Engineering bedarf zusätzlich ausgezeichneter Projektmanagement-Fähigkeiten, insbesondere einer hohen Präzision in der Projektsteuerung und -dokumentation. Als dritte Dimension ist die „Managementsicht" unerlässlich geworden, die Sicht auf die IT als kostspielige Ressource, die beherrschbar bleiben muss.

Die Kundenerfahrung bei IT-Engineering-Produkten wird zum einen bestimmt durch die Verlässlichkeit der Engineering-Leistung hinsichtlich zugesagter Zeit, Kosten und Qualität, durch die erlebte Transparenz, den konkret messbaren Nutzen und auch durch die interne Multiplikatorwirkung, das heißt einem eigenen Know How-Aufbau infolge des Projektes. Unterschätzt wird oft der menschliche Faktor: Engineers und Projektmanager, die mit Herzblut und Freude an der Lösung arbeiten, die offensichtlich gerne mit dem Kunden zusammen sind, erreichen meistens nicht nur bessere fachliche Ergebnisse. Sie erreichen auch Begeisterung beim Kunden.

Entwicklung von Consulting- und Engineering-Produkten

Die Entwicklung von Consulting- und Engineering-Produkten ist ein niemals endender, zyklischer Prozess von Potentialerkennung, Ausprobieren, Produktisieren, Ausrollen, Ausschöpfen und Ablösen. Der IT-Dienstleister, der als Erster machtvolle Servicethemen erkennt, besetzt und sich nicht auf ihnen ausruht, wird wachsen und gedeihen.

Potentialerkennung. Das erste Glied dieser praktischen Kunst ist das rechtzeitige Erkennen des Zeitpunktes, wann technologische Innovationen in den verschiedenen IT-Segmenten dabei sind, die Schwelle zur stabilen Betriebsfähigkeit zu überschreiten und damit das Laborstadium zu verlassen. Solche Schwellenpunkte betreffen zum Beispiel Client-Blades, Linux-Cluster für SAP-Installationen, Servervirtualisierungen mit VMWare, alternative Storageprotokolle (iSCSI) aber auch neue Betriebssystem-Releases (Windows XY).

Potentiale können sich aus einem grundsätzlich neuen Produkt oder der Weiterentwicklung von bestehenden Produkten ergeben. Beispiele für neue Produkte sind Serverkonsolidierungen mit Blades, die vor zwei bis drei Jahren ein „Thema" wurden und eine neue technologische Option schufen. Ein neues Speichersystem oder ein neues Release einer Virtualisierungssoftware sind dagegen Weiterentwicklungen. Der innovative Zeithorizont neuer Produkte beträgt in der Regel ein bis drei Jahre; danach werden sie unweigerlich zu Standards.

Für den Erfolg unerlässlich ist eine sehr disziplinierte Einstellung: Potential heißt, dass eine Infrastrukturtechnologie den Entwicklungsstand erreicht, dass sie wirklich stabil einsetzbar ist. Es ist nicht Aufgabe eines IT-Service-Unternehmens Beta-Versionen auszuprobieren. Zwar wissen es Hersteller sehr zu schätzen, wenn ein Dienstleister bereit ist, den Prototyp des neuesten Servers oder die letzte Beta-Version der Backup-Software in realen Betriebsumgebungen zu testen. Jedoch: Gibt ein IT-Service-Unternehmen an dieser Stelle seinem „Spieltrieb" nach, dann wird es nicht nur Ressourcen verschwenden, sondern das Unternehmen läuft auch Gefahr, sein Profil und seinen Ruf am Markt zu schwächen. Seine Kunden erwarten keine Forschungsanstalt, und schon gar nicht in ihren Rechenzentren.

Marktstudien und visionäre Ausblicke sind für die Potentialerkennung nur begrenzt von Nutzen. Zum einen reicht ihr Blick zu weit nach vorne, oft bis in die Sphären des technologisch Vorstellbaren. Bei der Potentialerkennung geht es jedoch um die verlässlichen Umsatzchancen für die nächsten ein bis drei Jahre. Zum anderen sind die Aussagen von Studien in der Regel zu allgemein, um Einschätzungen zu den konkreten Einführungschancen neuer Produkte auf Kundenebene zuzulassen. Wirkungsvoller sind der Austausch und die Diskussion in der jeweiligen Experten-Gemeinschaft, die so breit wie möglich sein sollte. Idealerweise umfasst diese Gemeinschaft neben den eigenen Top-Engineers Spezialisten von den jeweiligen Herstellern, Experten aus Kundenunternehmen und gerne auch informell Kollegen von Wettbewerbern. Oftmals kommen so beim Feierabendbier die spannendsten Anregungen und Einschätzungen. Rückgrat der Potentialerkennung sind jedoch institutionalisierte, regelmäßige Workshops respektive Brainstormings durch Produktteams.[1] Wichtig sind dabei klare Erwartungen seitens der Geschäftsführung, zum Beispiel, dass jedes Jahr zwei bis drei neue Produktideen mit einem Umsatzpotential von größer zehn Millionen Euro identifiziert werden.

Ausprobieren. Zeichnet sich eine nächste „große Sache" ab, muss der entstehende Enthusiasmus gleich zu Beginn auch auf den „Business Case" gelenkt werden, das heißt auf die Fragen, welchen Nutzen die Kunden aus der neuen Technologie/Plattform ziehen können, wieviel die Kunden dafür zu zahlen bereit sein werden und wie die neue Lösung vermittelt werden kann. Dabei muss der erwartete Nutzen erheblich sein, so zum Beispiel eine 30 % höhere Produktivität oder Internet-Sicherheit „Out Of The Box". Nur inkrementelle Verbesserungen sind keine weiteren Investitionen von Zeit und Ressourcen wert.

In diese Phase gehört auch die Pilotierung. Am besten ist, wenn auf Grundlage eines intensiven Vertrauensverhältnisses ein Pilotprojekt bei einem Kunden realisiert werden kann. Eine Testinstallation im eigenen Hause ist immer nur die zweitbeste Lösung, so sehr sich auch die Spezialisten über sie freuen.

Bevor das zuständige Team die Empfehlung abgibt, das neue Produkt weiter zu verfolgen, wird es die Marktpotentiale abschätzen. Hier sind globale und nationale Marktstudien wiederum nur von begrenztem Nutzen. Nicht nur, dass diese Studien oft dazu tendieren, zu optimistisch zu sein. Sie beantworten auch nicht die für ein konkretes IT-Service-Unternehmen entscheidende Frage, wieviel Budget bei seinen Zielkunden mit diesem Produkt gewonnen werden kann. Steht das neue Produkt für durchschnittliche Projektbudgets

---

1. Näheres zu den Produktteams ab Seite 49.

von 5 TEUR oder 500 TEUR? Für wie viele der Zielkunden ist die Lösung interessant: Für 5 % oder für 50 %? Ist die Lösung auch bei Mittelständlern verkaufbar? Und: Wie weit reicht der Vermarktungshorizont, wann wird das Thema voraussichtlich zu einer Standardangelegenheit?

Diese Markteinschätzung darf jedoch auf keinen Fall ein eigenes Forschungsprojekt werden. Hier sollte man bodenständig auf die qualifizierte Schätzung und auf die kumulierte Erfahrung der eigenen Experten setzen. Denn schließlich sind sie es, die das Umsatzpotential spätestens im nächsten Geschäftsjahr abholen. Die Marktpotentiale werden nicht pauschal ermittelt, sondern so präzise wie möglich für konkrete Kunden und Kundengruppen bestimmt. Da sind zum einen die Bestandskunden: Welche vertrieblichen Chancen bestehen bei den Topkunden? Sind hier Bedarfe offensichtlich? Wo kann das neue Engineering-Produkt helfen, junge oder noch unterentwickelte Kundenbeziehungen voranzubringen?

Die Potentialfrage wird auch für Neukunden gestellt. Es gibt Neukunden, über die bereits Informationen vorliegen und die bereits vertrieblich kontaktiert werden. Dann existieren grundsätzliche Potentiale für bestimmte Kundengruppen. Ein Beispiel ist die Prozessberatung für Pharmaunternehmen, die ihre IT-Prozesse konform mit den „Good Manufacturing Practices" gestalten müssen. Als Resultat der Markteinschätzung liegt nicht nur ein Zahlenwerk vor, das auf konkreten Kundenchancen beruht. Es existiert auch die „Adressliste" für die Roll Out-Kampagne, falls das Produkt die Freigabe erhält. Bei Bestandskunden gibt es idealerweise sogar schon eine Liste von Projektchancen – noch bevor die Kunden von ihrem Glück etwas ahnen.

„Produktisierung" und Roll Out. Ist die Entscheidung gefallen, den neuen Produktbereich zu besetzen, dann beginnt die eigentliche „Produktisierung". Bis zu dieser Phase ist die Machbarkeit des neuen Produktes geklärt. Im Kreise der Experten ist ein Prototyp (Pilotinstallationen, Pilotworkshops, ROI-Rechnung u. a.) erarbeitet. Die „Produktisierung" schafft nun die Voraussetzungen, dass die neue Lösung in der Breite und mit hoher Erfolgschance „ausgerollt" werden kann. Es werden die vertrieblichen Unterlagen erstellt, welche die Lösung wirkungsvoll verkaufbar machen sollen. Es werden aber auch Workshop-Templates, Fragebögen u. a. erstellt, die eine effektive Projektabwicklung ermöglichen, ohne die Räder jeweils neu zu erfinden.

Zentrales Element des Roll Outs sind Vertriebsschulungen und das Training der Servicemannschaft, natürlich auch, wenn notwendig, die Gewinnung weiterer Spezialisten. Auf jeden Fall muss der Roll Out durch ein klares Vorstands- oder Geschäftsführer-Wort begleitet werden, sei es als Infomail oder als persönliche Ansprache während Vertriebsmeetings und regionalen Treffen. Dabei darf die Kommunikation nicht gleich einem Befehl klingen. Vielmehr soll sie begeistert die Chancen dieses Produktes verdeutlichen und erklären, warum dieses Produkt den IT-Dienstleister noch besser macht. Der Organisation muss klar werden, dass sie den Roll Out des neuen Produktes unbedingt braucht und sie deshalb alles Notwendige für seinen Erfolg tun wird.

Synchron hierzu unterstützt das Marketing den Roll Out durch Pressemitteilungen, Info-Briefe, Vorstellung in Kundenzeitschriften und durch die Organisation von Roadshows. Die Produkteinführung ist ein kraftvoller, stimmiger Antritt der gesamten Organisation.

Produktbeschreibung	▪ Ausgangslage/Kundenproblem ▪ Leistungsumfang/Kundennutzen
„Werkzeugkasten"	
Kunden und Markt	▪ Präsentationen, Referenzstories, Flyer
Intern	▪ Muster für Angebote, Kalkulationen, Fragebögen, Workshops, Projektpläne ▪ Vertriebliche Checklisten (Nutzenargumentation, Einwandbehandlungen u. a.) ▪ Datenbanken (Benchmarks, Projektbeispiele, Inkompatibilitäten)
Roll Out	▪ Zielkunden ▪ Marketing ▪ Training ▪ Wer ist für was zuständig?/Aktivitätenplanung

Bild 3-2   Was gehört zu einem Engineering-Produkt?

Preisbildung neuer Engineering-Produkte. Das übliche Kalkulationsverfahren für IT-Service-Produkte ist die Ermittlung der direkten Personalkosten, auf die dann Gemeinkosten und ein Gewinnsatz aufgeschlagen werden. Bei Standardgeschäften existieren zudem Marktpreise, an denen sich die interne Kalkulation orientieren muss.

Bei neuen Produkten besteht die Gefahr, dass mit Aufwandskalkulationen Marge verschenkt wird. Ist das Produkt wirklich innovativ, dann gibt es noch keine verbreiteten Wettbewerbsangebote, und der Nutzeffekt für den Kunden wird erheblich sein. Hier zahlt sich meistens der Mut zu einem „Nutzenpreis" aus. Das heißt, dass zum Beispiel das Konzept und die Installation einer virtualisierten Serverfarm, welche per annum 100.000 Euro weniger laufende Kosten für den Kunden bedeutet, durchaus 50.000 Euro wert ist. Zu beachten ist jedoch, dass Nutzenpreise dann in der Regel Fixpreise sind, mit einer entsprechenden Ertragschance aber auch einem Ergebnisrisiko. Nachtragsverhandlungen sind bei Festpreis-Projekten oftmals nicht durchsetzbar.

Natürlich kann bei innovativen Serviceprodukten auch ein höherer Tagessatz angesetzt werden. Dies funktioniert aber nur, wenn das Projekt von Engineers abgearbeitet wird, die nicht bereits zu geringeren Preisen beim Kunden eingesetzt sind. Eine Innovations-Rendite kann sich auch dadurch ergeben, dass das Unternehmen im Durchschnitt 10 bis 15 % höhere Tagessätze erzielt, weil es meistens über die besseren Engineers und die besseren Produkte verfügt. Dieses reicht aber nicht an die Ertragschancen der „Nutzenpreise" heran.

Ausschöpfen: Marktführerschaft in der Zielkundenstruktur. Nachdem die Organisation so viel Aufwand betrieben hat, das neue Produkt an den Markt zu bringen, kann nicht „me too", sondern nur Marktführerschaft das Ziel sein. Marktführerschaft sollte auch hier wieder von „unten nach oben" definiert werden: Konkretes Ziel muss sein, Marktführer für das neue Produkt in der adressierbaren Kundenbasis zu werden. Das bedeutet, auf allen Shortlists für entsprechende Projekte plaziert zu sein und die meisten dieser Projekte auch zu gewinnen. So kann das Ziel sein, mindestens 30 % der Servervirtualisierungsprojekte in einer Region zu gewinnen. Um diese Zahl ermitteln zu können, helfen gute Hersteller- und Distributorenkontakte (zu Kundenpotentialen siehe Seite 57 f.).

Halten die Engineering-Produkte, was sie versprechen, dann werden sie einen „Kundensog" auslösen. Aber ohne einen intensiven und disziplinierten vertrieblichen Start wird dies nicht gelingen. Notwendig sind konkrete und verbindliche Vertriebsvorgaben wie zum Beispiel die Festlegung von 10 Top-Zielkunden je Region für das neue Produkt. Der vertriebliche Fortschritt sollte zeitnah und eng verfolgt werden, nicht, um vordergründigen „Druck" zu erzeugen, sondern um die Wichtigkeit des Projektes zu verdeutlichen und um schnell zu lernen. Einführungen neuer, innovativer Produkte sind auch eine gute Gelegenheit für die Königsdisziplin des Vertriebes, für die Neukundenakquisition. Es sollten deshalb immer auch Neukundenquoten bei der Produkteinführung gesetzt werden.

Gelingt die Produkteinführung, so kommt es zu wunderbaren, selbstverstärkenden Effekten: Das Unternehmen verfügt über die ersten Erfolgsstories und Referenzen, Projekt- und Vertriebserfahrungen werden akkumuliert, „Fehlerwissen" aufgebaut. Mit jedem gewonnenen und mit jedem abgearbeiteten Projekt kann der Vorsprung des eigenen Unternehmens ausgebaut werden. Das Thema wird in der öffentlichen Wahrnehmung immer mehr mit dem eigenen Unternehmen verbunden, das Unternehmen gewinnt die Meinungsführerschaft im Markt. Der Vertrieb wird von bisher unbekannten Unternehmen kontaktiert und erhält weitere Gelegenheiten, sein Können zu zeigen.

Wie ein erfahrener Servicemanager sagte: „Dies sind die Momente, für die man arbeitet".

Ablösen. Auf Frühjahr und Sommer kommt schließlich der Herbst und dann der Winter. Viele innovative Serviceprodukte werden schnell – innerhalb von ein bis drei Jahren – zu einem Standardthema. Wichtig ist deshalb auch ein feines Gespür, wann das Fest vorüber ist und Projekte zunehmend über den Preis entschieden werden, weil inzwischen genügend Erfahrung im Markt gesammelt werden konnte oder die technologische Lösbarkeit viel einfacher geworden ist. Die akkumulierte Projekterfahrung, insbesondere auch hinsichtlich eines straffen Projektmanagements, wird noch geraume Zeit ein Preispremium für „Markenqualität" erlauben, aber dieses ist dann bereits die „herbstliche Ernte". Spätestens jetzt müssen neue oder weiterentwickelte Engineering-Produkte herausgerollt und der Zyklus fortgesetzt werden.

> **Vorsprung durch Können**
>
> Global Vision IT Consulting startete 1997 genau zum richtigen Zeitpunkt, um den Roll Out von Systemmanagement-Lösungen auf Basis von IBM Tivoli[1] in Deutschland wesentlich mitzuprägen.
>
> Global Vision entwickelte sich in wenigen Jahren zu einem der marktbestimmenden Unternehmen im Tivoli-Umfeld in Deutschland mit überdurchschnittlicher Rendite. Mit seinem Fokus und seinem Können vermochte Global Vision mit einer Mannschaft von ca. 30 Beratern nahezu alle deutschen Großbanken und eine Vielzahl weiterer Großunternehmen als Kunden zu gewinnen.
>
> Zu dieser Marktstellung trug wesentlich bei, dass die Gesellschaft über einen großen Teil der Tivoli-Spezialisten auf dem deutschen Markt verfügte und außerhalb von IBM der größte Pool an Tivoli-Könnern in Deutschland war. Die benötigten Spezialisten bildete das junge Unternehmen selbst aus.
>
> Von Anfang an setzte das Unternehmen darauf, einen Wissensvorsprung von zwei bis drei Jahren zu halten. Um diesen Vorsprung zu bewahren, wurden jedes Jahr ein bis zwei neue Themen im Systemmanagement-Umfeld gesucht und entwickelt. Im Mittelpunkt stand immer die Frage nach dem besonderen Kundennutzen, nach dem Sprung von der Basisleistung zur Innovation, so zum Beispiel vom Systemmonitoring zum Servicemonitoring oder von der Nutzerverwaltung zum rollenbasierten Identity Management.

Betriebsprodukte

Betriebsprodukte sind extern bezogene und über eine Vertragslaufzeit fest vereinbarte IT-Dienstleistungen. Die Komplexität von Betriebsprodukten entsteht aus dem Zusammenwirken von Informationstechnologie mit Logistik- und Supportprozessen wie Help Desk, Fehlerbearbeitung oder Änderungsmanagement.

---

1. Tivoli steht für eine Software-Familie zum Managen der IT-Infrastruktur. Hierzu gehören zum Beispiel die Arbeitslaststeuerung von Servern, die Sicherung und Wiederherstellung von Daten und die Verteilung von Software. IBM übernahm den ursprünglichen Anbieter von Tivoli im Jahre 1997.

Eine Vielzahl an Können ist für eine sehr gute Betriebsleistung erforderlich: Gebraucht werden exzellente Engineers für den „Maschinenbetrieb", serviceorientierte Techniker für Repartur- und Wartungseinsätze, freundliche Help Desk-Mitarbeiter, ausgeglichene Problemlöser und Call-Abwickler, zum Beispiel für das Repairmanagement, nimmermüde Prozessmanager und oft auch Logistiker.

Prozessmanagement ist hier die Schlüsseltugend. Nicht ohne Grund übertragen indische Outtasker die Erfahrungen von Toyota bei der Fliessbandsteuerung auf ihre Prozessdesigns [5]. Die Qualität von Betriebsprodukten hängt wesentlich von der Qualität der „Servicefabrik" ab. Erforderlich sind laufende Optimierung und ständiges Lernen, ein stetiges Messen und Steuern der Leistungsqualität (Einhalten von Reaktionszeiten, Lösungsquoten u. a.) sowie ein Aufrechterhalten einer hohen Servicemotivation. Die Faktoren Motivation und Kostendruck führen dazu, dass Städte wie Dublin und Barcelona als Service Desk-Standorte florieren, weil diese Städte junge Menschen trotz geringer Einkommen anziehen. Eine weitere wesentliche Herausforderung im Prozessmanagement ist der Kampf gegen die Anonymisierung sowohl nach aussen zum Kunden wie nach innen.

Der Begriff „Fabrik" als Bild für Serviceorganisationen ist nicht beliebt. Jedoch ist das Naserümpfen über den Begriff „Fabrik" inzwischen in mehrerer Hinsicht anachronistisch: Die IT hat den Status einer „Wunderindustrie" verlassen. Und nur Effizienz, Flexibilität und herausragende Qualität sichern Wachstum und Überleben – siehe Toyota und indische Outtasker wie Wipro.

Schlüsselfaktoren für die Kundenerfahrung bei Betriebsprodukten sind einfache Abläufe ohne Informationsverluste, Kompetenz, Tempo und Stressresistenz seitens des Dienstleisters, nicht nachlassende Freundlichkeit, ein aktives Nachverfolgen und eine persönliche Ansprache.

Die Entwicklung von Betriebsprodukten: Service Design

Bei Betriebsprodukten sind Kundenerfahrung und Prozessdesign von überragender Bedeutung, da es hier nicht um eine Projektleistung, sondern um eine fortlaufende, oft 365-mal-24 Stunden zu erbringende Leistung geht. Auch die Produktentwicklung für den IT-Betrieb hat zwei Ausrichtungen: Zum einen die Verbesserung der Kundenerfahrung in bestehenden Produkten (zum Beispiel Optimierung Help Desk) und zum anderen das Schaffen völlig neuer Produkte beziehungsweise völlig neuer Kundenerfahrungen (zum Beispiel Mobile Desktop on Demand).

Dabei gilt: Zuerst Design einer überragenden Kundenerfahrung, dann Klären der effizienten Bereitstellung der Dienstleistungen. Das Design der Kundenerfahrung entscheidet über den Umsatz, das Klären der effizienten Bereitstellung entscheidet über den Gewinn. Es ist einer der Grundfehler der meisten heutigen Servicesysteme, dass in ihnen zwar viel Energie in den Aufbau von effizient arbeitenden Servicefabriken gesteckt, jedoch die Einhaltung von Service Level mit einer überragenden Kundenerfahrung gleichgesetzt wird. Auch wäre es grundlegend falsch zu sagen, dass ein Kunde nicht mehr Service für sein Geld erwarten kann. In diesem Falle wird er immer mehr erwarten, weil er sich schlecht behandelt fühlt.

Beachten Sie aber, dass eine überragende Kundenerfahrung nicht „Service ohne Limit" bedeutet. Übererfüllte Erwartungen hinsichtlich der vereinbarten Service Level führen schnell zur Gewöhnung und werden nicht gesondert honoriert. Ein Dienstleister, der für das Austauschen von PCs den Service Level „Am nächsten Arbeitstag" zugesagt hatte, übererfüllte diesen Service Level, indem er in 80 % der Servicefälle den Austausch der PCs noch am gleichen Arbeitstag vornahm. Bei der nächsten Vertragsverhandlung ging der Kunde davon aus, dass der erlebte Servicegrad nunmehr vertraglicher Standard ohne jeglichen preislichen Aufschlag wird.

Überragende Kundenerfahrung heißt: Die Erwartungen hinsichtlich der vereinbarten Service Level werden verlässlich erfüllt. Der Service schafft einen echten Nutzen. Das Engagement und das Auftreten des Dienstleisters führen zu einem anhaltenden Wohlfühlen.

Wie schaffe ich nun eine überragende Kundenerfahrung? Überraschenderweise scheint die Antwort auf diese Frage immer noch im hohen Maße ein „unerschlossenes Territorium" zu sein. Obwohl wir schon seit vielen Jahren im Dienstleistungszeitalter leben sollen, tritt Service Design erst jetzt in die allgemeine Wahrnehmung. Bis heute ist Service Design noch ein Insiderbegriff.

Nehmen wir an, ein IT-Dienstleister möchte einen Service „Rent a Notebook" für die ca. 3.000 freiberuflichen Außendienstmitarbeiter eines Versicherungsunternehmens anbieten. Die Notebooks werden sich im Eigentum der Außendienstmitarbeiter befinden, sie müssen die Vertriebs- und Angebotssoftware des Finanzdienstleisters beinhalten, einfache Einwahlmöglichkeiten in die zentralen Systeme des Finanzdienstleisters bieten und über einen weitgehenden Datenschutz verfügen. Gemäß ihrer Profession sind die Nutzer hochmobil und benötigen innerhalb von 4 bis 24 Stunden Ersatzgeräte respektive erfolgreiche Reparaturen. Gewünscht werden auch – der eigenen Branche angemessen – eine Diebstahl- und Schadensversicherung.

Wie können nun diese die Außendienstmitarbeiter als begeisterte Kunden gewonnen und gehalten werden? Und wie kann dieses Serviceprodukt verlässlich und effizient geliefert werden?

Feldforschung. Am Anfang steht die Feldforschung. Wie gehen Außendienstmitarbeiter mit ihrem Notebook um, wofür nutzen sie den Notebook sonst noch (Computerspiele, persönliche Buchhaltung u. a.)? Was erwarten die Nutzer insbesondere in Crash-Situationen? (Betriebsdienstleistungen werden zu über 80 % im Crashfall wahrgenommen!) Gibt es typische Verhaltensmuster – wie anspruchsvoll, wie hektisch sind die Kunden? Der beste Weg zu den Antworten sind Interviews mit Außendienstmitarbeitern und Beobachtungen „im Felde". So kann zum Beispiel auffallen, dass der Hauptservicebedarf am späten Abend, am frühen Morgen und am Wochenende besteht, dann, wenn die Außendienstmitarbeiter Zeit für die „Innendienstprobleme" haben. Die Feldforschung muss übrigens keinen gewaltigen Aufwand verursachen. Wenige Manntage konzentrierter Arbeit können schon zu erheblichen Aha-Erkenntnissen führen.

Mengengerüste werden ermittelt und durch Annahmen ergänzt. Was werden die wichtigsten Servicesituationen sein: Ausfall von Hardware? Probleme mit der Software, Verbindungsfragen wie Zugang aus dem Hotel? Das Entscheidende ist, dass ein klares, plastisches Bild der besten gewünschten Serviceerfahrung aus dem Blickwinkel dieser hochmobilen und hochaktiven Freiberufler gewonnen wird.

Prototyp-Design und Verfeinerung. Auf Basis der „Felddaten" beginnt nun die Arbeit, die „Schöne Erfahrung" Wirklichkeit werden zu lassen. Aus dem Baukasten von möglichen Kundeninteraktionen (Service Desk, Fieldservice, Web-Front Ends) wird ein Servicebündel erarbeitet, das mehrfach verprobt wird. Wie wichtig ist ein günstiger Zugang über Mobilnetz, welche Bedeutung kommt Web-Front Ends zu – kann es nicht sein, dass das Web im Crash-Fall gar nicht erreichbar ist? Können zusätzliche Dienste mit eingewoben werden? Eine faszinierende Idee ist, die notwendige Telefon-Hotline zu einem Mobile Office zu erweitern, das zum Beispiel Terminverschiebungen vornimmt und auch Reiseauskünfte erteilt.

Ein Schlüsselelement ist die Personalisierung. Wie kann der Frust einer anonymen Behandlung durch stetig wechselnde Call Agents – mal aus Erfurt, mal aus Dublin, mal aus Bratislava – vermieden werden? Wie sichert man ab, dass der Kunde nie das Gefühl verliert, dass der Dienstleister sich mit Herzblut um ihn kümmert und dass er möglichst von einem Servicemitarbeiter durch sein Problem bis zur Lösung begleitet wird? Der Anspruch eines persönlichen Services führt dazu, dass jeder Außendienstmitarbeiter einen persönlichen Hauptansprechpartner und ein persönliches Team von vier bis fünf Mitarbeitern erhält. So wird gewährleistet, dass er ständig von einem Team betreut und begleitet wird.

Ziel ist, ein Wohlfühlprodukt anzubieten, das nicht nur die Produktivität der Außendienstmitarbeiter absichert, sondern auch zur Lebensqualität beiträgt – eine Serviceerfahrung, die nicht durch Niedrigstpreise weggewischt werden kann.[1]

---

1. Hier können die IT-Services von Dienstleistungsunternehmen lernen, die schon ein paar Jahrzehnte länger im Geschäft sind, so zum Beispiel von den Gebäudedienstleistern. Interessant ist, dass dieses Geschäft offensichtlich auch im Lebenszyklus den IT-Services vorauseilt. Gebäudedienstleistungen sind heute bereits weitaus mehr kommodisiert, aber auch in weit höherem Umfange outgesourct als IT-Services. Wie können sich Gebäudedienstleister differenzieren? Die Reinigungsfrau eines dieser Unternehmen antwortete auf die Frage ‚Was tun Sie hier?' mit: „Ich sorge dafür, dass sich die Menschen hier im Büro wohl fühlen!"

Prozessdesign und Einführung. Im Prozessdesign wird nun die beabsichtigte Kundenerfahrung in konkrete Serviceabläufe und -ressourcen unter Beachtung der Zielkosten umgesetzt. So wird unter anderem die notwendige Organisation des Service Desk festgelegt, also dessen Größe, seine Teamstrukturen und die Ausbildungsanforderungen. Es werden externe Servicepartner, zum Beispiel für den Feldservice, eingebunden. Die Datenbanken für die Wissensbasis, die Kunden-Historien und die Call-Stati werden fixiert.

Die Kundenerfahrung ist hier nicht mehr das Beiprodukt einer Prozessfestlegung, sondern umgekehrt: Die Prozesse und Ressourcen folgen den Vorgaben dessen, was für eine überragende Kundenerfahrung notwendig ist.

> **Ist eine überragende Kundenerfahrung zu teuer?**
>
> Ein häufiges „Ja aber" an dieser Stelle ist, dass eine überragende Kundenerfahrung zu teuer in ihrer Erbringung ist. Dies stimmt aber nicht. Auf den ersten Blick höhere Kosten, so zum Beispiel für mehr Ausbildung, rentieren sich durch kürzere Problemlösungszeiten und durch weniger Weiterleitungen.
>
> Ein personalisierter Service Desk ist kein Widerspruch zu großen Service Centern – sogar im Gegenteil. Große Call Center-Teams, die wie auf einer Hühnerstange sitzen, können auch als Teams organisiert werden, die sich vorrangig um bestimmte Kundengruppen kümmern. Die bedienten Kundengruppen können bis auf einzelne Abteilungen beim Kunden segmentiert werden. Fallweise auftretende Überlasten werden zuerst durch nahestehende Service Desk-Teams aufgefangen, die den gleichen Kunden bedienen. Eigene „Leerzeiten" werden wiederum für die Unterstützung anderer Teams eingesetzt. Sind die Kunden zu klein, als dass sie dedizierte Teams erlauben würden, dann werden sich die Serviceteams um mehrere „persönliche" Kunden kümmern. Call- und Fallstatistiken ermöglichen eine laufende Adjustierung.
>
> Mit der Zeit bauen die Service Desk-Mitarbeiter ein tieferes und breiteres Verständnis der Kundenumgebung und der dort auftretenden Fragen und Probleme auf. Sie werden Probleme schneller und immer öfter im ersten Anlauf lösen. Auch werden sie sich in vielen Fällen „ihren" Kunden persönlich verbunden fühlen. Eine saubere Prozesssteuerung einschließlich einer konsequenten Pflege der Call-Historien hebt weitere Produktivitätsvorteile, die bei anonymen Niedrigpreisorganisationen, die rein anruforientiert arbeiten, kaum zu erlangen sind.

Organisation der Produktentwicklung

Produktentwicklung findet bei jedem IT-Dienstleister statt, jedoch oftmals in den „Kammern" einzelner Spezialisten und Enthusiasten oder als isolierter Marketingprozess. Es kommt vielmehr darauf an, diesen Prozess in den Mittelpunkt des Unternehmens zu holen.

Produktteams. Hierfür braucht das Unternehmen Produktteams mit „Produktbereichs"-Verantwortlichen an ihrer Spitze. Diese Produktteams sind für die Identifizierung, Produktisierung und den Roll Out neuer Serviceprodukte zuständig. Um die Struktur nicht zu komplex werden zu lassen, sollte das Leistungsprofil des Unternehmens in maximal fünf bis neun dieser Teams zusammengefasst werden. Diese Teams sind keine stationären Strukturen. Produktteams setzen sich aus den jeweils besten Engineers, Projektmanagern und Verkäufern zusammen, die ihre lebendigen Projekt- und Kundenerfahrungen einbringen. An der Spitze steht ein erfahrener Servicemanager, der die Entwicklungsverantwortung für „seinen" Produkt-Bereich trägt. Beispiele sind Teams für Storagekonsolidierung, Client Management oder Microsoft-Lösungen. Die aktive Mitwirkung von anerkannten Vertriebsprofis sorgt dafür, dass neue Produkte zügig von der „Verkäufergemeinde" des Unternehmens angenommen werden.

Entscheidungen über Produktentwicklungen. Gute Produktteams werden sich mit Leidenschaft für ihre Produkte und deren Roll Out einsetzen. Läuft die Arbeit der Produktteams gut, dann steht das Unternehmen vor der Qual der Wahl, welche neuen Produkte vorrangig plaziert werden sollen. Die Freigabe von neuen Serviceprodukten ist ein Geschäftsführungsthema und basiert auf der Besprechung von straff gefassten Business Plänen. Neue Produkte müssen Mindestkriterien hinsichtlich dem Umsatz- und Margenpotential der nächsten drei Jahre erfüllen. Diese Potentiale müssen anhand von Zielkundenplänen (siehe auch Seite 62 f.) nachvollzogen werden. Die notwendigen Investitionen für Produktisierung und Roll Out einschließlich von Ausbildungserfordernissen sind aufgeschlüsselt. Und es liegt ein Aktivitätenplan für die nächsten Schritte vor.

Um beweglich zu bleiben, sollten Entscheidungen durch die Geschäftsführung auf wirklich neue Produkte beschränkt bleiben, die dann auch zügig getroffen werden. Entscheidungen über Weiterentwicklungen und Ergänzungen von vorhandenen Produkten, wie zum Beispiel die Einbindung eines neuen Speichersystems in die eigenen Storage-Lösungen, werden in Verantwortung der Produktteams getroffen.

Aus der Gesamtsicht des Unternehmens, aber auch der einzelnen Produktbereiche muss im Engineering-Segment jedes Jahr ein Anteil von 20 % bis 30 % des Umsatzes mit neuen Produkten erzielt werden. Die Dynamik des Unternehmens darf nicht nachlassen.

Umgang mit Basiswissen. Bei der Einführung dieser Produktteams taucht oftmals das Problem auf, dass diese Gruppen nicht Bereiche des Basiswissens verkörpern, da Basiswissen wie zum Beispiel Backup and Restore in mehreren Produktbereichen unterschiedlich gebündelt wird. Hier empfiehlt sich der pragmatische Ansatz, dass Produktteams auch die Patenschaft über naheliegende Basisbereiche übernehmen. Auch hier gilt: Wenn die Matrix schon nicht vermeidbar ist, halten sie die Matrix so klein wie möglich!

Produktdatenbanken. Spannend ist auch die Frage einer Produktdatenbank, in der Projekt-Beispiele, Produktunterlagen für Vertrieb und Engineering und interne Produktentwicklungsstände hinterlegt sind. Ohne Zweifel ist eine Produktdatenbank sehr hilfreich, um verfügbares Wissen transparent und wieder verwendbar zu machen. Jedoch sollte man die Wirkung einer solchen Datenbank nicht überschätzen. Sie kann nicht persönliche Erfahrungen und das persönliche Netzwerk ersetzen. Insofern ist auch die oftmals formulierte Sorge, dass solche Datenbanken das geheimste Firmenwissen offenbaren, übertrieben. Gewiss sollte nicht allen Mitarbeitern das gesamte Wissenspaket eines Dienstleistungsproduktes, einschließlich Kalkulations- und

Workshop-Templates zur Verfügung stehen. Als Faustformel kann gelten, dass die Vertriebsfolien, White Papers, Referenzen allen Engineers und Verkäufern zur Verfügung stehen sollten und weitere Unterlagen über die Produktteam-Leiter freigegeben werden.

Fazit

Eine kundennahe Produktentwicklung durch die besten Praktiker ermöglicht einem IT-Service-Unternehmen grundlegend anders zu sein. Der Schlüssel ist, die Serviceprodukte „auf der Straße", in der Feldorganisation zu entwickeln und die Produktisierung von Dienstleistungen nicht mit Fabrikfertigung zu verwechseln.

Das IT-Service-Unternehmen kann sowohl Marktführer in den margenstärksten Engineering- und Consultingthemen als auch ein Betriebsdienstleister sein, der aufgrund der gelieferten Serviceerfahrung überaus begehrt ist. Dies funktioniert jedoch nur, wenn diese Produkte auch professionell vertrieben werden.

3.3 Servicevertrieb: Reißen Sie Wände ein

„To sell technology now, you have to do it in a way where it's much more simple. You can't talk about the bits and bytes." Otellini

Ein klassisches Rollenspiel

In IT-Service-Unternehmen mit Wachstumsproblemen kommt es immer wieder zu folgendem Rollenspiel: Der Servicebereich sieht die Schuld für die Stagnation beim Vertrieb, der keine hochwertigen Dienstleistungen verkaufen kann. Der Vertrieb wiederum wirft dem Servicebereich vor, dass er keine verkaufbaren Produkte liefert. Die Engineers klagen, dass sie schlecht verkaufte Projekte ausbaden müssen, der Vertrieb rauft sich die Haare, weil die Engineers nicht ordentlich umsetzen können. Damit stehen die Schuldigen fest und das Unternehmen kommt nicht voran.

Dieses Rollenspiel ist tief in traditionellen Erfahrungen und Überzeugungen verwurzelt. Vertriebsmitarbeiter sind ihrer Herkunft und Prägung nach überwiegend Produktverkäufer („Nehmen Sie 4 statt 3 Speichereinheiten und Sie erhalten ein Satz Tapes kostenlos dazu."). Beim Servicevertrieb reichen jedoch Produktwissen und Beziehungsmanagement allein nicht mehr aus. Es müssen Architekturen verkauft und ROI-Entscheidungen vermittelt werden. Hierfür ist ein viel breiterer Wissenshintergrund und die Ansprache anderer Personengruppen in den Kundenunternehmen notwendig. Viele Verkäufer schrecken davor zurück, nach Jahren des Erfolges noch einmal ihr Handwerkszeug zu erlernen.

Unbehagen bestimmt auch die Haltung vieler Engineers. Über viele Jahre haben sie erfolgreich Ingenieurstugenden wie Gründlichkeit und technologische Brillanz kultiviert. Um den eigenen Ruf nicht zu gefährden, sichern sie sich in ihren Lösungen lieber dreimal ab. Ihre selbst gewählte Bestimmung ist Technologie und nicht Vertrieb, eine Tätigkeit, die ihnen im Innersten als oberflächlich erscheint. Zwischen Vertrieb und Engineers stehen die Presales Consultants als Zwitterwesen, Mitarbeiter mit Freude an der Präsentation vorm Kunden und am Erstellen von Angeboten, die jedoch den Abschluss den Verkäufern überlassen.

Servicevertrieb erfordert eine andere Qualität, um so mehr in Zeiten einer hohen Standardisierung und eines intensiven Preiswettbewerbes: Die Vertriebskraft muss multipliziert werden, indem die Serviceorganisation mit verkauft. Der Vertrieb muss nicht nur die Dienstleistungsprodukte „pauken", sondern auch ein neues, breiteres Rollenverständnis annehmen. Und die eingesetzte vertriebliche Methodik muss straffer und professioneller sein.

Multiplizieren der Vertriebskraft: Die Serviceorganisation muss mit verkaufen

Eine wesentliche Begründung für die Trennung von Vertriebs- und Servicefunktion ist, dass der Vertrieb besondere Fähigkeiten erfordert, die Engineers nicht mitbringen. Vertrieb ist jedoch ein Handwerk, keine gottgegebene Kunst. Vertriebliches Können ist einem viel größeren Mitarbeiterkreis zugänglich als in vielen IT-Service-Unternehmen heute ausgeschöpft wird. Vertrieb durch Projektleiter und Teamleiter der Serviceorganisation ist heute schon Realität, wobei sich jedoch oft die paradoxe Situation ergibt, dass sich im Schlepptau der Servicespezialisten ein Vertriebsbeauftragter befindet, der offiziell für die Akquise zuständig ist. Der Ausschluss der Serviceorganisation aus dem Verkauf der eigenen Produkte verschwendet ein gewaltiges vertriebliches Potential.

Dieser Verschwendung kann nur Einhalt geboten werden, indem die Serviceorganisation direkte vertriebliche Verantwortung übernimmt. Servicemanager, die für die Auslastung von Mitarbeitern und für deren Umsatz verantwortlich sind, müssen einen direkten Kundenzugang und Akquiseverantwortung haben. Entscheidend ist, dass ein Servicemanager bei seinem vertrieblichen Einsatz nicht ausgebremst werden darf. Er hat nicht nur das Recht, sondern auch die Pflicht, in der Zielkundenstruktur Aufträge zu akquirieren. Dies gilt gleichsam für regionale Servicemanager wie für die Manager zentraler Serviceteams.

Die klare, unmissverständliche Vertriebsverantwortung von Serviceleitern führt unweigerlich zu der Frage, wer in regionalen Einheiten den Hut aufhat – ein Service- oder ein Vertriebsleiter? Es muss eine Führungskraft sein, die unabhängig von ihrer Herkunft die Vertriebs- und Servicewelt verbindet.

Die Vertriebsverantwortung im Servicebereich schließt auch die Projektmanager und möglichst viele Senior Engineers ein. Während Projektmanager Akquiseverantwortung nach Zielkunden tragen, übernehmen Senior Engineers Akquiseaufgaben nach ihren Know How-Schwerpunkten. Darüber hinaus haben Senior Engineers aufgrund ihres hohen Kundenansehens einen hervorragenden Einfluss auf den Ausbau bestehender Kundenbeziehungen wie zum Beispiel beim Gewinnen von Folgeprojekten.

Die vertriebliche Durchdringung des Servicebereiches darf damit nicht aufhören. Der „Vertriebsgeist" muss auch die Engineers ergreifen. In der laufenden Zusammenarbeit mit dem Kunden erfahren sie hautnah Chancen für neue Projekte und für Projekterweiterungen. Voraussetzung für diesen Vertriebsgeist ist, dass die Engineers an die eigenen Serviceprodukte und deren Nutzen für den Kunden glauben und dass die eigenen Senior Engineers und Teamleiter mit bestem Beispiel vorangehen. Sind erst einmal die Vorbehalte hinsichtlich des Verkaufens überwunden, werden ungeahnte Kräfte freigesetzt.

Ein wesentlicher Schlüssel zur Überwindung dieser Vorbehalte ist, der Servicemannschaft zu vermitteln, dass Vertrieb kein Über-den-Tisch-ziehen oder ein Vormachen ist, sondern ein überaus spannender Prozess des Erkennens und Bedienens von Kundenbedürfnissen und des Nutzen-Stiftens. Wenn es gelingt, diesen Gedanken Wurzeln fassen zu lassen, dann entsteht auch der Mut zum und schließlich die Lust am Verkaufen. Dann wird auch das Vertriebstraining (siehe Seite 64) auf einen fruchtbaren Boden fallen. Schließlich muss sich die vertriebliche Mobilisierung der Servicemannschaft auch in den Vergütungssystemen niederschlagen (mehr dazu im Kapitel „Vergütung" ab Seite 91).

Die direkte Vertriebsverantwortung der Serviceorganisation bewirkt einen enormen Zugewinn an Schlagkraft, Professionalität und Glaubwürdigkeit im Markt. Sie ist ein zentraler Baustein des erfolgreichen Anders-Seins.

Der Vertrieb paukt „Services"

Das direkte vertriebliche Engagement der Servicemannschaft bedeutet kein Ende der Vertriebsorganisation. Im Gegenteil – die Zukunft des IT-Service-Verkäufers ist spannend: Es ist an der Zeit, dass der Vertriebsbeauftragte den Begriff „Account Manager" vollständig und ohne Kompromisse ausfüllt.

Erste Zuständigkeit des IT-Service-Verkäufers ist die Gesamtsicht auf die vertrieblichen Potentiale seiner Kunden. Der Verkäufer muss sich davon leiten lassen, wie er seine Kunden bei der Verwirklichung ihrer Wachstumsziele bestmöglich unterstützen kann. Er muss ein klares, umfassendes Verständnis entwickeln, wie die von ihm angebotenen IT-Dienstleistungen messbar zur Entwicklung seiner Kunden beitragen können. Hierzu muss er innerhalb der Kunden ein weitgehendes Beziehungsnetz aufbauen, das über Kontakte für den Produktverkauf hinausreicht und insbesondere auch Linienverantwortliche und IT-Endanwender einschließt.

Zielmaßstab für IT-Service-Verkäufer ist der erreichte Durchdringungsgrad bei seinen Kunden. Als „Themenscout" identifiziert er Umsatzpotentiale beim Kunden und plaziert passende eigene Experten. Er ist Kundenbeziehungs-Manager und Moderator. Gerade weil er stark im Abschluss ist, fördert er, dass die Serviceorganisation Abschlüsse direkt holt. Dieser Account Manager verschwendet seine Energie nicht auf die eifersüchtige Verteidigung scheinbarer Claims, sondern multipliziert seine vertriebliche Schlagkraft, indem er bei Bedarf das gesamte Potential seines Unternehmens mobilisiert.

Keine Kompromisse bei den Serviceprodukten. Dieser beschriebenen Aufgabe wird ein Vertriebsprofi jedoch nur gerecht werden, wenn er auch sein persönliches Können weiter entwickelt. Dies betrifft insbesondere sein Servicewissen und das Aneignen einer Managementsicht. So braucht der IT-Service-Verkäufer eine sehr gute Kenntnis aller wesentlichen Serviceprodukte. Er muss diese Produkte überzeugend vorstellen und ihren Nutzen plastisch verdeutlichen können. Bedarfe für die Produkte kann er treffend qualifizieren. Konkret heißt dies, bei ca. 8 bis 15 Hauptprodukten souverän alle entsprechenden Produkt-Foliensätze mit 6 bis 10 Kernfolien plus 20 bis 30 Vertiefungsfolien einschließlich der Referenzen präsentieren zu können. Dies muss gelernt und eingepaukt werden. Es muss unmissverständlich klar sein, dass dieses Wissen eine unerlässliche Eintrittsbedingung in den Vertriebsclub eines Unternehmens ist.

> **Was nicht ausgesessen werden darf**
>
> Das Management wird mit der Frage konfrontiert, ob jeder Verkäufer diesen Ansprüchen gewachsen ist. Dieses Thema darf nicht ausgesessen werden. Einen ersten wesentlichen Beitrag zum Wandel leistet das Management, indem es ohne Zweifel klarmacht, dass dieser Wandel zügig erfolgen muss. Konkret heißt dies zum Beispiel, dass jeder Verkäufer innerhalb weniger Monate die sichere Kenntnis aller Serviceprodukte nachzuweisen hat und dass für einen erfahrenen Account Manager weitere Karriereschritte nur noch möglich sind, wenn er nachweislich Zugang zu den Entscheiderebenen seiner Kunden hat und über diese Ebenen direkt verkauft.
>
> Das Management lebt vor, dass dieser Wandel keine saisonale Kampagne ist, sondern auf Dauer besteht: Das Produktwissen wird regelmäßig aufgefrischt, und die im nächsten Abschnitt vorgestellten Vertriebsmethoden werden dauerhaft angewendet. Schließlich wird das Management sich dem Problem stellen, dass mancher traditionelle Verkäufer diesen Wandel nicht vollziehen kann. Wenn nach mehreren Quartalen intensiven Einforderns und Coachings keine erfolgreiche Veränderung eingetreten ist, dann wird nicht nur das Management, sondern auch der Vertriebsmitarbeiter unzufrieden sein. Dann ist ein Trennungsgespräch unvermeidlich.

Aneignen einer Managementsicht. Im weiteren eignet sich der IT-Service-Verkäufer eine Managementsicht an. Er hat verinnerlicht, dass er nicht Spitzentechnologie oder brillante Ingenieurskunst, sondern kostengünstigere IT-Infrastrukturen, produktivere Abläufe, höhere Transparenz und Sicherheit verkauft. Der IT-Service-Verkäufer agiert überzeugend auf Managementebene, ohne die Tuchfühlung mit den IT-Abteilungen zu verlieren. Ein IT-Service-Verkäufer wird auch weiterhin Hardware-Aufträge gewinnen, jedoch nicht als eigenständiges Vertriebsziel, sondern als Bestandteil einer effizienten Architekturlösung.

Ganz klar, die Luft wird eng für „Innendienst"- oder „Stücklistenverkäufer". Für souveräne Service-Account Manager erwachsen jedoch viel umfassendere und spannendere Gestaltungsräume.

Methodenprofessionalisierung

Auch die Vertriebsmethodiken müssen weiter entwickelt werden. Wesentliche Hebel sind Werkzeuge wie

- die mittelfristige Kundenentwicklung,
- eine professionelle Vertriebstaktik und
- das Vertriebsmanagement mit CRM-Systemen.

Mittelfristige Kundenentwicklung – durch Fokus besser sein

Die mittelfristige Kundenentwicklung fokussiert die eigenen vertrieblichen Aktivitäten auf Zielkunden, die die größten Umsatzpotentiale heute und in zwei bis drei Jahren bieten. Sie ermöglicht, die ertragsstärksten Kunden auszuwählen und die Geschäftsbeziehungen mit diesen Kunden systematisch zu entwickeln.

Kundenqualifizierung – Kennen Sie Ihre Kunden? Am Anfang der mittelfristigen Kundenentwicklung steht die Kundenqualifizierung respektive Kundenanalyse. Hierzu gehören eine Vielzahl von Fragen, deren Beantwortung verdeutlicht, was wir alles von unseren Kunden wissen – oder auch noch nicht:

- Wie ist die Unternehmensstruktur des Kunden? Welche Produkte werden hergestellt, welche Standorte existieren?
- Was sind die strategischen Ziele des Kunden, was sind seine Hauptziele für die nächsten ein bis zwei Jahre?
- Was sind die besonderen Merkmale des Kundengeschäftes wie zum Beispiel dessen Kundenstruktur, die besonderen Erfolgsfaktoren seiner Branche und seine Hauptwettbewerber?
- Was machen die Hauptwettbewerber des Kunden im Bereich IT gegebenenfalls besser?
- Worin besteht die IT-Planung der nächsten Jahre, wie groß sind die Budgets, was sind die Hauptprojekte der IT im laufenden Jahr?
- Wer sind die Ansprechpartner und die Entscheider beim Kunden?
- Was machen unsere Wettbewerber? Wer ist in welchem IT-Bereich des Kunden mit welchem Erfolg aktiv?

Diese Informationen können vergleichsweise einfach ermittelt werden. Vieles kann, gerade bei größeren Unternehmen, aus dem Internet recherchiert werden. Eine ganze Reihe von Wirtschaftsdatenbanken – wie zum Beispiel Hoppenstedt und Genios – steht zur Verfügung. Nutzen Sie auch Ihr Netzwerk bei Ihren Technologiepartnern, so zum Beispiel bei den großen Computerherstellern. Auch diese verfügen über umfangreiche Kundeninformationen. Die beste Quelle für Informationen sind jedoch die Gespräche mit dem Kunden selbst. Mit gutem Zuhören und klarem Nachfragen kann innerhalb weniger Monate ein plastisches, umfangreiches Verständnis eines Kunden aufgebaut werden. Gut geführt können bereits Erstgespräche eine Vielzahl dieser Informationen liefern! Kunden wollen nicht mit Selbstdarstellungen eines Verkäufers zugeschüttet werden, sondern Antworten auf ihre Probleme erhalten. Deshalb sind sie gegenüber präzisen und stimmigen Fragen meistens sehr aufgeschlossen. Wo es Wissenslücken gibt – das jährliche IT-Budget wird in der Regel nicht in einem Erstgespräch vorgestellt – dort können Vergleiche mit anderen Kunden und Erfahrungswerte helfen, um die Lücken zu schließen.

Kundenstruktur	▪ Name, Hauptsitz, Internetadresse ▪ Gesellschafter ▪ Geschäftsbereiche/Organigramm ▪ Standorte mit Anzahl der Mitarbeiter (davon IT-Bereich, Verwaltung)
Geschäft und Strategie (ggf. nach Bereichen)	▪ Geschäftsgegenstand ▪ Unternehmensziele/-strategie, große Vorhaben ▪ Umsatz- und Ertragsentwicklung
IT-Struktur	▪ Infrastruktur (Anzahl PCs, Drucker, Server, Speichersysteme mit Eckdaten z. B. Kapazität) ggf. RZ-Plan ▪ Anwendungslandschaft (Typ, Funktion, Nutzer) ▪ Mitarbeiter-Ressourcen (Organisationsstruktur mit Kapazitäten, Standort-Zuteilung) ▪ IT-Budget nach Bereichen, Vorschau ▪ Projektplanung und Projekterwartung (Bereich, Volumen, Status, Termine) ▪ Prozesse und Verfahren (z. B. Datensicherung/Wiederherstellung, Systemmanagement, Servicegrade) ▪ Wettbewerbsprofil (Wer, welche Themen, Vertragslaufzeiten)
Ansprechpartner beim Kunden	▪ Wer, Funktion, Telefon, e-Mail, Kommentare
Kundenhistorie	▪ Bisherige Umsätze, Erträge mit dem Kunden ▪ Hauptprojekte
Accountziele	▪ Eigene Position in 2-3 Jahren (Vision), Wachstumsfelder und Haltepositionen ▪ Umsatz und Ertragsplanung (3 Jahre) ▪ Laufendes und Folgejahr: Projektziele ▪ Aktivitätenplanung ▪ Eigenes Account Team und Zuständigkeiten

Bild 3-3 Checkliste Kundenanalyse und -planung

Bei der Einführung einer systematischen Kundenqualifizierung wird immer wieder der Einwand geäußert, dass dies zuviel Aufwand und Bürokratie sei. Die Notwendigkeit und die Chance dieses Instrumentes wird jedoch schnell klar, wenn man die Einwender bittet, folgende Fragen belegbar zu beantworten: Sind Sie auf Kunden mit ausreichenden Umsatzpotentialen für heute und morgen konzentriert? Kennen Sie präzise die Potentiale bei ihren Kunden? Und: Sind Sie an den entscheidenden Stellen beim Kunden „verdrahtet"? Eine erstmalig durchgeführte Kundenanalyse verdeutlicht sehr oft große Lücken im Kundenverständnis: Sie zeigt nüchtern auf, inwieweit man bisher nur Hardware-Lieferant oder Anfragenabarbeiter war oder ob man bereits ein gut vernetzter IT-Partner ist, der einen wesentlichen Beitrag zur positiven Entwicklung des Kundenunternehmens leistet.

Erstes Ergebnis der Kundenanalyse ist eine Abschätzung der aktuellen und zukünftigen Umsatzpotentiale des Kunden: Wird die ausländische Konzernmutter die Produktion nach Ungarn verlagern und damit auch 80 % des IT-Budgets „exportieren"? Wird der Kunde durch entschlossene Zukäufe in den nächsten Jahren sein IT-Budget um durchschnittlich 20 bis 30 % p.a. erhöhen? Steht in der Verantwortung der deutschen IT-Abteilung die Einführung eines neuen europaweiten Vetriebssteuerungssystems an? Soll das IT-Budget in den nächsten Jahren kontinuierlich um 3 % p. a. verringert werden? Kühnheit ist hier unbedingt von Nutzen: Kann zum Beispiel das Erbringen der gleichen Dienstleistungen für weitere Unternehmensbereiche das Umsatzpotential vervielfachen? Kann der Chief Information Officer (CIO) einer Sparte eines Mischkonzerns, der sehr zufrieden mit den Client Services eines Dienstleisters ist, dafür gewonnen werden, die Türen zu seinen Kollegen in den weiteren Sparten zu öffnen? Gibt es ein regelmäßiges CIO-Meeting, auf dem die innovative Client-Dienstleistung präsentiert werden kann?

Die Potentiale müssen realistisch sein: Ein Infrastruktur-Dienstleister wird voraussichtlich nicht in der Lage sein, den Platzhirsch für die SAP-Beratung abzulösen. Die Potentiale müssen aus den Kernfähigkeiten des eigenen Unternehmens schlüssig ableitbar und in zwei bis drei Jahren erschließbar sein.

Klarheit durch das Aufstellen eines Kundenportfolios. Die Verdichtung der einzelnen Kundenanalysen zu einem Kundenportfolio ermöglicht, die wirklichen A-Kunden von den scheinbaren A-Kunden zu unterscheiden und damit die Energien und Ressourcen eines IT-Dienstleisters auf das Wesentliche zu konzentrieren.

Wie sieht ein Kundenportfolio aus? Ein IT-Service-Unternehmen hat für sich definiert, dass seine A-Kunden ein jährliches Umsatzpotential von > 1 Mio. EUR Dienstleistungen und seine B-Kunden mindestens ein Umsatzpotential von > 100 TEUR Dienstleistungen haben. Die Umsatzpotentiale je Kunde sind weiter auf konkrete IT-Segmente des Kunden – wie zum Beispiel den Rechenzentrums-Betrieb, die Front End-Systeme oder die ERP-Installation – heruntergebrochen. Das Umsatzpotential steht für den jährlichen Umsatz, den ein IT-Dienstleister aufgrund seines Leistungsprofils glaubhaft adressieren kann. Es wird somit meistens kleiner sein als das IT-Budget des Kunden. Alternativ zum Umsatz könnten hier auch Roherträge als Messkriterium gewählt werden. Roherträge sind von Vorteil, wenn auch Hardware-Erlöse in der Bewertung zu berücksichtigen sind.

Diesen Umsatzpotentialen wird der erreichte prozentuale Marktanteil im Kunden gegenüber gestellt. Kunden, deren Potential sich mittelfristig wesentlich ändert – zum Beispiel durch IT-Verlagerungen oder durch geplante Zukäufe – werden gesondert gekennzeichnet.

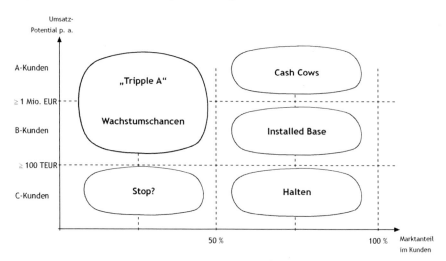

Bild 3-4   Das Kundenportfolio

Die Konsequenzen aus dem Kundenportfolio. Im Ergebnis der Portfoliobetrachtung werden die regionalen und deutschlandweiten „Triple-A"-Kunden bestätigt oder in Frage gestellt. Andere Kunden werden als bedeutende Bestandskunden, aber ohne Wachstumspotential sichtbar. Bei einer Reihe weiterer Kunden tritt plastisch hervor, dass ihre direkte vertriebliche Betreuung keinen wirtschaftlichen Sinn mehr macht. Und Zielkunden mit bisher geringen Umsätzen erweisen sich als die Wachstumschancen der nächsten Jahre. In Summe tritt klar hervor, welche Kunden für das IT-Service-Unternehmen den meisten zukünftigen Ertrag versprechen.

Auf Basis der bewerteten Attraktivität von Kunden werden Prioritäten für den Einsatz der Akquise- und Betreuungskapazitäten gesetzt. Teams, die Topkunden mit großen Wachstumspotentialen betreuen, werden verstärkt. Den Verkäufern wird verdeutlicht, wer ihre wichtigsten Kunden sind, auf die sie ihre Zeit und ihre Energie konzentrieren müssen – auch wenn es mitunter nicht ihre Lieblingskunden sind. Es kann und muss aber auch die Entscheidung getroffen werden, Kunden aus der persönlichen, aktiven Betreuung zu nehmen und sich bei diesen Kunden auch nicht mehr an aufwendigen Ausschreibungen zu beteiligen.

Bei der Zuweisung der vertrieblichen Ressourcen zu dem Kundenportfolio geht es ausdrücklich nicht um die Entscheidung „Jäger" oder „Farmer" einzusetzen. Nicht nur in der IT-Service-Branche wird der Mythos zweier Verkäufer-Typen gepflegt: Des Jägers, welcher von der Sehnsucht nach neuen Deals von Kunde zu Kunde getrieben wird, und des Farmers, dessen Verlangen die ausdauernde, ruhige Pflege von Bestandskunden ist. Abgesehen davon, dass reinrassige Jäger extrem selten sind – „Aufreißer" sind für die nachhaltige Kundenentwicklung auch nicht geeignet. Bei der nachhaltigen Kundenentwicklung geht es nicht darum, den Mega-Deal abzuholen und dann zum nächsten Kunden weiter zu ziehen. Reine Jäger passen auch nicht zur geforderten Managementorientierung im Vertrieb und zur notwendigen Tiefe in der Produktkenntnis.

Eine geringe Rolle bei der vertrieblichen Segmentierung des Kundenportfolios spielen indirekte Kanäle wie der Telefonvertrieb. Der Grund ist wiederum das Leistungsprofil eines Engineering-Hauses und Service Designers. Ausschließliche Telefon- oder Web-Kunden machen keinen Sinn, weil das Unternehmen auf diesem Wege sein hervorragendes Können kaum plazieren kann. Ein rein passiver Telefon- und Web-Vertrieb ist angebracht bei der Betreuung von Kunden, bei denen das Unternehmen kein ausreichendes Potential mehr sieht. Dann ist dies jedoch kein vollwertiger Kanal, sondern ein Ausstiegspfad.

Die hohe Kunst, sich von Kunden zu verabschieden

Entscheidungen, Kunden von der „A- und B-Liste" zu nehmen, dürfen aber keinesfalls zu Reaktionen wie Serienbriefen oder Telefonauskünften führen, deren Botschaft lautet: „Sie sind nicht mehr auf unserer Zielkundenliste". Einmal getroffene Potentialeinschätzungen gelten nicht für die Ewigkeit. Und es wäre schlicht und einfach respektlos.

Kunden nicht mehr aktiv zu bedienen, ist eine hohe Kunst, die viel Fingerspitzengefühl und Disziplin von der Vertriebsmannschaft erfordert. Ein großer IT-Dienstleister schrieb vor einigen Jahren seine „Mittelstandskunden" an und teilte ihnen mit, dass sie nicht mehr in seinem Fokus liegen und sie sich bitte einen neuen Partner suchen sollen. „Damit haben wir bei vielen Kunden nicht nur unseren Ruf ruiniert, sondern uns auch in einem Marktsegment einbetoniert, das wir heute wieder gerne verlassen würden.", meint ein Manager dieses Unternehmens.

Dem regionalen Vertriebsleiter eines anderen IT-Dienstleisters gelang dieser Wandel weitaus besser. Zum einen setzte er intern durch, dass Kunden ohne angemessenes Potential nicht mehr aktiv vertrieblich bearbeitet wurden. Anfragen von Seiten dieser Kunden wurden weiterhin bearbeitet, jedoch ohne mit Nachlässen und Vor-Ort-Präsentationen zu kämpfen. Zum anderen besuchte der Vertriebsleiter die regionalen Multiplikatoren unter diesen Kunden persönlich oder lud sie zum Essen ein. Ohne Ausflüchte erklärte er ihnen, dass seine Mannschaft in einer Reihe von Projekten erheblich gebunden ist und dass er keine preislichen Spielräume mehr hat. Seine Kunden waren nicht glücklich, doch sie verstanden, dass hinter der veränderten vertrieblichen Ansprache keine Missachtung steckt.

Als gut ein Jahr später der IT-Dienstleister einen Applikations-Service für kleine Unternehmen im Markt zu plazieren begann, stand die regionale Vertriebsmannschaft bei ihren „alten" Kunden in den meisten Fällen nicht vor verschlossenen Toren.

Wie bei jedem Portfolio gilt natürlich auch hier: Die Aussagekraft des Portfolios hängt von der Qualität der Eingangsinformationen ab. Es wäre nicht das erste Mal, dass eine schöne Folie überzeugend zu Fehlentscheidungen verleitet. Auch darf das Portfolio nicht als ausschließlich mathematische Übung verstanden werden. Zum Beispiel müssen die Investitionszyklen bei Kunden beachtet werden. Ein Kunde aus dem gehobenen Mittelstand hat vor zwei Jahren sein ERP-System einschließlich der Rechnerausstattung grunderneuert und seitdem nicht mehr nennenswert in seine IT investiert. Dieser Kunde rutscht dadurch rechnerisch auf die Potentialstufe eines C-Kunden. Im übernächsten Jahr steht jedoch bei diesem Kunden erneut eine Großinvestition in die IT an. Ein anderer Kunde hat zwar nur ein kleines Potential, aber sein IT-Leiter ist ein geachtetes Mitglied in dem IT-Arbeitskreis seiner Branche.

Kundenplanung. Die anschließende Kundenplanung soll alle Mitarbeiter mobilisieren und alle Aktionen zur Kundenentwicklung bündeln. Ausgang des Kundenplanes ist deshalb eine spannende und konkrete Account-Vision – wie zum Beispiel: Wir wollen in drei Jahren in allen Geschäftsbereichen des Kunden der bevorzugte Partner für Serverkonsolidierungsprojekte sein. Wir wollen in drei Jahren sämtliche PCs der Unternehmensgruppe des Kunden als gemanagte Arbeitsplätze bereitstellen. Je faszinierender, je stolzer die Vision, umso mehr wird sie alle beteiligten Mitarbeiter dafür begeistern, ausdauernd an ihrer Verwirklichung zu arbeiten.

Die Account-Vision muss nun durch ein Bündel praktischer Vorhaben ausgefüllt werden: Welche konkreten Projekte gilt es dieses Jahr zu gewinnen, mit welchen IT-Themen kann man zusätzliche Aufträge beim Kunden gewinnen? Welche bisher noch nicht angesprochenen IT-Lösungen können den Kunden bei seiner unternehmerischen Entwicklung zusätzlich unterstützen? Und damit die Vorhaben nicht unverbindlich bleiben: Wer macht was bis wann?

Sehr hilfreich bei der Kundenplanung ist ein Denken in Durchdringungspfaden: Jedem Verkäufer stehen eine Vielzahl von Serviceprodukten zur Verfügung, mit denen er Kundenbeziehungen eröffnen und ausbauen kann: IT-Consulting-Projekte, wie zum Beispiel das Benchmarking der Produktionskosten in mehreren Rechenzentren, sind hervorragende Türöffner, um anschließend Engineeringleistungen oder Outsourcing zu plazieren. Nach der erfolgreichen Übernahme des Clientmanagements für Kunden können Microsoft-Dienstleistungen für die Serverumgebung angeboten werden.

Vollumfänglich müssen Kundenpläne für die Topkunden einer Vertriebseinheit, also für jeweils 8 bis 15 Kunden, eingeführt werden. In abgestufter Form werden sie auch für jeden B-Kunden angewandt. Zu dieser „abgespeckten" Kundenplanung gehören auf jeden Fall, auf einer Seite zusammengefasst, der Kundenstatus, also die wesentlichen Ansprechpartner beim Kunden, ein Überblick seiner IT-Ausstattung, die nächsten Hauptprojekte des Kunden sowie der Wettbewerberstatus. Im weiteren müssen die Umsatz- und Ertragsziele aus Aufträgen und aus neuen Projekten für das Folgejahr sowie die Meilensteine je Quartal fixiert sein.

3 Werden Sie ein Engineering-Unternehmen 63

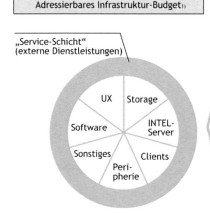

- IT-Consulting (Benchmarks, Effizienz) als „Türöffner"
- Top-Engineeringleistungen (inkl. Hardwarelieferungen) für eine stabile und effiziente Infrastruktur, z. B.
  - Konsolidierungen
  - Virtualsierungskonzepte
  - Microsoft-Serverlösungen
- Übernahme von Betriebsaufgaben im Onsite-Management
  → Budgeterweiterung über „Service-Schicht"!
- Life Cycle Management für Clients und dezentrale Server (Logistik-Management, Warenkörbe, Installation/Wartung, Monitoring, Call Center)
- Outsourcing: Übernahme kompletter Infrastrukturbereiche

1) Hardware- & Softwarebudget (Investitionen & lfd. Ausgaben)

Bild 3-5 Typische Durchdringungspfade in der Kundenplanung

Kundenentwicklung. Alle Analysen und Pläne nützen nichts, wenn bei dem Kunden nichts passiert. Es ist Aufgabe des Account Managers, die geplanten Maßnahmen nun umzusetzen, zu koordinieren und laufend fortzuschreiben. Der rote Faden der Kundenentwicklung besteht aus Terminen, Angeboten, Schlüsselprojekten und Events. Von Monat zu Monat muss es klare Fortschritte geben: Erste Gespräche konnten geführt, Projektchancen identifiziert, Workshops erbracht, Angebote präsentiert und endlich Aufträge gewonnen werden. Kundenentwicklung heißt auch, viel mit IT-Spezialisten, Managern und Schlüsselanwendern des Kunden zu reden und vor allem ihnen zuzuhören. Nur so entsteht das Netz von Beziehungen, das den IT-Dienstleister schließlich – hervorragende Projektarbeit vorausgesetzt – in den Status eines „vertrauten Partners" führt. Stimmt der Kunde seine IT-Planung mit uns ab? Wenn ja, dann sind wir sein Partner geworden.

Kundenpläne und Kundenanalysen werden im Rahmen der Business Planung jährlich für einen rollierenden Dreijahreshorizont erstellt und stetig fortgeschrieben (siehe Details in Tabelle auf Seite 58). Für die laufende Arbeit liefert das Controlling unersetzliche Werkzeuge (siehe Seite 129 ff.). Fest eingeführte Quartalsreviews zum Status der Kundenentwicklung ermöglichen es, in einem Kreis von erfahrenen Verkäufern und Servicemanagern Kundensituationen zu besprechen und neue Ideen zu entwickeln. Wichtig ist, dass dabei eine Atmosphäre des gemeinsamen Brainstormings und nicht des Rapportierens herrscht. Für die Verkäufer sind Quartalsreviews Gelegenheiten des Lernens und des Präsentierens. Vertriebsleiter und Manager erfahren hautnah, wo das Unternehmen bei seinen Schlüsselkunden in der vertrieblichen Entwicklung steht.

Durch die Einbindung in die täglichen Abläufe und durch eine weitgehende elektronische Abbildung mit einem Vertriebsmanagementsystem werden Kundenpläne zu einer Routine mit großem Hebel. Dabei darf nicht vergessen werden, dass kein Formularwesen, keine Datenbank und kein Quartalsreview einen wirklichen Einsatz der mittelfristigen Kundenentwicklung erzwingen kann. Die mittelfristige Kundenentwicklung muss durch die Vertriebsleiter und Service-Teamleiter mit greifbarem Erfolg vorgelebt werden. Besonders wichtig ist, dass auch die Vertriebsstars diesen Ansatz praktizieren. Nur dann wird die mittelfristige Kundenentwicklung in dem unsichtbaren Wertekatalog des Unternehmens verankert. Der professionelle Ruf eines Verkäufers bei seinen Kollegen muss ein gutes Stück auch davon abhängen, ob er seine Kundenpläne „in Schuss hält" oder ob er sie nur schlampig fortschreibt.

Ohne die mittelfristige Kundenentwicklung würde die Produktentwicklung „an der Front" und die vertriebliche Mobilisierung für das Servicegeschäft verpuffen.

Vertriebstaktik – „Handwerk hat goldenen Boden"

Ein erfahrener und erfolgreicher Vertriebsleiter beklagte einmal, dass Vertriebsbeauftragter kein „geschützter Beruf" sei. Zu oft verlassen sich Unternehmen auf das natürliche Talent ihrer Verkäufer und darauf, dass das vertriebliche Handwerkszeug nebenbei, „on the road" gelernt wird. Diese Einstellung ist spätestens dann nicht mehr haltbar, wenn auch wesentliche Teile der Serviceorganisation vertriebliche Arbeit leisten sollen.

Zu dem unerlässlichen vertrieblichen Handwerkszeug, zur Grundausbildung, gehören insbesondere das Training von Schlüsselsituationen wie dem telefonischen Erstkontakt und dem Erstgespräch. Weiterhin müssen Präsentationen, Vertragsverhandlungen und -abschlüsse, der Umgang mit Konflikten, Nutzenargumentationen, die Frageführung und Einwandbehandlung und die Kundenqualifizierung geübt werden. Fester Bestandteil des Trainingsprogrammes sind auch kaufmännische Grundlagen wie ROI-Analysen, Kalkulationsverfahren und nicht zuletzt das Vertragsrecht, damit der Jagdeifer nicht in vertragliche Fallstricke führt.

Entsprechende Trainingsprogramme sind fest in den Karrierepfaden sowohl der Vertriebsmitarbeiter wie auch der Team-, Projektleiter und der Senior Engineers verankert und werden jährlich fortgesetzt. Die Trainingsprogramme müssen bodenständig und fallorientiert sein und so weit als möglich psychologische Theorie-Exkurse vermeiden. Die Mitarbeiter sollen auf Grundlage ihrer persönlichen Stärken für das Verkaufen begeistert und mit einem griffigen Handwerkszeug für das Verkaufen ausgestattet werden. Großartig ist, wenn für die Trainingsprogramme eigene „Vertriebsstars" als Seminarleiter gewonnen werden können.

Vertriebsmanagement mit CRM-Systemen

Kundenqualifizierungen, Kundenpläne, Maßnahmenlisten, Kundendatenbanken – all diese Instrumente eines professionellen Servicevertriebes können Organisationen überwältigen, wenn sie konsequent in der Breite eingeführt werden und dabei auf einer Vielzahl von Exceltabellen und E-Mail-Verzeichnissen ohne Integration beruhen.

CRM-Systeme, also Software zum Management der Kundenbeziehungen, haben sich als die am besten geeigneten Anwendungsprogramme erwiesen, um sowohl die Daten transparent zu halten als auch die Arbeit produktiv zu gestalten. CRM-Systeme bieten einen Grundvorrat an Funktionen und Standardprozessen für die Kontaktpflege, die Terminverfolgung, das Funnelmanagement und für Marketingkampagnen. Entscheidend ist eine einfache und intensive Integration mit Mailsystemen wie Outlook und Notes sowie mit ERP-Modulen wie Rechnungswesen, Verkauf und Controlling. Die eingesetzte Lösung sollte möglichst schlank sein und eine Überladung mit weiteren Programmmodulen wie zum Beispiel einer Angebotsschreibung vermeiden. Es geht um Steuerung, nicht um operative Abwicklung. Auch das Dokumentenmanagement sollte man anderen Systemen überlassen.

Der praktische Nutzen gut eingeführter CRM-Systeme ist beachtlich: Es liegt ein konsistenter und auswertbarer Datenbestand über Kunden, Projekte, Kontakte und Termine vor. Layouts müssen nicht x-mal neu entwickelt werden. Prozesse im Vertriebsmanagement wie die Neukundenanlage gehen schneller und einfacher vonstatten. Und nicht zuletzt können bereichsübergreifende Kunden- und Projektteams gemeinsam auf die notwendigen Informationen zugreifen.

Ohne CRM ist ein professionelles Vertriebsmanagement nur mit deutlich höherem Aufwand möglich. Leider wird jedoch oft auch der Gegenschluss gezogen: Dass die Einführung eines CRM-Systemes automatisch auch die Einführung eines professionellen Vertriebsmanagements bedeutet. Mit einer solchen Sicht sind leider Investitionsruinen vorgezeichnet.

Fazit

Ein Spitzen-Servicevertrieb beruht auf einer Reihe von Bausteinen:

- der Mobilisierung der besten Servicespezialisten für den Vertrieb,
- einer Vertriebsmannschaft, welche ohne Einschränkung die Serviceprodukte beherrscht,
- einer systematischen Auswahl und Entwicklung der Kunden mit den besten Umsatzpotentialen,
- einem hohen vertriebshandwerklichen Niveau in der Breite, das von der souveränen Einwandsbehandlung bis zum klugen Vertragsmanagement reicht, und
- einer praktikablen IT-Integration der Vertriebssteuerung über ein CRM-System.

Gelingt es, diese Bausteine zusammenzufügen, so werden Top-Serviceprodukte auch top verkauft.

3.4 „Human Branding" und Marketing der „Besten Praxis"

„People remember experiences." A.G. Lafley

Markenbildung bei IT-Service-Unternehmen

Die Marke respektive der Brand eines Unternehmens verkörpert die Gesamtheit der Wahrnehmungen über dieses Unternehmen sowohl extern als auch intern: Wofür steht das Unternehmen? Welche Eigenschaften werden mit dem Unternehmen verbunden? Es gibt dabei keinerlei Garantie, dass die gewollte Markenbildung, das Branding, der realen Markenbildung entspricht. Ob man es will oder nicht – Markenbildung geschieht jeden Tag. Sie ist das Ergebnis aller Produkte, Leistungen, Verhaltensweisen und Darstellungen eines Unternehmens und seiner Mitarbeiter.

Die Markenbildung von IT-Service-Unternehmen vollzieht sich nur zum kleinen Teil über die klassische Außendarstellung mit Hilfe von Logo, Flyern, Webpräsentation und Werbekampagnen. Im Gegensatz zum Konsumgüter-Branding, bei dem die Produktverheißung oft stärker als die Produkteigenschaft wirkt[1], entscheidet bei IT-Services vor allem die erlebte Dienstleistung über die Markenerfahrung. Nicht erfüllte Verheißungen treten bei Services um so klarer und härter hervor.

In diesem „People's-Business" par excellence sind die Engineers, die Help Desk-Mitarbeiter, die Verkäufer und die Projektmanager die entscheidenden „Markenbildner". Wofür stehen diese Mitarbeiter und ihre Leistungen? Jeder Kundenkontakt, sei es in der Akquise, in der Projektarbeit oder in Betriebssituationen, prägt die Marke eines IT-Service-Unternehmens. Die Markenprägung wird ergänzt durch Kontakte mit Herstellern, Analysten und auch mit Mitarbeitern von Wettbewerbern sowie natürlich durch die klassischen Werbemaßnahmen. Aber all dies sind nur Markenversprechen, welche nicht mit der direkten Kundenerfahrung mithalten können.

Die Stunde der Wahrheit – wie werden Sie wahrgenommen?

Viele Führungskräfte von IT-Service-Unternehmen halten das Thema Markenbildung für ein Problem anderer Branchen. Maximal sind sie bereit, über die neue Firmenbroschüre und das Sponsoring eines Golf-Cups zu diskutieren. Kundenbefragungen und Interviews können diesen Führungskräften jedoch schnell die Augen öffnen. Harte Wahrheiten sind nicht ausgeschlossen, wenn die Fragen gestellt werden, wie die Kunden das jeweilige IT-Service-Unternehmen charakterisieren und wofür dieses Unternehmen nach Meinung der Kunden steht: Ein SAP-Beratungshaus wird als oberflächlich,

---

1. Erinnern Sie sich noch an „Nimm die Frische Irlands mit ins Bad!"? Ansonsten sei auf den AXE Effect („Axe kann immer") verwiesen.

bemüht aber arrogant beschrieben. Ein Systemhaus wird als solide, gründlich aber ohne Energie und Risikobereitschaft hinsichtlich neuer Technologien wahrgenommen. Ein Storagespezialist sieht sich gespiegelt als technologisch brillant, aber als borniert gegenüber alternativen Technologieansätzen.

Diese Wahrnehmung entscheidet über Empfehlungen wie „Also wenn Sie einen Top-PC-Service wollen, dann müssen Sie mit XY reden" und über Meinungen wie „Für ein Server Based Computing-Projekt müssen wir unbedingt mit XY sprechen." Spätestens dann wird begreiflich, wie eine schlechte Marktwahrnehmung Kundenzugänge einschränken und Projekte bereits im Ansatz verhindern kann. Gegen solche Überzeugungen und Meinungen helfen keine wohlformulierten Slogans oder Hochglanzprospekte. In solch einem Falle besteht eher die Gefahr, dass diese Selbstdarstellungen die Dissonanzen noch schärfer hervortreten lassen.

Wofür sollte das „Human Brand" eines IT-Dienstleisters stehen?

Spätestens jetzt wird klar, dass die Markenbildung kein Zwei-Tages-Workshop mit anschließendem Flyer Design ist, sondern ein umfassendes Vorhaben, das jeden Mitarbeiter erreichen muss und nicht nur die Arbeit der Marketingabteilung beeinflusst. Die Markenbildung setzt Leitlinien für nahezu jede Unternehmensfunktion!

Am Beginn steht die Frage nach dem Ziel: Für welche Werte soll das Unternehmen im Markt stehen? Wie soll das Unternehmen von Kunden und anderen Marktteilnehmern charakterisiert werden? Und: Bleibt das Unternehmen mit seinem Anspruch glaubwürdig? Die Beantwortung dieser Fragen bedarf nicht eines Forschungsprojektes. Eine Handvoll erfahrener und neugieriger Mitarbeiter aus Vertrieb, Marketing, Services und Backoffice, die von einem moderationsstarken Markenprofi gecoacht werden, können in wenigen Workshops ein sehr gutes Ergebnis liefern. Extrem hilfreich ist, wenn auch einige Kunden und Partner zur Mitarbeit in dem „Marken-Team" gewonnen werden können.

Es hat sich bewährt, das Team zu Anfang in zwei Arbeitsgruppen aufzuteilen. Die erste Gruppe kümmert sich um die Sicht der Kunden auf das Unternehmen und um deren Erwartungen an einen Spitzen-IT-Dienstleister.

Um zur Kundensicht zu gelangen, stehen vor allem zwei Wege zur Verfügung: Eine Fragebogenaktion und strukturierte Interviews. Eine Fragebogenaktion ermöglicht, die 50 bis 100 wichtigsten Kunden zu erreichen, läuft aber Gefahr, trotz großer Datenmengen zu unpersönlich zu bleiben. Andererseits wird mancher Kundenvertreter direkter und unverblümter antworten. Anschließende strukturierte Interviews mit 10 bis 20 Schlüsselkunden erlauben es, ein persönliches Verständnis für die Wahrnehmung durch die Kunden zu entwickeln. Die statistische Auswertung der Fragebogenaktion in Form von Diagrammen und Tabellen wird plastischer und verständlicher. Dabei ist wichtig, dass das Verständnis in klare Worte gefasst wird. Die Formulierungen müssen „knackig" und frei von Allgemeinplätzen sein, denn nur dann besteht eine gute Aussicht, die Kunden wirklich verstanden zu haben. Wenn nötig, müssen Kundenvertreter, die „höflich" sein wollen oder sich nicht trauen, aus der Reserve gelockt werden. Wie empfinden sie die Zusammenarbeit mit dem Dienstleister? Was gefällt ihnen besonders? Was finden sie schrecklich?

Auf die Liste der Fragebogen- und Interviewpartner gehören nicht nur die wohlgesonnenen Kunden, sondern auch solche, die offensichtlich mit der Leistung des Unternehmens nicht zufrieden sind. Gut, wenn auch „verlorene" Kunden für diese Befragung gewonnen werden können. Gerade die „Kritiker des Unternehmens" sind eine kostbare Informationsquelle, von ihnen erfährt man unangenehme Wahrheiten am deutlichsten.

Im weiteren sollten die Interviewpartner die Kundensegmente vertreten, so zum Beispiel den Öffentlichen Dienst, Industrieunternehmen und Finanzdienstleister, aber auch unterschiedliche Größenklassen wie zum Beispiel internationale Konzerne und regionale Mittelständler. Ergebnis der Interviews ist eine kurze, aber prägnante Beschreibung der Wahrnehmung des Dienstleister durch die befragten Kunden und deren zusammengefasstes Wunschbild für einen Spitzen-IT-Dienstleister.

Ein Unternehmen gewann bei diesen Interviews die Erkenntnis, dass sein derzeitiger Slogan, „Wir senken Ihre IT-Kosten!" zwar nicht falsch war, aber auch nicht die tieferen Bedürfnisse der Kunden adressierte. Die Gespräche förderten zu Tage, dass die Kunden dieses IT-Dienstleisters vielmehr das Bedürfnis nach Sicherheit, Verlässlichkeit und Klarheit umtrieb. Ihr innerster Wunsch war, dass ihr IT-Dienstleister sie vor schlaflosen Nächten bewahrte.

Die zweite Arbeitsgruppe hat die Aufgabe, den „Super-Dienstleister", den „Top-Verkäufer" und den „Spitzen-Service Desk-Mitarbeiter" ihres Unternehmens mit all seinen Eigenschaften zu beschreiben: Der „Super-Dienstleister" soll zum Beispiel über feuerfestes technologisches Wissen verfügen und ein verlässlicher Projektmanager sein. Er muss zuhören können und gleichermaßen die Nöte des Managements und der Anwender und der IT-Mitarbeiter des Kunden verstehen. Freundlichkeit und auch Humor!

Die Ergebnisse beider Gruppen werden in einem Workshop zusammengeführt. Das eigene Wunschbild prallt auf die Wirklichkeit der Kunden. Oftmals wird es heiß hergehen, was gut ist. Denn dies erhöht die Chance, dass der Workshop zum Kern der Dinge vordringt. Um so wichtiger ist jedoch auch die Moderationsleistung durch den Markenfachmann. Am Ende dieses Workshops steht ein von beiden Arbeitsgruppen getragenes Markenbild. Bei manchen Markenbildern wird sich ein Technologiefokus herauskristallisieren, bei anderen werden eher weiche Faktoren wie der Kundendienst bestimmend sein.

Das Markenbild ist bis jetzt noch ein interner Entwurf des Teams. Dieser Entwurf wird nun mit befreundeten Kunden und mit Partnern diskutiert. Ist das Bild wirklich fesselnd, ist es wirklich glaubhaft? Klasse ist, wenn hierzu eine Runde von fünf bis sieben Freunden und „Kritikern" des Unternehmens zusammengebracht werden können. Ein glaubwürdiges Markenbild ist in der Sprache des Unternehmens beschrieben und spricht Kunden wie Mitarbeiter emotional positiv an.

Eine vom Team freigegebene Arbeitsversion des Markenbildes wird der Geschäftsführung präsentiert und mit ihr diskutiert. Anschließend wird das Markenbild in einem erweiterten Führungskreis zur endgültigen Abstimmung vorgestellt. Zu diesem Kreis gehört die zweite Führungsebene sowohl der Front- wie der Backofficebereiche, eine Gruppe von idealerweise 20 bis 30 Mitarbeitern. Wesentliches Ergebnis dieses Meetings ist nicht nur die Abstimmung, sondern ein „Schwur" auf das gewünschte eigene Markenbild. Dieser Grad der Verbindlichkeit ist entscheidend für die Markenumsetzung.

Grundlagen
Welches sind unsere entscheidenden Eigenschaften als IT-Dienstleister? Zum Beispiel: ■ Ehrlichkeit ■ Verlässlichkeit ■ Solidität ■ Technologisches Können ■ Projekterfahrung ■ Modernität ■ Flexibilität ■ Ausstrahlung ■ Ausdauer Was sind unsere Schwerpunkte hinsichtlich ■ der Zielkunden (Großunternehmen, Kleinunternehmen)? ■ der Leistungsbereiche (Engineering, Client-Management, Outsourcing)? Wen wollen wir befragen: ■ Große, kleine Kunden? ■ Projekt-, Betriebs-Kunden? ■ Kunden mit guter Beziehung, kritische Kunden, verlorene Kunden? → Ansprechliste

Status Quo
■ Wie werden wir wahrgenommen? ■ Wie bewertet man uns hinsichtlich der Eigenschaften? ■ Welche weiteren Eigenschaften fallen dem Kunden ein? ■ Wie sieht der Kunde uns im Vergleich zu seinen anderen Dienstleistern? ■ Was wünscht sich der Kunde von uns mehr? ■ Wo fühlt der Kunde sich überbedient? ■ Was würde den Kunden glücklich machen?

Wie wollen wir sein?
■ Was stellen wir am glaubwürdigsten dar? ■ Was ist unser Charakterbild? Was sind dessen Feinheiten in Vertrieb, Services und Backoffice? ■ Unser Slogan, unser Bild?

Bild 3-6 Checkliste Markenbild

"Sub-Marken" für Geschäftsbereiche sind sinnvoll: Die Markenausprägung der Geschäftsbereiche Betrieb und Engineering kann sich aufgrund der jeweiligen Leistungen in den Schwerpunkten unterscheiden. Betriebsleistungen müssen nicht immer innovativ sein, dafür ist im Betrieb Verlässlichkeit rund um die Uhr Gold wert.

Markenumsetzung – Keine Kompromisse in den Details

Formulierte Markenbilder sind, solange sie nur auf dem Papier stehen, wirkungslos. Sie werden erst dann einmalig und nicht kopierbar, wenn sie in allen Unternehmensbereichen umgesetzt werden, wenn also zum Beispiel der Innovationsanspruch die Produktentwicklung prägt, die Personalentwicklung Schwerpunkte auf qualifizierte Projektmanager legt und nicht zuletzt das Leben von Markenwerten wie Verlässlichkeit und Freundlichkeit ideell und materiell honoriert wird. Die ausdauernde Arbeit an den Details formt schließlich die handfesten Unterschiede.

Das ist ein wichtiger Punkt. Die Markenumsetzung ist kein in sich abgrenzbares Projekt, das durch das Marketing oder durch eine Projektgruppe vorangebracht wird. In ihrem Kern ist die Markenumsetzung eine Managementaufgabe in allen Funktionsbereichen und Organisationseinheiten. Eine erfolgreiche Markenumsetzung ist zudem, wie noch gezeigt wird, Arbeit an der Unternehmenskultur (Seite 119 ff.).

Um diese Aufgabe handhabbar zu machen, müssen markenrelevante Aktivitäten – wie zum Beispiel das zeitnahe Training neueingestellter Verkäufer in allen Serviceprodukten – in den Routinen des Unternehmens, so in den Jahresplanungen der Unternehmensbereiche, verankert werden. Bei Quartalsreviews müssen die Markenaktivitäten Tagesordnungspunkte sein, die nicht erst fünf Minuten vor Schluss angesprochen werden.

In der Praxis erweist es sich als große Herausforderung, den Anspruch einer umfassenden Markenprägung ausdauernd umzusetzen. Die Neigung ist verbreitet, das Thema Markenbildung mit der Erstellung neuer Flyer als abgeschlossen zu betrachten, getreu dem Motto: "Es sieht schick aus, hat aber auch viel gekostet!" Tritt hier der Marketingbereich allein an, wird die Initiative im Sande verlaufen. Die Markenprägung muss vom Management vorangetrieben und in Schwung gehalten werden.

"Marketing der besten Praxis"

Das Marketing von IT-Service-Unternehmen muss als Markenarbeit verstanden und gelebt werden. Es darf nicht nur operational als das Bereitstellen von Werbemitteln und als das Anzapfen von Marketingfonds der Partner praktiziert werden. Grundaufgabe des IT-Service-Marketings ist, das gewünschte Markenbild überzeugend zu propagieren und das Unternehmen klar und unverwechselbar zu positionieren. Eckpfeiler der Marketingarbeit ist damit die nimmermüde Hervorhebung von Technologiewissen, Architekturverständnis, Managementorientierung und Service Design.

Das Marketing sorgt für die Kontinuität und Schlüssigkeit der Markenbotschaft über alle Werbekanäle hinweg und zögert nicht, die Unternehmensführung einzuschalten, wenn der eigene Einfluss nicht mehr reicht. Gleichzeitig arbeitet das Marketing fokussiert und entscheidet klug, wann es die Fäden direkt in die Hand nimmt – wie zum Beispiel bei Veröffentlichungen – und wann es ausreicht, informiert zu bleiben – wie zum Beispiel bei regionalen Kundenseminaren.

Fallbeispiele (Cases)	■ Beispiele zur besten Praxis (siehe „Checkliste für Fallbeispiele (Cases)" auf Seite 73)
Pressearbeit	■ Eigene Kundenzeitschrift ■ Fachpresse ■ Regionale und überregionale Presse ■ Zeitschriften der Kunden und deren Fachpresse (!) ■ E-Mail-Newsletter
Web-Auftritt	■ Schönes Layout und klare Struktur ■ Integration der Cases, Pressearbeit und Veranstaltungen etc. ■ Aktualität ■ E-Mail-News
Veranstaltungen	■ Foren und Seminare (Drittveranstalter) ■ Kundenveranstaltungen und Roadshows ■ VIP-Veranstaltungen
Weiteres	■ Anzeigen ■ Messeteilnahmen ■ Sponsorschaft ■ Mitarbeit in Verbänden
Marketing nach Innen	■ Mitarbeiterzeitschrift ■ Monatliche Mailings, Ad-hoc-Mails zu Erfolgen
Finanzierung	■ Marketingzuschüsse von Herstellern ■ Sponsoring von Veranstaltungen ■ Eventpartner

Bild 3-7 Checkliste Marketinginstrumente

Wesentliches Kriterium für die Entscheidung, wann das Marketing Themen direkt übernimmt, ist die Frage, ob die Marketingaktivität das gesamte Unternehmen betrifft oder nur für eine Region von Bedeutung ist. Regionale Themen wie Sommerfeste oder lokale Treffen mit Technologiepartnern bleiben in der Umsetzung in der Region, auch wenn dort mitunter die Neigung besteht, die Arbeit an das zentrale Marketing zu delegieren. Ist das Marketing hier nicht konsequent, so läuft es Gefahr, sich in Details aufzureiben und seine Hauptaufgaben zu vernachlässigen. Auch kann das Marketing nicht Aufgaben wie Marktsegmentierung, Preisbildung, Produkt-Roll Out und Vertrieb übernehmen. Das Marketing ist Wächter und Propagator des Markenbildes des Unternehmens.

Hauptinstrument des IT-Service-Marketings sind **Fallbeispiele (Cases)**, also die „beste Praxis". Die Fallbeispiele sind aus konkreten, erfolgreichen Projekten abgeleitet und beschreiben spannende Technologie- und Architekturszenarien mit einem überzeugenden Nutzensbild, das auch Aussagen in Euros und in Kapazitätseffekten beinhaltet.

Die Bezeichnung „spannend" ist hier zentral. „Me too"-Fallbeispiele sind keine Minute an Aufwand wert. Die Fallbeispiele müssen bei der Mehrzahl ihrer Adressaten – Linienmanager, IT-Leiter, Analysten – eine hohe Neugierde auslösen.

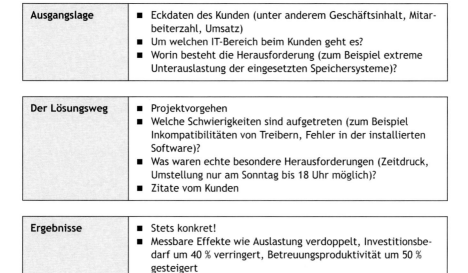

Ausgangslage	<ul><li>Eckdaten des Kunden (unter anderem Geschäftsinhalt, Mitarbeiterzahl, Umsatz)</li><li>Um welchen IT-Bereich beim Kunden geht es?</li><li>Worin besteht die Herausforderung (zum Beispiel extreme Unterauslastung der eingesetzten Speichersysteme)?</li></ul>
Der Lösungsweg	<ul><li>Projektvorgehen</li><li>Welche Schwierigkeiten sind aufgetreten (zum Beispiel Inkompatibilitäten von Treibern, Fehler in der installierten Software)?</li><li>Was waren echte besondere Herausforderungen (Zeitdruck, Umstellung nur am Sonntag bis 18 Uhr möglich)?</li><li>Zitate vom Kunden</li></ul>
Ergebnisse	<ul><li>Stets konkret!</li><li>Messbare Effekte wie Auslastung verdoppelt, Investitionsbedarf um 40 % verringert, Betreuungsproduktivität um 50 % gesteigert</li><li>Transparenz und Managebarkeit, zum Beispiel erstmals überregional proaktive Überwachung aller eingesetzten PCs und Drucker</li></ul>

Bild 3-8 Checkliste Fallbeispiele

Gemäß dem Spruch „Tue Gutes und sprich darüber!" müssen die Fälle als Erfolgsgeschichten über alle verfügbaren Kanäle verbreitet werden. Hierzu gehören die eigene Kundenzeitschrift, die IT-Fachpresse, aber auch die internen Zeitschriften der Kunden selbst und deren Branchenpresse. Diese Form der **Pressearbeit** ist ein oft vernachlässigtes Instrument, insbesondere auch, weil der interne Aufwand zur Erstellung der Erfolgsgeschichten erheblich ist. Kontakte zur IT-Fachpresse sind nicht die Hürde, denn jeder gute Redakteur hat ein enormes Interesse an spannenden Beiträgen „frei Haus".

Auch reine Technologiebeiträge, zum Beispiel „Neue Möglichkeiten der Storagekonsolidierung", tragen zur Verbreitung des Markenbildes bei, haben aber in der Regel nicht die Durchschlagskraft wie Projektgeschichten. Faszinierende, frische Artikel zum IT-Management, die in der allgemeinen Wirtschaftspresse veröffentlicht werden, sind tolle Markenboten. Aber Vorsicht: Auch hier gilt, dass Qualität vor Plazierung steht! Ein allgemeiner, ja „traniger" Artikel kann mehr Schaden an der Unternehmenswahrnehmung anrichten als er Nutzen stiftet. Denn er verkörpert das Unternehmen als „me too".

Unternehmen mit Spitzenexperten werden in der Regel kein Problem haben, Mitarbeiter zu finden, die ihr Können selbst darstellen wollen. Entsprechend sollten auch Buchprojekte nicht nur toleriert, sondern gefördert werden. Gleiches gilt für die Mitwirkung in Blogs und Internetgruppen. Hier gelten volles Vertrauen in die Mitarbeiter und die klar kommunizierte Regel, dass Firmeninterna nicht über diese Medien verbreitet werden.

Der **Webauftritt** ist das moderne Schaufenster des Unternehmens. Um so erstaunlicher ist, wie viele Unternehmen dieses Schaufenster vernachlässigen und verwahrlosen lassen. Der Webauftritt braucht eine elegante Erscheinung. Dazu gehören ein schönes Seitenlayout in den Unternehmensfarben und eine einfache Navigation. Die Seiten müssen sich auch ohne Breitbandzugang zügig aufbauen.

Die Struktur des Webauftrittes muss klar sein, was heißt, dass gesuchte Inhalte schnell und möglichst ohne Einsatz der Suchfunktion gefunden werden und dass es keine Wiederholungen und Widersprüche im Content gibt. So ist es die Aufgabe des Marketings, mit Argusaugen darüber zu wachen, dass die Begriffe eindeutig bleiben und sich nicht auf einmal „Onsite Services" in „Operational Services" wandeln. Im weiteren muss der Content frisch sein: Idealerweise gibt es jede Woche neue Schlagzeilen. Der aktuelle Stoff der weiteren Marketingaktivitäten wie die Pressearbeit oder die Teilnahme an Foren ist online verfügbar. Die Fallbeispiele sind nicht älter als zwei Jahre. Alles, was nicht mehr aktuell ist, zum Beispiel vergangene Veranstaltungen, kommt in das wohl geordnete Archiv.

Ein weiterer sehr wirksamer Kanal zur Markenverbreitung sind **Foren und Seminare von Drittveranstaltern**. Wichtig ist auch hier, nicht nur reine Technologiekompetenz zu präsentieren, sondern immer auch mit Hilfe von „harten" Fallbeispielen Projektstärke und Managementverständnis zu beweisen. Foren und Seminare erlauben es zudem, im wahrsten Sinne des Wortes „anfassbar" zu werden und persönlich zu überzeugen. Eine regelmäßige Teilnahme an Foren und Seminaren von Drittveranstaltern hat zudem den Effekt, dass das präsentierende Unternehmen als „führender Branchenexperte" wahrgenommen wird – der Adelsschlag für einen IT-Dienstleister.

Eigene **Kundenveranstaltungen und Roadshows** zu verschiedenen IT-Themen sind ein traditionelles Instrument der Marketingarbeit. Auch hier darf nicht aus den Augen verloren werden, dass echte Top-Themen wie „Win XP-Migration in 7 Tagen" oder „30 % weniger Kosten mit XY-Lösung" präsentiert werden. Das Problem mit Veranstaltungen ist jedoch, dass sie mitunter inflationär stattfinden und die potentiellen Teilnehmer mit Einladungen geradezu überschüttet werden. Dann ist die Gefahr groß, dass die Teilnehmerzahl gering bleibt oder, wie ein Marketingmitarbeiter verärgert äußerte, „immer wieder die Gleichen kommen, die nichts zu entscheiden haben, aber die meisten Brötchen essen". Deshalb darf der Aufwand nicht gescheut werden, diejenigen, die man unbedingt erreichen will, persönlich einzuladen. Wirkungsvoll ist auch, die Veranstaltung mit Vorträgen von spannenden Persönlichkeiten zu verbinden. Kann zum Beispiel ein bekannter Sachbuch-Autor als Referent gewonnen werden, der gerade sein neuestes Buch bewirbt?

Veranstaltungen dürfen nicht zu verlängerten Marketing-Werkbänken von Herstellern werden. Eine Herstellerbeteiligung sollte nicht vorrangig aus „politischen" Gründen oder mit Blick auf irgendwelche Herstellerzuschüsse erfolgen. Dafür ist die Multiplikatorwirkung solcher Veranstaltungen zu gewichtig. Die Herstellerpräsenz ist Facette, nicht Kern der Veranstaltung.

Eigene VIP-Veranstaltungen sind eine hervorragende Plattform für den Aufbau und die Vertiefung persönlicher Kontakte. Sie werden aber nur schöne Erinnerungen bleiben, wenn das Unternehmen nicht auch fachliche Substanz rüberbringt. Schließlich besteht die Möglichkeit, selbst Traditionsveranstaltungen zu schaffen, also Veranstaltungen, die jedes Jahr stattfinden und bei denen man aufgrund der Lokation, der eingeladenen Referenten und der anderen Teilnehmer, einfach immer dabei sein muss.

Kurzum, von den erwünschten Menschen gut besuchte Veranstaltungen erfordern heute deutlich mehr Vorbereitungsaufwand als noch vor wenigen Jahren. Um so wertvoller ist aber auch ihr Gelingen.

Ausgesprochen sorgsam sollte auch mit einer Reihe weiterer Marketingkanäle wie **Anzeigen, Messen und Sponsoring** umgegangen werden. Aufgrund des beschriebenen Charakters des IT-Service-Geschäftes ist es sehr schwierig, mit Anzeigen ein überzeugendes Markenversprechen zu transportieren. Die Gefahr eines teuren Verpuffens ist groß, wenn nicht schon eine breite Beziehungs- und Verständnisbasis für die Marke besteht. Sinnvoll ist, dass ein regionaler IT-Dienstleister mit Mittelstandsschwerpunkt in seiner IHK-Zeitschrift eine Anzeige schaltet. Vorstellbar sind auch Erfolgsanzeigen. T-Systems hatte eine solche Gelegenheit nach der Produktivsetzung von Toll Collect.

Auch eine Messeteilnahme ist sorgsam zu überlegen. Messestände sind teuer, verursachen mindestens genauso hohe Folgekosten und sie binden die besten Ressourcen. Oftmals reicht es aus, Messen als Treffpunkte für gemeinsame Herstellerbesuche mit anschließenden Abendveranstaltungen zu nutzen. Für neue Kundenkontakte sind Foren, Seminare und veröffentlichte Fallbeispiele häufig wirkungsvoller, weil sie fokussierter sind.

Sponsoring hat oft einen hoheitlichen Charakter, so, wenn zwei Formel 1-Boliden mit dem eigenen Logo beklebt werden oder ein IDC-Europaforum mitfinanziert wird. Nur die wenigsten IT-Dienstleister werden sich solche Ausgaben leisten können. Wirkungsvoll ist das Sponsoring von lokalen, regionalen Themen wie zum Beispiel die Unterstützung des jährlichen Stadtfestes. Auch zusätzliche Lehrstellenangebote können dazu gehören! Oftmals werden entsprechende Initiativen auch von Kunden an das Unternehmen herangetragen. Regionales Sponsoring verdeutlicht soziale Verankerung, ein wichtiges Moment der eigenen Glaubwürdigkeit.

> **Wann macht ein eigener Messestand Sinn?**
>
> Natürlich gibt es auch gute Gründe für eigene Messestände: Mitunter werden Sie von Herstellern und Lieferanten zu günstigen Konditionen zur Teilnahme auf deren Messestand eingeladen. Zudem erwartet Ihr Partner, dass Sie „Flagge zeigen".
>
> Für eine eigene Infrastruktur auf dem Messegelände besteht sicher Bedarf, wenn Sie an fünf Messetagen mehr als 50 Kundentermine haben. In diesem Falle investieren Sie jedoch in einen Standplatz mit guten Besucherströmen. Das muß nicht ein Hauptstand in Halle 1 sein, aber die „günstige" Fläche in der letzten Halle „hinten rechts" wird sich leicht als rausgeschmissenes Geld und Ressourcenverschwendung erweisen, da Sie nicht genügend wahrgenommen werden.
>
> Informieren Sie über Ihre Messeteilnahme offensiv und zielgerichtet. Hierfür können Sie zum Beispiel die Fußtexte auf Ihren Rechungen und in Ihren E-Mails nutzen. Schreiben Sie spätestens zwei Monate vor Messebeginn Ihre Kunden an. Stellen Sie sicher, dass Ihre besten Geschäftspartner persönlich eingeladen werden.
>
> Wichtig ist, dass das Marketing die Standnutzung koordiniert und dass nach der Messe ein Rückblick erfolgt, was die Messepräsenz konkret gebracht hat. Wie viele neue Projektansätze konnten auf der Messe eröffnet werden? In welcher Höhe konnten Projekte abgeschlossen werden? Welche Entscheider der wichtigsten Kunden waren anwesend? Wie hoch war die Einladungs-Erfolgsquote? Werden die Kundenkontakte weiter verfolgt?

Oft wird die **Mitarbeit in Verbänden** vernachlässigt. Dabei sind zum Beispiel die Industrie- und Handelskammern eine hervorragende Basis für die regionale Einbindung und Akquise. Das Mitwirken in den Branchenorganisationen schafft eine gute Gelegenheit, die eigene Wahrnehmung beim Wettbewerb zu schärfen – ein wichtiger Faktor auch für das Gewinnen von Top-Leuten (Seite 80 ff.).

Schwerpunkt des Marketings ist ganz klar die Außenwirkung, jedoch wäre es fahrlässig, die **Markenarbeit nach innen** zu vernachlässigen. Hierzu gehört eine regelmäßige Mitarbeiterzeitschrift. Darüber hinaus versendet das Marketing interne Infomails zu neuen Produkten, Artikeln, Foren-Präsenzen und zu erfolgreichen Projektabschlüssen. Grundsatz ist, dass die Mitarbeiter mindestens eine Minute vor der Öffentlichkeit zu informieren sind. Die Wirkung dieser internen Marketingarbeit wird häufig sowohl im negativen wie im positiven Sinne unterschätzt. Ein engagiertes internes Marketing informiert nicht nur und erhöht den Stolz auf das eigene Unternehmen. Es belegt auch mit Taten, dass die Mitarbeiter dem Unternehmen wirklich wichtig sind.

Marketingeffizienz

Natürlich gehören zum Marketing auch weiterhin Basistätigkeiten wie die Bereitstellung von Werbemitteln, die Erstellung von Flyern und Broschüren, sowie die Pflege des Internetauftrittes. Dieses ist aber nicht der Kern der Marketingarbeit. Das Marketing darf nicht seine Markenaufgabe aus den Augen verlieren. Hauptkriterium für die Bewertung der Marketingarbeit ist deshalb eine hohe Produktivität in der Außenpräsenz, wie zum Beispiel die Anzahl der „Beste Praxis"-Artikel, der Forenteilnahmen und der Roadshows usw. innerhalb eines Jahres. Hierzu gehört auch die erreichte Bekanntheit des Unternehmens und seiner Produkte. Haben Sie schon einmal Ihre Zielkunden befragt?

Eine hohe Wirksamkeit des Marketings ist keine Funktion des Mitteleinsatzes. Im Gegenteil: „Klotzen statt Kleckern" führt beim Marketing oft zur Verschwendung von Mitteln. Unkonventionelle, originelle Ansätze und Punktgenauigkeit bringen in der Regel mehr als zum Beispiel das Setzen auf bombastische Ereignisse. Ohne jede Frage wäre die Einladung in eine VIP-Lounge beim Endspiel einer Fußball-WM ein spektakuläres Ereignis. Abgesehen davon, dass dieses Ereignis nur einer Handvoll Kunden angeboten werden könnte, es ist auch zweifelhaft, ob dem hohen Aufwand ein bleibender Nutzen gegenüber steht. Events dienen dazu, dass Kunden ihre Dienstleister als Menschen wahrnehmen und sie kennen- und schätzen lernen. Bei bombastischen Events besteht die Gefahr, dass vor allem das Ereignis und nicht das Miteinander genossen wird. Sicher schafft die Einladung Verbindlichkeiten, denn das Ereignis war ja offensichtlich kostspielig. Aber diese Verbindlichkeit bleibt oberflächlich und ohne persönliche Tiefe.

Fazit

Die Markenbildung bei IT-Service-Unternehmen unterliegt im Vergleich mit anderen Branchen wie zum Beispiel der Konsumgüterindustrie besonderen Regeln. Eine IT-Service-Marke wird vor allem durch die persönlich erlebte Dienstleistung geprägt. Das Markenbild von IT-Service-Unternehmen kann nicht von Marketingagenturen eingekauft werden. Damit kann die Markenbildung aber auch in einem viel höheren Maße als in anderen Branchen durch Maßnahmen und Entscheidungen im tagtäglichen operativen Geschäft beeinflusst werden.

Diese Erkenntnis gibt der Marketingarbeit einen Gestaltungsrahmen, der weit über die Werbemittelbereitstellung und den Internetauftritt hinausgeht. Das Marketing muss all seine verfügbaren Instrumente auf die Verbreitung des Markenbildes eines verlässlichen und sympathischen Top-Dienstleisters ausrichten.

Das Marketing wird jedoch nur „hohle" Botschaften vermitteln, wenn im Unternehmen nicht die Menschen arbeiten, wachsen und gedeihen, die das Markenversprechen tagein und tagaus in die Tat umsetzen.

3.5 Personal: Die Besten gewinnen, fördern und entwickeln

„Engineers want to work on the coolest problems with the smartest people." James E. Pitkow

Menschen der IT-Service-Branche

In der IT-Service-Branche arbeiten bemerkenswerte Menschen mit hoher Dynamik und Kreativität und mit einem starken Willen. Die wichtigsten Menschengruppen in dieser Branche sind die Engineers und die Verkäufer.

Was zeichnet Top-Engineers aus? Top-Engineers lieben ihren Beruf, weil sie von Hochtechnologie und vom technischen Fortschritt fasziniert sind. Sie experimentieren gerne mit den neuesten Lösungen, sei es Hardware oder Software, und sie genießen es, mit an der vordersten technologischen Front zu stehen. Sie sind sehr gerne Beta-Tester und haben oft mehrere Betriebssysteme auf ihren Notebooks installiert. Manchen von Ihnen ist ein hohes Maß von „Anti-Establishment" eigen: Sie sind Linux-Groupies und gegen Microsoft eingenommen. Achten Sie auf die Pinguine in den Büros! Überhaupt: Technologiepräferenzen können bei einigen Top-Engineers fundamentalistische Züge annehmen.

Top-Engineers schätzen es, dass sie immer wieder auf das Neue anspruchsvolle Architekturen gestalten können. Sie suchen die komplexesten Herausforderungen, für die sie bereit sind, Tag und Nacht, auch am Wochenende zu arbeiten. Mitunter gewinnt dabei die Brillanz über die Systematik oberhand. Den meisten Respekt empfinden Top-Engineers vor den Spitzenkönnern ihres Gewerkes. Das sind Engineers mit dem umfassendsten Lösungswissen, die in Internetforen und Blog-Diskussionen tonangebend sind und die mit den „inneren Zirkeln" der Technologielieferanten bestens vernetzt sind. Top-Engineers streben danach, selbst einer dieser auserwählten Könner zu werden. Hieraus ergibt sich eine Hackordnung, die vor allem auf Können basiert und wesentlich die Wertschätzung unter den Engineers bestimmt.

Das handwerkliche Ethos der Top-Engineers führt dazu, dass diese in Kundenprojekten eher vorsichtig agieren, „doppelte Netze" einbauen und dazu neigen, Schwierigkeiten und Probleme zu betonen. Sie kommunizieren direkt, doch lehnen sich nur ungern aus dem Fenster. Typische Engineers-Autos sind Kombis, Vans und Minibusse.

Auch Top-Verkäufer in der IT-Service-Branche sind von Technologie fasziniert, jedoch gleicht diese Faszination eher einer Beziehung zu schnellen, teuren Autos. Top-Verkäufer lieben an ihrem Beruf die Intensität der Kontakte, den Abschlusserfolg und die Provision als Anerkennung ihrer Leistungen. Top-Verkäufer zeigen einen extrem hohen Arbeitseinsatz mit Tagen voller Kundentermine und mit Angebotserstellungen bis in die Nacht oder am

Wochenende. Ihr Respekt und ihre Bewunderung gelten den „Top-Guns" ihres Handwerks, jene, welche die Millionenaufträge gewinnen und die größten Kunden halten. Ihr Streben ist es, selber große Accounts und Umsätze zu führen. Die eigene Akquisekraft prägt wesentlich den persönlichen Ruf.

Top-Verkäufer sind optimistisch und haben ein hohes Einfühlungsvermögen in ihren Gegenüber. Sie sind flink bei der Suche nach Lösungen, können sich und ihr Unternehmen hervorragend präsentieren und bleiben für ihre Kunden immer ein verlässlicher Partner, der nicht den einmaligen Erfolg sucht. Top-Verkäufer lieben eher schnellere und offene Wagen.

Der Top-Verkäufer der IT-Service-Branche ist sowohl Jäger als auch Farmer. Er gewinnt Zugang zu einem Kunden, baut Vertrauen auf und erweitert die Geschäftsbeziehungen. Dabei weiß er, dass er nicht gleich einem einsamen Cowboy alles allein machen kann, und orchestriert den Einsatz der jeweils besten Spezialisten seines Unternehmens.

Wie gewinne ich Top-Engineers und Top-Verkäufer?

Die Zukunft von IT-Service-Unternehmen hängt wesentlich davon ab, so viele Top-Engineers und Top-Verkäufer als möglich für das Unternehmen zu gewinnen und zu entwickeln. Ein wesentlicher Faktor für die Strahlkraft eines Unternehmens ist dessen Markenbild, sein Image und Ruf im Markt. Auch verkündete Wachstumsziele tragen erheblich zur Attraktivität eines Unternehmens bei. Das Markenbild eines Unternehmens und dessen Wachstumsperspektiven machen neugierig. Fesseln tut jedoch die Anziehungskraft beruflicher Netzwerke, die „Mund-Propaganda", und die Existenz spannender und realistischer Karrierepfade innerhalb des Unternehmens.

Berufliche Netzwerke. Jeder Mitarbeiter eines Unternehmens ist in persönliche Netzwerke eingebunden, in denen er viel über andere Unternehmen erfahren kann und viel über sein Unternehmen mitteilt. In diesen Netzwerken herrscht brutale Offenheit, denn sie beruhen auf persönlichem Vertrauen, das oft aus einer gemeinsamen Vergangenheit erwachsen ist. Selbst wenn die ausgetauschten Informationen nicht wahr sind, so haben sie eine mitunter unheimliche Überzeugungskraft.

In diesen persönlichen Netzwerken finden sich Kommilitonen, Ex-Kollegen, aber auch Bekanntschaften bei Herstellern, Kunden und Wettbewerbern zusammen, die gleiche Professionen und Sichten teilen oder sich einfach nur sympathisch finden. Netzwerke leben durch Telefonate, Treffen in Projekten, beim Sport oder auf Konferenzen, zunehmend auch durch Blogs und Internet-Foren. Je erfolgreicher und je professioneller ein Verkäufer oder ein Engineer ist, um so größer und intensiver wird sein Netzwerk sein und um so mehr hat auch seine Meinung im Netzwerk Gewicht.

Gegen die Überzeugungskraft der in diesen Netzwerken ausgetauschten Informationen ist deshalb mit anderen, offiziellen Informationen wie Firmendarstellungen, Vertriebspräsentationen so gut wie nicht anzukommen. Das in einem Netzwerk gezeichnete Bild von einem Unternehmen hat im Guten wie im Schlechten geradezu mythische Kraft. Hinzu kommt ein weiterer machtvoller Aspekt von beruflichen Netzwerken: Netzwerke können Spitzenmitarbeiter sowohl in ein Unternehmen wie auch aus einem Unternehmen ziehen. Das ist ein typisches Muster: Ein guter Engineer oder Verkäufer wagt den Sprung in ein neues Unternehmen. Fühlt er sich in diesem Unternehmen wohl, so bewegt er nicht selten weitere Könner, sich bei seinem neuen Unternehmen zu bewerben. Diese Menschen kommen oft aus seinem vorherigen Unternehmen. Prämien für die Empfehlung von guten neuen Mitarbeitern verstärken die Wirkung beruflicher Netzwerke.

Die Anziehungskraft eines Unternehmens steigt überproportional zur Anzahl der Top-Leute, die bereits zu diesem Unternehmen gehören und dort sehr gerne arbeiten. Das Unternehmen wird zur Heimat von ihresgleichen. Es wird ein Ort, zu dem man gerne kommt, weil dort viele sympathische Menschen arbeiten, die fachlich Spitze sind und die die „gleiche Wellenlänge" haben. So entsteht Korpsgeist.

Der beliebteste Arbeitgeber der Branche werden. Die Personalabteilung spürt am deutlichsten, wenn hier ein sich selbst verstärkender Prozess eingesetzt hat: Dann nämlich, wenn die Personalabteilung nicht nur mit Initiativbewerbungen überflutet wird, sondern sich eine Vielzahl von Spitzenkräften auf eine Empfehlung hin bewerben. Ist dies erreicht, dann wird ein Traum für den Personalleiter und das Management wahr. Sie können aus den besten Ressourcen der Region oder des Landes schöpfen. Ihr Traum ist jedoch der Alptraum anderer Personalleiter und Manager.

Die Personalabteilung muss es sich zum Ziel machen, dass Ihr Unternehmen zu dem beliebtesten Arbeitgeber der IT-Service-Branche wird. Die Erreichung dieses Ziels wird nur schwer extern überprüfbar sein, da hier Studien fehlen. Vorhandene Studien konzentrieren sich auf die Großunternehmen [6] beziehungsweise weisen nur die jeweiligen Top 15 oder 50 eines Wettbewerbes aus [7]. Die Personalabteilung kann jedoch intern messen. Sie kann zum Beispiel nachvollziehen, von welchen Unternehmen neue Mitarbeiter warum kommen und sie kann auch erfahren, zu welchen anderen Unternehmen Mitarbeiter warum gehen.

Der Weggang von guten Mitarbeitern ist kein Verrat, sondern eine Niederlage. Hier muss die Personalabteilung, wenn immer möglich der Personalleiter selbst, Abschiedsgespräche führen und die Erkenntnisse hieraus in das Management hineintragen. Es geht nicht darum, jemanden, der gehen will, unter allen Umständen aufzuhalten. Es gibt eine Reihe von unumstößlichen Gründen, warum Menschen ein Unternehmen verlassen: Ein beruflicher Wechsel, Umzüge in das Ausland, ein intern nicht möglicher Karrieresprung. Auch gibt es Mitarbeiter, die man nicht halten will. Aber in jedem Fall muss das Unternehmen ungeschminkt und detailliert erfahren, warum ein Mensch von Bord geht.

Alumni-Programme – das Netzwerk des Unternehmens danach. Wenn gute Mitarbeiter das Unternehmen verlassen, dann sollte der Kontakt danach nicht abreißen. Alumni-Programme sind eine Einladung an ehemalige Mitarbeiter, mit dem Unternehmen weiter direkt in Kontakt zu bleiben, über den weiteren Werdegang „ihres" Unternehmens informiert zu bleiben und insbesondere in das Netzwerk des Unternehmens weiter eingebunden zu sein. Bei Unternehmen mit einem guten Ruf sind Alumni-Programme zudem ein Qualitätssiegel für die Alumni selbst.

Alumni-Programme sind nicht nur großen Unternehmen vorbehalten. Hochglanz-Zeitschriften und rauschende Jahrestreffen in 5-Sterne-Hotels sind nicht zwingend notwendig. Regelmäßige E-Mail-Newsletter und das jährliche Fußballturnier mit anschließendem Grill und Bier vom Fass sorgen auch für einen Zusammenhalt.

Der Cocktail der Personalentwicklung. Um die „Besten der Besten" zu gewinnen und zu entwickeln, muss noch viel mehr getan werden. Hierzu gehören ein Trainings-Curriculum, welches die weiter unten beschriebenen Karrierepfade begleitet, interne Events mit Traditionscharakter wie Weihnachtsfeiern für die Kinder, „Oktoberfeste" und Recruiting-Veranstaltungen. Für einen großartigen Einstieg in ein Unternehmen sorgt ein „Newcomer Service": Jeder Einsteiger erhält nicht nur eine Willkommensmappe mit allen wichtigen Informationen von „Wer macht was?" im Unternehmen bis zu den bestehenden Regelwerken, er erhält auch ein Einstiegstraining und einen persönlichen Coach für mindestens das erste Jahr.

Der „Marschallstab im Tornister"

Der „Marschallstab im Tornister" ist einer der stärksten Motivatoren für starke Persönlichkeiten und Macher. Er steht dafür, dass der eigenen Leistung und Entwicklung keine Grenzen innerhalb eines Unternehmens gesetzt sind. Konkret muss gelten, dass jeder, der Geschäft entwickelt, nicht nur eine Team-, Kunden- oder Bereichsverantwortung übernehmen kann, sondern auch eigene Teams und Bereiche aufbauen kann.

Die Chance zum Aufbau eigener Strukturen wird oft vernachlässigt oder gar nicht gewährt. Sie ist aber nicht nur ein machtvoller Wachstumshebel für das Unternehmen, sie gibt auch guten Mitarbeitern wunderbare zusätzliche Perspektiven. Die neuen Strukturen können ein Kundenteam um einen neu entwickelten Großkunden oder ein Serviceteam um ein neues überregionales Serviceprodukt, zum Beispiel Managed Security, oder eine neue Geschäftsstelle sein. Wird dieser Geist des Marschallstabes in einem Unternehmen gelebt, dann werden sich in dem Unternehmen nicht nur Top-Leute, sondern auch Unternehmer entfalten. Auch für die immer wieder notwendige Ausrichtung des Unternehmens auf neue spannende Dienstleistungsprodukte gibt es kein wirkungsvolleres Instrument, als den „Gründergeist" der besten Mitarbeiter zu wecken.

Um diesen hohen Anspruch der „Karrierechancen ohne Grenzen" realisieren zu können, sind klare Karrierepfade notwendig, die zudem nicht der willkürlichen Entscheidung Einzelner unterliegen. Es sind Mentoren notwendig. Es muss Einspruchsverfahren für Evaluierungen geben, die eigene Leistung darf nicht wegdiskutierbar sein. Die Entwicklung im Unternehmen muss zudem durch persönliche Fortbildungspläne und Trainingspfade über mehrere Jahre begleitet werden. Wer in dem Unternehmen Karriere machen will, muss auch als Persönlichkeit wachsen.

Wie sehen nun die Karrierepfade konkret aus?

Zwei Karrierepfade in den Services

Gerade im Servicebereich darf die Karriereperspektive nicht nur auf eine wachsende Personal- und Akquiseverantwortung ausgerichtet sein. Neben dem Karrierepfad zur Teamleitung und zur Geschäftsverantwortung ist auch eine Spezialistenlaufbahn hinsichtlich Methoden und Technologiewissen als Entwicklungsperspektive notwendig.

Die **Karrierepfade zur Teamleitung und zur Geschäftsverantwortung** umfassen drei wesentliche Stufen: Projektleitung, Teamleitung und Bereichsleitung. Projektleiter übernehmen die vollständige Verantwortung für einzelne Projekte, Teamleiter führen Gruppen von Service-Mitarbeitern, die regional oder fachlich zusammengehören. Bereichsleiter führen vollständige Geschäftseinheiten mit eigener Ergebnisrechnung. Ein jeder Service-Mitarbeiter der interessiert und befähigt ist, muss diese Karrierestufen durch eigene Leistung erreichen können.

Entscheidend sind deshalb die persönlichen Voraussetzungen, die ein Mitarbeiter für das Erreichen dieser Stufen erfüllen muss: **Projektleiter** müssen per se gute Organisatoren und Terminplaner sein. Die fachlichen Themen, die ihren Projekten zugrunde liegen, müssen ihnen vertraut sein, sie brauchen aber nicht die Geheimnisse aller Bits und Bytes zu kennen. Die entscheidende – und oft vernachlässigte – Fähigkeit eines Projektleiters ist jedoch der ausgezeichnete Umgang mit anderen Menschen und mit sich selbst. Hierzu gehören unter anderem, Teammitglieder zu führen, Kunden zuzuhören, Workshops zu leiten und in Katastrophen die Nerven zu behalten. Mitarbeiter, die sich zum Projektleiter entwickeln, müssen hier nicht nur angemessene Trainings durchlaufen, sie müssen ihr Können im Umgang mit Menschen auch praktisch unter Beweis gestellt haben. Und nicht zuletzt: Projektleiter müssen akquirieren können. Konkret, sie müssen Angebote erstellen, vor Kunden überzeugend präsentieren und Aufträge abholen. Mit diesen „Hürden" gewinnt die Berufung zu einem Projektleiter an Gewicht. Sie wird zum Gütesiegel für den Einzelnen und für das Unternehmen.

Der Schritt zum Projektleiter ist für viele Engineers ein nur schwer vorstellbarer Sprung. Sie müssen das angestammte und bewährte „harte" Wissen über Technologien und Releasestände weitgehend zurücklassen und den unvertrauten Pfad der Führung von Menschen und von Projekten betreten. Oftmals schlagen deshalb die eloquentesten Mitarbeiter den Weg zum Projektleiter ein, was aber keinen Erfolg garantiert. Erfahrene Engineers müssen persönlich ermutigt werden, den Schritt zu wagen. Dazu gehören ein hohes Image der Projektleiter im Unternehmen und viel Rückendeckung.

Teamleiter sind sehr gute Projektleiter, die zusätzlich das Können erworben haben, mit einer eigenen Ergebnisverantwortung Mitarbeiterteams zu führen und zu entwickeln. Damit kommt bei einem Teamleiter eine weitere Schlüsselfähigkeit hinzu, nämlich Mitarbeiter und Teams als Wissens- und Leistungsträger langfristig zu entwickeln. Der Teamleiter ist ein Mensch, der Freude daran hat, dass seine Mitarbeiter von Jahr zu Jahr besser werden. Er hat ein Gespür für die Talente seiner Mitarbeiter und schafft jedem Mitarbeiter Entwicklungsräume, die zu dessen jeweiligen Stärken passen. Er ist stolz darauf, wenn seine Mitarbeiter ihn fachlich übertreffen. Als Manager ist er ausdauernd und fordernd, aber auch fair und jederzeit ansprechbar. Und er steht für seine Mitarbeiter ein. Sehr gute Teamleiter verdienen sich den Respekt ihrer Mitarbeiter weniger über ihre fachliche Brillanz, denn über ihre Kunst der Führung.

Teamleiter sollen, wo immer auch möglich, die Verantwortung für einen Produktbereich übernehmen. Dies gilt insbesondere bei überregionalen Serviceteams, die sich auf einen Produktbereich konzentrieren. Ihre Akquiseverantwortung ist verglichen mit einem Projektleiter umfänglicher, denn sie werden oft für einige A- und B-Kunden dauerhafte vertriebliche Mitverantwortung übernehmen.

Bereichsleiter sind sehr gute Teamleiter, welche zusätzlich die Fähigkeit erworben haben, vollständige Geschäftsbereiche zu leiten und zu entwickeln. Sie führen ihre Bereiche in den Dimensionen von Kundenpotentialen sowie von eigenen Produktangeboten und Ressourcen. Ihre Verantwortung wird in der Regel auch Vertriebs- und Backofficeteams einschließen. Sie sind Profit Center-Manager, die in ihre Rolle über den „Servicepfad" hinein gewachsen sind.

Die wichtigste interne Aufgabe von Bereichsleitern ist das Coaching ihrer Teamleiter, sei es aus dem Service- oder aus dem Vertriebsbereich. Für diese Menschen müssen sie jederzeit erreichbare Ratgeber und Begleiter sein, denn in den Händen der Teamleiter liegen das operative Geschäft und die Mehrzahl der Mitarbeiter. Unter den Teamleitern müssen die Bereichsleiter auch jene „Unternehmer" finden, die neue Kunden, Produktbereiche oder Standorte erschließen wollen und können. Das verlangt von den Bereichsleitern Offenheit und Stärke. Und Bereichsleiter müssen einen Blick auf jene Mitarbeiter haben, die über das Potential zur Teamführung verfügen. Bereichsleiter müssen 40 % ihrer Zeit beim Kunden und 80 % ihrer Zeit bei ihren Mitarbeitern verbringen, meinte einmal ein erfahrener Servicemanager. Er hat recht.

Im IT-Service-Geschäft fühlt sich jedoch nicht jeder Mitarbeiter zur Führungs- und Kundenverantwortung hingezogen. Viele begeistert vor allem und fast ausschließlich die Beschäftigung mit Spitzentechnologie. Mitarbeiter mit schier grenzenloser Technik-Faszination dürfen nicht an den Rand gedrängt werden. Sie verschaffen einem IT-Service-Unternehmen die technologische Substanz und Reputation. Deshalb ist ein glaubwürdiger und attraktiver **Karrierepfad auch für Spezialisten** unerlässlich. Der rote Faden einer Spezialistenkarriere ist der stetige Ausbau seines Könnens als Systemarchitekt. Hierzu gehören verschiedene Zertifizierungsstufen für Herstellertechnologien, zum Beispiel von IBM oder Microsoft, vor allem aber der fortlaufende Ausbau seiner Projekterfahrungen. Wie sehen nun die Karrierestufen eines Spezialisten aus?

Bewährt hat sich eine Unterscheidung von Junior Engineers, Engineers und Senior Engineers. Senior Engineers können sich dann entweder als Spezialisten oder als Manager weiter entwickeln. **Junior Engineers** sind Berufsanfänger ohne vollständige Mindestzertifizierung, die Teilaufgaben unter Anleitung übernehmen. **Engineers** haben eine vollständige Mindestzertifizierung und können Teilaufgaben wie zum Beispiel eine Serverwartung bereits selbständig ausführen. Ihre Berufserfahrung beträgt in der Regel mindestens ein Jahr. **Senior Engineers** verfügen über fortgeschrittene Zertifizierungen wie zum Beispiel einen Abschluss als Microsoft Certified System Engineer. Aufgrund ihrer bereits umfangreichen Projekterfahrung können sie Teilprojekte wie zum Beispiel ein Backup-Konzept oder die Implementierung einer Wareneingangsprozedur im SAP-Procurement selbständig abarbeiten. In einem oder mehreren Technologiefeldern gelten sie als erfahrene Könner, an die man sich mit hohem Vertrauen wendet. Senior Engineers leiten Junior Engineers und Engineers in Projekten an und übernehmen für diese auch persönliche Mentorenschaften.

Erfahrene Senior Engineers, die sich nicht zum Manager berufen fühlen, können sich zu Spezialisten und Produktbereichs-Verantwortlichen entwickeln. **Spezialisten** verfügen über die höchsten Zertifizierungen in ihren Servicethemen, arbeiten in den anspruchsvollsten Projekten mit und sind ständige Mitglieder in ein bis zwei internen Produktentwicklungsteams. Sie übernehmen firmenweite Coaching- und Pflegefunktionen für Basiswissen wie zum Beispiel die Microsoft-Serverprodukte oder SAP-Financials. Spezialisten müssen auch ein Training im Projektmanagement absolviert haben und technologiegetriebene Teilprojekte persönlich führen können. **Produktbereichs-Verantwortliche** sind Spezialisten, welche die Verantwortung für die inhaltliche Entwicklung von Serviceprodukten übernehmen. Ihnen obliegt es zum Beispiel, welche Funktionalitäten und Herstellerplattformen ein Produkt Server Based Computing umfassen muss. Sie geben Produkte mit frei und befeuern ihren Roll Out. Spezialisten und Produktbereichs-Verantwortliche sind nicht nur die letzte Rettung, wenn ein Projektteam in einer vertrackten Situation nicht mehr weiter weiß, sie sind auch „lebende Aushängeschilder" des Unternehmens. So sind sie Mitglieder in Hersteller-Foren, in denen sie weitere Produktentwicklungen der Hersteller beeinflussen, aber auch unschätzbares Wissen über zukünftige Entwicklungen erwerben.

Wichtig ist: Weder die Spezialisten noch die Produktbereichs-Verantwortlichen sind „Stabsmitarbeiter". Sie arbeiten produktiv in anspruchsvollen Projekten mit und haben entsprechend persönliche Umsatzvorgaben.

Den Engineers muss auch ein „Cross Over" offen stehen, der Sprung in die Vertriebsmannschaft. Gerade für den Servicevertrieb bringen sie eine hervorragende Voraussetzung mit, nämlich ein technologisches Verständnis von der Pike auf. Damit diese fachliche Basis belastbar ist, sollten sprungbereite Engineers mehrere Jahre Berufserfahrung mit sich bringen. Machen Sie daraus aber kein Gesetz! Wer das vertriebliche Feuer in sich spürt, der soll nicht gebremst werden.

Das Ende des klassischen Presales Consultants. Presales Consultants sind in Organisationen, die Vertrieb und Services strikt trennen, weit verbreitet. Sie liefern dem Vertrieb fachliches Wissen, über das dieser nicht verfügt. Sie präsentieren Lösungswege und schreiben Angebote. Aber sie holen den Auftrag nicht ab und setzen ihn in der Regel auch nicht um. In einer Organisation, in der die Vertriebsorganisation die Serviceprodukte beherrscht und die Servicemannschaft aktiv mit verkauft, ist objektiv kein Platz mehr für Presales Consultants. Inhaber solcher Stellen haben jedoch mehrere großartige Perspektiven: Sie können als fachliche Insider die Vertriebslaufbahn wählen oder sich zum Projektleiter und Spezialisten in der Serviceorganisation entwickeln. Ganz gleich für welchen Weg sie sich entscheiden – in jedem Falle werden sie persönlich zusätzlichen Ertrag generieren.

Vertrieb: Mit der Kundenbasis wachsen

Der Karrierepfad von Service-Verkäufern ist auf eine wachsende Kundenverantwortung ausgerichtet. Wichtig ist, dass mit der Kundenverantwortung auch das Verständnis der Serviceprodukte wächst. Spätestens die Key Account Manager müssen die Dienstleistungsprodukte so weit „im Blut" haben, dass sie auch Projektworkshops beim Kunden souverän durchführen können. Die wesentlichen Stufen der Entwicklung von Service-Verkäufern sind:

- Trainee / Junior-Verkäufer
- das Account Management
- die Führung von Vertriebsteams resp. die Vertriebsleitung und schließlich wieder
- die Bereichsleitung

Trainees sind Neueinsteiger in die Vertriebswelt, die „on the job" das Basishandwerk der Vertriebstätigkeit erlernen. Traineeprogramme sind teuer und zeitaufwendig, sie erlauben aber, einen Pool von gut ausbildeten Vertriebsnovizen zu schaffen, deren Potential bestens bekannt ist und die in der Regel eine hohe Bindung an das Unternehmen haben. **Junior-Verkäufer** sollten ganz klar nur eine kurzzeitige Durchgangsstation sein. Junior-Verkäufer unterstützen die Account Manager, indem sie Anfragen bearbeiten, Gespräche mitprotokollieren, Angebotspräsentationen vorbereiten. Es muss aber klar sein, dass ein Großteil dieser Tätigkeiten auch durch eine Innendienstassistenz wahrgenommen werden könnte. Juniors müssen in spätestens einem Jahr das Zeug entwickeln, Kunden selbständig zu entwickeln und zu betreuen.

Account Manager haben die volle Zuständigkeit für ihre Kunden. Je erfolgreicher sie in der Kundenentwicklung sind, desto größere Kundenbudgets werden sie betreuen und übertragen bekommen. Von Anfang an muss einem Account Manager deshalb das gesamte vertriebliche Handwerkszeug geläufig sein, auch wenn natürlich seine Fertigkeiten noch wachsen werden. Zu Beginn seiner Laufbahn wird der Account Manager für eine Reihe von B-Kunden oder für Teilbereiche innerhalb von A-Kunden zuständig sein. Bei der Mitarbeit in größeren Kundenteams ist wichtig, dass der Account Manager nicht als Innendienstler tätig ist, sondern direkt beim Kunden aktiv ist.

> **Der wichtigste Schritt von allen**
>
> Die „Beförderung" zum Account Manager ist eine Entscheidung, die sowohl im Interesse des Juniors wie des Unternehmens mit größter Sorgfalt getroffen werden muss. Allzuoft wird die Entscheidung, ob ein Junior ein guter Account Manager wird, der freien Wildbahn überlassen: „Entweder er macht sich – oder er fliegt". Was nach hartem Management klingt, ist unklug und fahrlässig. Account Manager oder Vertriebsbeauftragte, die ihrer Aufgabe, Kunden zu entwickeln, nicht gewachsen sind, können nicht nur Kundenpotentiale blockieren, sondern diese auch verbrennen. Der offensichtliche Schaden – wie zum Beispiel rückgängige Erlöse bei einem guten Stammkunden – ist dabei nur die Spitze des Eisberges. Die nicht genutzten Chancen und Gelegenheiten machen meistens ein Mehrfaches des Ertragsrückganges aus, der im Rechungswesen festgestellt wird.
>
> Verschlimmert wird die Situation dadurch, dass das Problem der fehlenden Eignung über längere Zeit verschleiert wird. Der junge Verkäufer, der seiner Aufgabe nicht gewachsen ist, flüchtet unwillkürlich in den Innendienst-Vertrieb und die Bearbeitung von Anfragen. Er stürzt sich auf „einfache" Kunden und „einfache" Produkte. Dies kompensiert zwar einen Teil der entstehenden Ertragslücke, bringt aber die Durchdringung der Zielkunden nicht voran und belastet oftmals die Backoffice-Systeme aufgrund der Kleinteiligkeit seiner Aufträge.
>
> In dieser Phase, in der das Management mit der offensichtlichen Erfolglosigkeit des jungen Verkäufers konfrontiert wird, gerät oftmals die ursprüngliche darwinistische Härte in Vergessenheit. Dem jungen Verkäufer wird Quartal auf Quartal Aufschub gewährt, da erste größere Projekte ja nun anstehen und sein Funnel ja um 50 % gewachsen sei. „Hoffnungsprojekte" schieben sich so viele Quartale durch den Forecast, bis irgendwann entweder der junge Verkäufer frustriert das Handtuch wirft oder das Management endlich die Konsequenzen zieht. Danach hat nicht nur das Unternehmen, sondern oft auch der junge Verkäufer Schaden genommen. Andauernder Nichterfolg stärkt häufig nicht die positiven Eigenschaften eines Menschen, sondern bringt Zynismus und eine Neigung zum Verdecken und zum Verdrängen hervor.
>
> Deshalb muss vor der Übertragung einer direkten, persönlichen Kundenverantwortung durch Mentor und Vertriebsleitung unbedingt abgewogen werden, ob ein Junior wirklich das Zeug hat, Kunden zu entwickeln. Der junge Verkäufer muss in den ersten Monaten weiter eng gecoacht werden. Dieses Coaching muss mehr sein als die monatliche Besprechung seiner Funnelliste[1]. Coaching heißt, mindestens zweiwöchentlich den Fortschritt beim Funnelaufbau durchzusprechen und die Frequenz und die greifbaren Ergebnisse von Kundenbesuchen zu verfolgen. Auch heißt es, immer ansprechbar zu sein und den jungen Verkäufer bei ersten Kundengesprächen und Angebotspräsentationen zu begleiten.

Ein Account Manager braucht auch Luft für Neukunden, denn diese sind eine wesentliche Quelle für den Aufbau seines „eigenen" Bereiches. Vorhandene B-Kunden haben oftmals nicht das Potential, zu einem A-Kunden entwickelt zu werden.

Mit wachsendem Erfolg kristallisieren sich die zwei bis fünf Topkunden eines Account Managers heraus, und er überschreitet die Schwelle zum **Key Account Manager**. Diese Schwelle ist in hohem Maße quantifizierbar – zum Beispiel als Mindest-Rohertragsquote je Geschäftsjahr, die ein Verkäufer erwirtschaften muss. Ein quantitatives Kriterium verbunden mit dem Fokus auf zwei bis fünf A-Kunden hat den Vorteil, Willkürlichkeit vermeiden zu können. Zur besonderen Qualität eines Key Account Managers gehört auch, dass er die Grundlagen des Projektmanagements verinnerlicht hat. Er muss „geschäftsführungssicher" sein und große, komplexe Abschlüsse souverän beherrschen. Das Service-Produktportfolio ist ihm in Fleisch und Blut übergegangen. Vergleichbar zu dem Schritt, ein Projektleiter zu werden, gilt auch hier: Die Karrierestufe Key Account Manager wird zu einer echten Qualitätsmarke und zu einem zentralen Element, warum das Unternehmen besser als andere ist.

Mit der erfolgreichen Entwicklung seiner zwei bis fünf Top-Accounts erreicht der Key Account Manager schließlich den nächsten Scheidepunkt: Konzentriert er sich auf einen Topkunden, den er zum „Super-Account" entwickelt, oder baut er ein eigenes Team auf, das all seine Top Accounts weiter erschließt und noch weitere Top Accounts hinzu gewinnt? Die Option, ein eigenes Team aufzubauen, ist eine gravierende Stellschraube für die Unternehmensentwicklung. Sie ermöglicht, dass talentierte Key Account Manager zügig zu „Unternehmern im Unternehmen" werden. Die organisatorischen Rahmenbedingungen werden weiter hinten behandelt. Auch die Konzentration auf einen Topkunden kann erfordern, dass der Key Account Manager ihm direkt unterstellte Account Manager aufbaut. Der Key Accounter wird zum **Vertriebsleiter**.

Die Herausforderungen des Schrittes vom Top-Verkäufer zum Vertriebsleiter werden häufig unterschätzt. Viele Unternehmen gehen einfach davon aus, dass jemand, der ausgezeichnet verkauft, auch hervorragend eine Vertriebsmannschaft führen kann. Das Dilemma ist jedoch, dass gerade Top-Verkäufer oftmals per se keine Top-Vertriebsleiter sind. Denn das Anforderungsprofil verändert sich für den zum Manager beförderten Top-Verkäufer gewaltig: Der Vertriebsleiter muss in der Lage sein, Mitarbeiter zu führen und zu entwickeln – analog zu seinen Kollegen, die Serviceteams leiten. Nunmehr kommt es schrittweise weniger auf seine „Abschlusspower" und seinen „Frontbiss" an. Immer mehr zählt seine Fähigkeit, andere Account Manager zu Spitzenabschlüssen zu beflügeln. Dieses erreicht der Vertriebsleiter nicht durch „Angst und Schrecken", sondern durch ein ausdauerndes Coaching seiner Mannschaft hinsichtlich Kundenanalysen und Vertriebsführung, ohne aber in den Fehler zu verfallen, die Deals dann doch wieder selbst holen zu wollen. Dieses Spannungsfeld muss der Vertriebsleiter aushalten. Seine

Account Manager wiederum müssen aushalten, dass sie immerwährend zur Aufrichtigkeit und zur Verbindlichkeit in der Bewertung ihrer vertrieblichen Chancen angehalten werden. Dafür haben sie jedoch einen standfesten „Buddy", der ihnen verlässlich den Rücken stärkt.

Die Tragweite des Sprunges zum Vertriebsleiter ist nur mit dem Start als Account Manager vergleichbar. Deshalb brauchen auch „junge" Vertriebsleiter ein intensives Training und eine engagierte Begleitung durch ihren Bereichsleiter oder Mentor. Wie geht der Vertriebsleiter mit alten Kollegen um, denen er nun vorgesetzt ist? Wie macht er Vorgaben? Und vor allem: Wie entwickelt er seine Mitarbeiter zu solchen „Star-Verkäufern", wie er selbst einer ist?

Die Perspektive erfolgreicher Vertriebsleiter ist die Leitung von Geschäftsbereichen mit eigener Ergebnisrechnung. Sie können die Aufgabe eines **Bereichsleiters** souverän ausfüllen, weil sie das Servicegeschäft und seine Produkte perfekt verstehen und verkaufen und weil sie es gelernt haben, Mitarbeiter zu coachen und zu beflügeln. Auf dieser Ebene kommen die Karrierepfade von Services und Vertrieb zusammen. Hier darf es keine Rolle mehr spielen, ob jemand einen Service- oder einen Vertriebsursprung hat.

Die Realität in vielen IT-Service-Unternehmen ist heute leider noch anders. Manager von Profit Centern und von Geschäftsbereichen blickt überwiegend auf eine klassische Vertriebskarriere zurück. Ehemalige Engineers sind in diesen Positionen die Ausnahme, die die Regel bestätigt. Die Veränderung dieser Tatsache wird nicht nur die Entwicklungschancen in dem Unternehmen vervielfachen. Sie wird auch unschätzbares Managementpotential heben.

Was macht den Schritt von einem Bereichsleiter zu einem Geschäftsführer aus?

Der Schritt von einem Bereichsleiter zu einem Geschäftsführer betrifft weniger die Erfahrung im Aufbau und im Führen von Geschäft, denn dieses gehört auch zu dem Kern-Können eines Bereichsleiters. Ein Geschäftsführer hat zusätzlich die Lust, den Anspruch und die Fähigkeit, Geschäft überregional zu gestalten. Er will Themen voranbringen, die ein ganzes Unternehmen formen. Hierzu gehören Themen wie der Aufbau neuer Geschäftsfelder, das Schaffen von Strukturen und Prozessen oder die Entwicklung der zweiten und dritten Führungsebene. Und: Der Geschäftsführer ist mit sich selbst im Reinen, dass das operative Geschäft von anderen, nämlich von Bereichsleitern geführt wird. Er kann loslassen und noch mehr vertrauen, als es bei einem Bereichsleiter notwendig ist (siehe Kapitel Managment auf Seite 137 f.).

---

1. Der Begriff „Vertriebsfunnel" beschreibt einen Trichter, in den eine Vielzahl von vertrieblichen Chancen geschüttet werden. Diese Chancen werden in der laufenden Vertriebsarbeit „ausgesiebt" und zu einer möglichst großen Zahl von Auftragseingängen entwickelt.

Fazit

Die Marktführerschaft eines IT-Service-Unternehmen hinsichtlich der Verfügung über die meisten Topkräfte im Engineering-Vertrieb, Projektmanagement und im Technologiekönnen hängt vor allem davon ab, ob es dem Unternehmen gelingt, die positive Anziehungskraft beruflicher Netzwerke zu entfachen. Arbeiten die beruflichen Netzwerke zugunsten des Unternehmens, so werden die besten Leute von sich aus zu dem Unternehmen kommen. Und jeder Mitarbeiter muss wissen, dass er einen „Marschallsstab in seinem Tornister" hat und dass es keine Grenzen für seine persönliche Entwicklung im Unternehmen gibt, weil er innerhalb der Firma Geschäft begründen und ausbauen kann oder sich als Spezialist stetig vervollkommnen kann.

Diese grundlegenden Prinzipien der Mitarbeiterentwicklung müssen auch ihre Entsprechung in den Vergütungssystemen finden. Wird die geleistete Arbeit auch in Euros anerkannt?

3.6 Vergütung: Bezahlen Sie für die persönliche Wertschöpfung

„Ein Vergütungssystem zu ändern ist so, als ob man dem Kronprinzen erzählen würde, man halte die Monarchie für obsolet." Bruce Tulgan

Ein paar Grundregeln

Beim Thema Vergütung hört der Spaß auf: Vergütungssysteme gehören zu den sensibelsten Besitzständen eines Unternehmens. Sie stehen zudem unter dem Einfluss von tariflichen Regelungen und von Betriebsräten. Wenn ein IT-Service-Unternehmen auf Service Design und auf Engineeringstärke ausgerichtet wird, dann prägt dies auch die Vergütung. Die Vergütung für Engineers und Verkäufer muss spürbar von ihrer persönlichen Wertschöpfung abhängen. Genauso ist die Vergütung der unleugbare Maßstab für die Wertschätzung, die ein Unternehmen der Arbeit eines Mitarbeiters entgegen bringt.

Kerngröße der persönlichen Wertschöpfung ist der Projekt- und Teamertrag. Die variable Vergütung, die direkt von der jeweiligen persönlichen Wertschöpfung abhängt, muss

- unabhängig durch Dritte messbar sein, möglichst durch die Personalabrechnung,
- fair sein, also gleiches Geld für gleiche Leistung zahlen,
- einfach sein, damit nachvollziehbar,
- robust sein, damit nicht manipulierbar.

Variable Vergütungen sollten eine Deckelung vermeiden, so dass außergewöhnliche Leistungen auch außergewöhnlich honoriert werden. Hinter Entscheidungen für eine Deckelung der variablen Vergütung steht oft die Sorge, dass ohne eine Deckelung gegebenenfalls zu viel gezahlt wird. Dies ist jedoch kein Problem der fehlenden Deckelung, sondern der richtigen Quotierung. Bewährt hat sich eine monatliche Abrechnung der variablen Ansprüche auf Basis der kumulierten Erreichung der anteiligen Jahresziele. Monatliche Abrechnungen der variablen Ansprüche geben den Mitarbeitern zeitnah Klarheit, wo sie stehen. Auch vereinfacht eine monatliche Abrechnung das Leben für die Buchhaltung und erspart dem Management unangenehme Überraschungen beim Quartalsabschluss.

Eine weitere Grundregel ist, dass die Gehaltsentwicklung, ob im Fixum oder im Variablen, an eine Steigerung der persönlichen Ertragsvorgaben gebunden ist. Dabei nimmt mit wachsender Verantwortung der variable Anteil am Zielgehalt zu, da auch der persönliche Einfluss auf das Ergebnis wächst.

Die Kernvergütung von Fixum und variablem Anteil wird ergänzt durch jährliche Prämien für Leistungen in der Produktentwicklung, Neukundenakquise, aber auch in der Mitarbeiterentwicklung und in der Kundenzufriedenheit. Am Besten sind dieses „Alles oder Nichts-Prämien": Der Betrag wird gezahlt, wenn das Ziel respektive der Meilenstein erreicht ist, ansonsten nicht. Diese Regelung honoriert wirkliche Zielerreichungen und keine „halben Sachen".

Die wahre Herausforderung sind jedoch nicht die Prinzipien der Vergütung und deren Umsetzung in konkrete Rechen- und Regelwerke. Die Herausforderung ist die beharrliche Durchsetzung eines einfachen, leistungsbelohnenden Vergütungssystems. Dies erfordert oft größere Veränderungen am Status Quo. Bei Veränderungen im Vergütungssystem ist höchste Aufmerksamkeit und Sensibilität seitens des Managements und der Personalabteilung erforderlich. Modellanpassungen müssen nicht nur hinsichtlich ihrer Auswirkungen sorgsam durchgerechnet werden. Sie müssen auch mit der zweiten Führungsebene vorbesprochen und hinsichtlich der Darstellung und Argumentation abgestimmt werden. Anmerkungen und Hinweise zu Unklarheiten und Inpraktikabilitäten und zu möglicherweise auftretenden Ängsten sind hellwach aufzunehmen. Die Information der Mitarbeiter erfolgt schließlich, so weit es geht, jeweils zeitgleich durch ihre Vorgesetzten, damit keine Informationsungleichgewichte im Unternehmen entstehen.

Service-Vergütung: Weg von Stunden hin zu Euros und zu Meilensteinen

Die Vergütung im Servicebereich muss für alle Mitarbeiter auch variable Bestandteile enthalten. Neben dem Fixum gehören zum Serviceeinkommen

- eine variable Vergütung nach Umsatz oder Dienstleistungsertrag
- eine variable Vergütung für vertriebliche Zielvorgaben sowie
- Prämien für vertriebliche Erfolge, für F&E-Leistungen und für andere, qualitative Ergebnisse

Ein zentrales Problem der Service-Vergütung ist die Monetarisierung von geleisteten Stunden, da die Projekteinsätze von Engineers teilweise nicht nach Aufwand abgerechnet werden. Diesem Problem wird oft ausgewichen, indem man die variable Vergütung von Engineers auf der Basis von geleisteten Manntagen belässt und verdrängt, dass die Wertschöpfung eines IT-Dienstleisters nicht die geleisteten Stunden, sondern die vom Kunden bezahlte Leistung ist. Der Preis für dieses Verdrängen ist häufig eine „Stundenschreiberei" auf Projekte, die ohne Bezug zur real vom Kunden bezahlten Leistung und ohne Anreiz zum effizienten Zeiteinsatz geschieht. Eine der unangenehmen Folgen dieser Praxis ist das immer wieder auftretende Phänomen einer Spitzenauslastung bei gleichzeitig miserablen Projekt-Deckungsbeiträgen.

Eine Lösung für dieses Problem ist das Aufstellen von Projektbudgets in Manntagen und Euros. Engineers buchen auf Projekte ihre Stunden, jedoch obliegt es der Entscheidung der Projektleiter, ob diese Stunden für die variable Vergütung angerechnet werden. Entscheidungskriterium für den Projektleiter ist das beauftragte Budget in Manntagen. Das Manntage-Budget wird mit einem projektspezifischen Tagessatz gemäß Kundenvertrag versehen, so dass auch der budgetierte Projektumsatz je Mitarbeiter feststeht. Bei Onsite- und Installations-Projekten kann auf den vereinbarten Tagessatz zurückgegriffen werden, während es bei Festpreis- und Managed Service-Projekten der kalkulierte Einstandssatz[1] plus Deckungsbeitragsspanne ist.

Diese Regelung wird in vielen Unternehmungen wie eine Kulturrevolution wirken und muss mit großer Sorgfalt eingeführt werden. Deshalb gehört in die notwendigen Gespräche immer wieder die Tatsache, dass die variable Vergütung das Entgelt für die Leistungen ist, die der Kunde bezahlt, für nicht weniger, aber auch für nicht mehr. Diese Beziehung wird mit Projektbudgets in Manntagen und Euros berücksichtigt.

> **Projektbudgets als unternehmerischer Anreiz**
>
> Sind Projektbudgets eingeführt und angenommen worden, dann sind sie ein zusätzlicher Hebel für unternehmerisches Handeln. Ein IT-Dienstleister verhandelte mit einem Kunden die Verlängerung eines Managed Desktop-Auftrages. Schon frühzeitig wurde klar, dass trotz guter Arbeit die Neubeauftragung nur mit Preisabschlägen von über 10 % zu gewinnen war. Dies gefiel natürlich nicht dem zuständigen Verkäufer, aber noch weniger dem Engineeringteam beim Kunden, das nun mit spürbaren Einbußen im variablen Einkommen rechnen musste.
>
> Aufgrund seiner guten Vernetzung vor Ort beim Kunden wusste das Engineeringteam jedoch, dass der Kunde mit einem anderen Dienstleister, der die Intel-Server betreute, bei weitem nicht mehr zufrieden war. Ein eintägiger Ausfall der EDI-Server mitten im Vorweihnachtsgeschäft hatte sein Übriges zu dieser Unzufriedenheit beigetragen.
>
> Der Leiter des Engineeringteams beim Kunden handelte schnell und entschlossen. Er sicherte sich beim internen Ressourcenmanagement einen Microsoft Server-Experten und erreichte, dass sich seine beiden besten Engineers kurzfristig einer Microsoft Server-Zertifizierung unterzogen. Auch klärte er ab, dass sein Team aufgrund der gesammelten Erfahrungen mehr Aufgaben übernehmen konnte. Mit seinen Partnern beim Kunden überprüfte er, wie diese zu einer um das Servermanagement erweiterten Offerte stehen würden. Ihre Zweifel hinsichtlich des notwendigen Könnens konnte er durch seine Personalmaßnahmen vollständig auflösen. Dann überzeugte er den Accountmanager, ein Angebot einschließlich des Servermanagements abzugeben. Der gute Ruf des Dienstleisters und die attraktiven Konditionen im Bündel überzeugten den Kunden. In Folge sank nicht der Pro Kopf-Umsatz des Engineeringteams, sondern stieg um gut 10 %. Mit dem Servermanagement-Auftrag war zudem die erste Pforte in das Rechenzentrum des Kunden geöffnet.

---

1. Auch Einkaufssatz: Kostensatz je Einsatzstunde eines Engineers.

Damit ergibt sich auch eine klare Regel für die Fahrtzeiten von und zum Kunden. Dieses Thema ist für Außendienst-Techniker sowie für viel und weit reisende Engineers sehr wichtig. Variabel werden die Fahrzeiten nur vergütet, wenn sie im Rahmen des Projektbudgets berücksichtigt sind.

Eine weitere zentrale Frage in der Service-Vergütung ist der Anteil der variablen Vergütung an dem Zielgehalt. Dieser Anteil sollte bei Engineers deutlich geringer als bei den Projektmanagern und den Servicemanagern sein, da sie die persönlichen Umsätze bei weitem nicht in dem Umfange wie Projekt- und Servicemanager beeinflussen können. Der variable Anteil der Engineers und der Spezialisten sollte bei maximal 10 bis 15 % liegen. Das mag un-unternehmerisch klingen, ist es aber nicht. Die wesentliche unternehmerische Leistung der Engineers und Spezialisten ist die solide, effektive und freundliche Arbeit in den Projekten. Messgröße für den variablen Anteil ist der fakturierte Dienstleistungsumsatz, welcher dem Engineer gutzuschreiben ist.

Umsatzvorgaben je Engineer machen Auslastungsvorgaben als Vergütungsinstrument überflüssig. Trotzdem sind Auslastungsmessgrößen weiterhin unerlässlich, um realistische Umsatzziele festlegen zu können. Auslastungen von 60 bis 65 % für Projekt-Engineers und von 80 bis 85 % für Engineers in dauerhaften Kundeneinsätzen sind bewährte Richtwerte, wobei von durchschnittlich 21/22 Werktagen pro Monat ausgegangen wird.

Bei Projektleitern und bei Teamleitern sollte der variable Anteil auf mindestens 20 % respektive 30 % steigen und den Deckungsbeitrag der Projekte respektive der Teams als erste Messgröße haben.

Da Projekt- und Teamleiter auch vertriebliche Aufgaben haben, muss auch ihre vertriebliche Leistung honoriert werden. Der stärkste und fairste Anreiz kann dadurch erreicht werden, dass ein Teil ihres variablen Einkommens gleich einem Verkäufer auf Basis der von ihnen erzielten Roherträge ermittelt wird. Um das System nicht zu diskreditieren, muss ihr Bereichsleiter jedoch vorab klar festlegen, welcher Projekt- und Teamleiter für welchen Kunden zuständig ist, wobei es stets nur einer sein sollte. Vertriebliche Anreize muss es jedoch auch für Engineers und für Spezialisten geben. Wirkungsvoll ist zum Beispiel eine feste Tippprovision bei Auftragseingang, die der Engineer erhält, der eine Projektchance entdeckt hat oder maßgeblich zum Auftragseingang beigetragen hat.

Vertrieb: „The Sky is the limit"

Dass Variabilität zur Vertriebsvergütung gehört, ist inzwischen außerhalb jeglicher Diskussion. Jedoch bleibt das „Wie" ein weites Feld. Die **Messgröße für die variable Vergütung** ist nicht der Auftragseingang, denn das ist nicht die Wertschöpfung. Zentrale Messgröße für die variable Komponente der Vertriebsmannschaft ist der erwirtschaftete Rohertrag auf Basis von Fakturen. Die Provisionierung muss die Vertriebsbeauftragten eng mit dem Lebenszyklus der gewonnenen Aufträge bis zum letzten Zahlungseingang verbinden.

Wie finde ich die richtige Quote?

Quotenvereinbarungen gleichen allzuoft einem Pokerspiel, bei dem die Seite gewinnt, die vorgibt, die besseren Karten in der Hand zu haben. Wenn aber der jeweils beste Pokerspieler gewinnt – manchmal der Verkäufer, manchmal der Vertriebsleiter – dann besteht nicht nur die Gefahr, dass einer der Verhandlungspartner sich über den Tisch gezogen fühlt. Noch schlimmer ist die Folge, dass Verkäufer für die gleiche Leistung unterschiedlich bezahlt werden. Das ist ungerecht und kann ganze Vertriebsmannschaften lähmen. Jedes Unternehmen ist deshalb gut beraten, klare und faire Standards auch für die Quotenberechnung aufzustellen und konsequent durchzusetzen. Diese sind das Gesetz, das ohne Ausnahme für alle gilt. Wer mehr verdienen will, muss mehr Ertrag bringen. Verkäufer sollen ihre Energien nicht in interne Verhandlungen, sondern in die Kundenarbeit stecken. Wie funktionieren diese Standards?

Ein bewährter Weg ist die Festlegung von Provisionshebeln, die einheitlich im gesamten Unternehmen gelten. Ein Provisionshebel bestimmt, wieviel Euro Rohertrag für einen Euro Provision „gehoben" werden muss. So kann zum Beispiel festgelegt werden, dass für 25 Euro erwirtschafteten Rohertrag ein Euro Provision gezahlt wird. Ein Verkäufer, der ein Zielgehalt von 50 T€ mit 30 % Variabilität hat, erhält dann für seine variable Vergütung von 15 T€ ein jährliches Rohertragsziel von 375 T€ als Quote. Damit kann sich der Verkäufer bei jedem Angebot im Kopf ausrechnen, was ihn der Auftrag an Provision bringt.

Bevor Quotierungsmodelle freigegeben werden, berechnet das Controlling deren Auswirkungen auf die gesamten direkten Vertriebskosten und zwar unter Berücksichtigung aller Szenarien der Zielerreichung. So muss klar sein, wie sich Zielerreichungen unter 50 % oder über 100 % auf die Kostenstrukturen auswirken. Aus Unternehmenssicht interessiert hierbei die Gehaltsintensität. Die Gehaltsintensität legt das Verhältnis zwischen dem gesamten Verkäufergehalt und dem Rohertrag fest. So kann die Vorgabe sein, dass bis zu 10 % des verdienten Rohertrages als Verkäufergehalt ausgezahlt werden.

Das buchhalterische Denken ist ohne Zweifel notwendig, um den Überblick zu behalten und um später keine bösen Ergebnisüberraschungen zu erleben. Das buchhalterische Denken darf aber nicht dominieren. Ein unternehmerischer Geist muss die Quotierung prägen. Ein Verkäufer, der 300 T€ Rohertrag über seine Zielvorgabe hinaus erwirtschaftet, soll gerne mehr verdienen. Dieser Geist kann das Unternehmen ein paar tausend Euro zusätzlich kosten, aber dafür schürt er das vertriebliches Feuer.

Einheitliche Quotierungsregeln sind auch im Servicebereich unabdingbar. Solch eine Regel ist zum Beispiel, dass ein Engineer das Zweieinhalbfache seines Zielgehaltes pro Jahr als jährliches Umsatzziel erhält. Gehaltsentwicklung und Wertschöpfung für das Unternehmen sind damit direkt miteinander verbunden.

Eine Quotierung, die mit Hilfe eines einfachen und klaren Rechenwerkes die erreichbare Provision direkt von Rohertragszielen abhängig macht, schafft nicht nur Gerechtigkeit, sondern auch einen machtvollen Antrieb, so viel Rohertrag wie möglich zu erwirtschaften.

Die **Variabilität**, also der Anteil der variablen Komponente am Zielgehalt, beträgt bei Vertriebsbeauftragten mindestens 30 % und wächst mit der Seniorität des Verkäufers. Bei Vertriebsleitern erreicht die Variabilität 40 bis 50 %. Hinzu kommen auch bei den Vertriebsmitarbeitern **Prämien** für besondere Leistungen in der Produktentwicklung oder auch bei der Kundenerschließung. Vorstellbar ist, dass bei der **Provisionierung von Serviceumsätzen** die kalkulierten Margen angesetzt werden, da die Vertriebsmannschaft geringen bis gar keinen Einfluss auf die Service-Erbringung hat. Noch einfacher zu handhaben ist der Ansatz „Dienstleistungsumsatz = Rohertrag". In IT-Service-Unternehmen, in denen noch ein großer Anteil des Rohertrages mit Hardware-Lieferungen generiert wird, ermöglicht dieser Ansatz, Dienstleistungsverkäufe in der Provisionierung um das Drei- bis Vierfache höher zu gewichten als die Hardwaremarge. Gegen die Gefahr ruinöser Dienstleistungsangebote schützt die strikte Regel, das Dienstleistungsangebote ohne die Freigabe durch Servicemanager das Haus nicht verlassen dürfen (siehe Seite 132 f.).

Wichtig für die konkrete Provisionierung ist der Verlauf der „**Provisionslinie oder -kurve**": Ab wann wird Provision gezahlt? Gibt es Beschleuniger?[1] Beginnt zum Beispiel die Provisionierung erst ab 70 % Zielerreichung, dann besteht ein erheblicher finanzieller Druck, die Vertriebsvorgaben zu mindestens 70 % zu erreichen. Eine Provisionierung, die ab einer Zielerreichung von 100 % schneller wächst als vorher, schafft einen zusätzlichen Anreiz für eine Zielerreichung > 100 % auch noch im laufenden Geschäftsjahr zu kämpfen. Die Provisionslinie sollte für die Verkäufer und die Personalabrechnung einfach berechenbar bleiben. Der Einsatz von „**Beschleunigern**", die die Provisionslinie weiter nach oben verschieben, verkompliziert das Modell und erschwert sein Verständnis. Besser ist dann, persönliche Jahresprämien einzusetzen, so zum Beispiel für das Erreichen eines bestimmten Rohertrages mit Neukunden.

Die vertriebliche Quotierung muss auf einer **konkreten Kundenzuordnung** basieren. Teamquoten sollten soweit als möglich vermieden werden, damit der unmittelbare persönliche Anreiz gewährleistet bleibt. Ausnahmen für eine Gruppenquote können Teams sein, die gemeinsam einen sehr großen Kunden betreuen. Aber auch hier ist oft eine eindeutige Zuordnung von Vertriebsbeauftragten zu einzelnen Kundenbereichen möglich. Auf keinen Fall sinnvoll ist die gemeinsame Quotierung von Vertriebsbeauftragten zum Beispiel für alle Kunden aus dem öffentlichen Dienst eines Bundeslandes. Vertriebsleiter und Key Accounter, die ein Kundenteam führen, werden nach der Zielquote ihrer Bereiche provisioniert. Dabei ist ihre Quote größer als die Summe der Einzelquoten ihrer Vertriebsbeauftragten, da von ihnen eine zusätzliche Hebelwirkung auf den Ertrag erwartet wird.

---

1. Beschleuniger sind Faktoren, die den Provisionsanspruch erhöhen. Diese Faktoren können für Neukundenerträge oder für Erträge mit bestimmten Produktgruppen, zum Beispiel Outsourcing, gesetzt werden.

> **Was tun, wenn es ein „grottenschlechtes" Jahr ist?**
>
> Das zweite Quartal eines Geschäftsjahres neigt sich seinem Ende zu, und es ist klar, dass über die Hälfte der Verkäufer keine realistische Chance hat, auch nur 70 % ihrer Jahresziele zu erreichen. Es müsste schon ein Wunder geschehen. Wenn die Hälfte der Verkäufer ihre Ziele weit verfehlt, dann steht in der Regel auch das gesamte Unternehmen nicht gut da. Der geringere Provisionsaufwand wird dringend benötigt, um zumindest einen kleinen Teil des Ergebnisloches zu stopfen, das sich immer weiter auftut.
>
> Das Problem ist nur, dass auch die Hälfte der Vertriebsmannschaft das Jahr abzuschreiben beginnt und spätestens ab dem 4. Quartal einen extrem materiellen Anreiz verspürt, Aufträge in das neue Geschäftsjahr zu schieben. Hier besteht ein ernstes Dilemma. Es steht außer Frage, dass nicht die Praxis einreißen darf, dass um der guten Stimmung Willen die Zielprovision schließlich doch gezahlt wird. Dies wäre tödlich für das gesamte Vergütungssystem. Andererseits ist keinem geholfen, wenn sich in den verbleibenden sechs Monaten ein erheblicher Teil der Vertriebsmannschaft dem „Weltschmerz" hingibt.
>
> Wenn zudem die gesamte Branche ein schlechtes Halbjahr hatte, dann macht es Sinn, einen Strich zu ziehen, und die Stoppuhr im 2. Halbjahr neu zu starten. Dabei dürfen jedoch die Verkäufer, die gut und sehr gut im Rennen liegen, auf keinen Fall schlechter gestellt werden. Diejenigen, die ein schlechtes erstes Halbjahr hatten, müssen die Chance erhalten, zumindest im 2. Halbjahr gut zu verdienen. In jedem Falle abzuraten ist von einer Reduzierung von Quoten „eingedenk der schlechten Zeiten". Nicht nur, dass dann gemäß des Fairness-Prinzips alle Verkäufer mehr verdienen würden, als wirtschaftlich angemessen ist. Von diesem Moment an wären die Leistungsmaßstäbe des Unternehmens dauerhaft untergraben

Vergütung der Bereichsleiter – der Bereich und das Ganze

Die Vergütung der Bereichsleiter muss ihrer Funktion gerecht werden. Sie führen vollständige Geschäftseinheiten mit eigener Ergebnisrechnung. Das variable Einkommen muss mindestens 40 % des Zieleinkommens der Bereichsleiter ausmachen. Die wichtigste Messgröße ihres variablen Einkommens ist das absolute Ergebnis ihrer Geschäftseinheit. Eine Reduzierung der variablen Vergütung von Bereichsleitern auf das Ergebnis ihrer Einheit wäre aber zu eng. Bereichsleiter gehören zu einem firmenweiten Team von „Unternehmern im Unternehmen", die die Pflicht und das Recht haben, das Ganze mitzugestalten. Und Bereichsleiter haben Aufgaben, die weit über die reine Profitgenerierung hinausgehen: Zu ihrer Arbeitsplatzbeschreibung gehören gleich mit an erster Stelle die Mitarbeiterentwicklung, die vorbehaltlose Unterstützung anderer Bereiche und das stetige Streben nach neuen Kunden und neuen Ideen. Dies muss sich auch in der Vergütung widerspiegeln.

Die variable Vergütung der Bereichsleiter muss deshalb aus drei Komponenten bestehen:

1. einer Tantieme auf das Ergebnis des eigenen Bereiches,

2. einer Tantieme auf das Ergebnis des Unternehmens,

3. einer Honorierung von Managementerfolgen in der Personal- und Unternehmensentwicklung als qualitative Ziele.

Die dritte, qualitative Komponente darf nicht zerfasert werden. Sinnvoll sind hier zwei bis drei Aufgaben, die hinsichtlich ihres Erfolges klar messbar sind. Das kann zum Beispiel die Mitarbeit bei der Neugestaltung des Traineeprogrammes des Unternehmens sein. Ein weiteres qualitatives Ziel wäre zum Beispiel, dass im neuen Geschäftsjahr aus der Organisationseinheit des Bereichsleiters heraus eine interne Ausgründung startet, die in dem neuen Geschäftsjahr bereits ein Auftragsvolumen von mindestens 300 TEUR gewinnt. Mehr zu diesem spannenden Thema im Abschnitt „Wie fördert die Organisation Wachstum ohne Erstarrung?" ab Seite 115!

Die Gewichtung aller drei Komponenten muss hoch sein. Sinnvoll sind 40 % für das Bereichsergebnis, 30 % für das Unternehmensergebnis und 30 % für die qualitativen Ziele. Mit diesen drei Komponenten werden auch grundsätzliche Elemente des Korpsgeistes[1] eines Engineering- und Service Design-Hauses materiell wirksam verankert.

Der Firmenwagen – ein deutsches Thema

Die leidenschaftliche Fixierung auf das Thema „Auto" ist ein deutsches Phänomen. Wohlwollende ausländische Geschäftspartner erklären dieses Phänomen damit, dass in Deutschland so viele schöne Autos gebaut werden und dass Deutschland wohl immer noch ein sehr reiches Land ist.

Gerade auch in der IT-Branche ist das Auto zuerst Statussymbol und dann Arbeitsmittel. In der Modellpolitik hallen unübersehbar die „Goldenen Neunziger" nach. Immer noch verbreitet ist die Diskussion, dass ein bestimmter Verkäufer nicht mehr motiviert sein wird, wenn er nicht im neuen Jahr einen großen Mercedes/BMW erhält. In Krisensituationen sind Mitarbeiter eher bereit, deutliche Gehaltseinbußen hinzunehmen, als einen kleineren Wagen zu akzeptieren. Diese hohe Emotionalität prallt auf die Tatsache, dass auch der Fuhrpark durch die Wertschöpfung beim Kunden verdient werden muss. Was kann getan werden, um diese hohe Emotionalität mit den veränderten Zeiten in Übereinstimmung zu bringen?

Eine gute Lösung für Vernunft und Emotion ist, die Monatsrate, die die Firma übernimmt, auf das notwendige Maß von Standardfahrzeugen zu beschränken, aber Standarderweiterungen durch persönliche Zuzahlungen der Mitarbeiter zu ermöglichen. Nicht „verhandelbar" dürfen jedoch die gesetzten Rahmenbedingungen sein. Hierzu gehören die festgelegte Typenliste oder zum Beispiel die Beschränkung der „Upgrade"-Möglichkeit auf maximal eine höhere Firmenwagengruppe.[2] Kein lebendes System wird ohne Ausnahmen auskommen, doch die müssen für den Mitarbeiter mit fünf Kindern gelten und nicht für den zwei Meter langen Jung-Verkäufer, der aufgrund seiner Länge einen SUV[3] für angemessen hält.

Kurzum, auch im Fuhrpark muss klar werden, dass die IT-Services ein normales Dienstleistungsgewerbe geworden sind, in dem die Kunden keine Sonderausstattungen bezahlen.

---

1. Mehr dazu in den Kapiteln Organisation (Seite 107 ff.) und Kultur (Seite 119 ff.).
2. Firmenwagenrichtlinien sehen in der Regel verschiedene Fahrzeuggruppen vor. Diese Gruppen gelten für einzelne Mitarbeiter-Ebenen, so zum Beispiel eine Gruppe für Account Manager und eine Gruppe für Key Account Manager.
3. Steht für Sport Utility Vehicle, eine Kategorie von hochrädrigen Autos, die entgegen ihrem Anschein nicht geländetauglich sind.

Fazit

Das Vergütungssystem muss Lust auf Leistung ohne Grenzen machen und die Wertschöpfung jedes Einzelnen so direkt wie möglich honorieren. Doch Vorsicht. Das Thema Vergütung darf nicht zum alles bestimmenden Thema werden. Veränderungen am Vergütungssystem müssen deshalb sorgsam vorbereitet und entschlossen umgesetzt werden.

3.7 Fokussierte Beschaffung und Partnerschaftsnetze

„You have to figure out what is core and what is context."
P. Korhonen

Auch die Beschaffung gehört zu den wesentlichen Stellschrauben, die ein IT-Service-Unternehmen erfolgreich anders macht. Dabei geht es weniger um den klassischen Einkauf, auch wenn Themen wie das Leasing der IT-Ausstattung oder wie Rahmenvereinbarungen für die Telekommunikation erhebliche positive Auswirkungen auf Bilanz und Ergebnisrechnung haben können. Die wichtigste Frage für die Beschaffung eines IT-Service-Unternehmens ist, wie die jeweils besten Kapazitäten für Produktentwicklung, Akquise und Projektarbeit rechtzeitig und wirtschaftlich bereitgestellt werden können und wie jegliche Beliebigkeit vermieden wird. Damit gehören zur Beschaffung von IT-Service-Unternehmen:

- Make or Buy-Entscheidungen hinsichtlich Können und Kapazität
- Entscheidungen zum Fokus in den Technologiepartnerschaften
- die Auswahl und der Aufbau von Servicepartnerschaften
- die interne Besetzung von Projekten auf Basis einer Skill-Datenbank

Make or Buy-Entscheidungen hinsichtlich Können und Kapazität
IT-Service-Unternehmen machen häufig den Fehler, über jegliches Können und jegliche Kapazität im eigenen Haus verfügen zu wollen. Sie übersehen dabei, dass ihr Kunde sie nicht dafür bezahlt, ein Bauchladen zu sein, sondern dafür, dass sie außerordentlich guten Service leisten und dass sie Projekte exzellent führen. Deshalb sind IT-Service-Unternehmen gut beraten, sich intern auf den Aufbau und die Entwicklung von Spitzenkönnen in ihren Kernbereichen zu fokussieren und den Rest zuzukaufen. Auch Lastspitzen werden eher zugekauft als die entsprechende Kapazität vorzuhalten, wobei durch Mehrfachqualifikationen von Engineers das Problem fehlender Ressourcen in den Kernbereichen erheblich gemildert werden kann.

Der Fokus auf Spitzenkönnen in Technologie und Projektführung macht IT-Service-Unternehmen nicht nur schlanker, er ist auch ein Schutz gegen eine Aufweichung des Unternehmensprofils in die Richtung von Beliebigkeit. Dieser Fokus erfordert aber auch Spitzenkönnen in der Beschaffung von zugekauften Diensten, damit nicht eine offene Flanke hinsichtlich Qualität und Kapazität entsteht.

Wie entscheiden IT-Service-Unternehmen, was unerlässliches Können ist und was nicht? Zum einen legen die Produktentwicklungsteams mit ihren Produktplanungen fest (siehe Seite 49), welches technologische und beraterische Können in den nächsten ein bis zwei Jahren unabdingbar ist, wie zum Beispiel zertifiziertes ITIL-Wissen oder Siebel-Customizing. Auf diesen Feldern will das Unternehmen marktführend sein. Zum anderen ist unerlässliches Können, was die Qualitäts-, Prozess- und Projekthoheit des Unternehmens gewährleistet, also zum Beispiel das Führen von Kundenmeetings, das Vertragsmanagement und die Projektleitung. Nie darf ein Kunde den Eindruck gewinnen, dass die von ihm beauftragte Dienstleistung letztendlich von der Fähigkeit und Qualität dritter Parteien abhängt, mit denen er kein Vertragsverhältnis eingegangen ist. Es gibt für einen Dienstleister kaum eine wirkungsvollere Methode, einem Kunden deutlich zu machen, dass er überflüssig geworden ist.

Entscheidungen zum Fokus in den Technologiepartnerschaften

Die Entscheidung über Technologiepartnerschaften wird traditionell der Unternehmensstrategie und nicht der Beschaffung zugeordnet. IT-Service-Unternehmen sind jedoch keine verlängerten Werkbänke von Technologieherstellern, sondern Ingenieursfirmen, die für ihre Kunden IT-Architekturen entwerfen, aufbauen und betreiben. Technologien sind hierfür Rohstoffe und nicht der eigentliche Zweck.

Auch bei den Technologiepartnerschaften gilt es, den Bauchladen zu vermeiden und Entscheidungen über A-Partnerschaften für Hardware und Software zu treffen. Kein IT-Service-Unternehmen kann jedes Produkt brillant beherrschen, seien es Zertifizierungen für jede Storage-Plattform oder Zulassungen für jede mittelstandsgeeignete ERP-Lösung. IT-Service-Unternehmen sollten sich konsequent auf die Technologiemarktführer in den jeweiligen Segmenten ausrichten, so die zwei führenden Storagelieferanten, der Marktführer im Datenbankmarkt oder der Platzhirsch für ERP-Systeme. Mit diesem konsequenten Ansatz wird ein Unternehmen zwar Geschäft verlieren, aber dies wird nur „me-too"-Geschäft sein.

IT-Service-Unternehmen mit Schwerpunkt auf den gehobenen Mittelstand und auf Großunternehmen sind deshalb gut beraten, in der IT-Infrastruktur Entscheidungen für ein bis zwei A-Partner aus dem Kreise einer IBM, HP, FSC, EMC und weniger anderer zu treffen. Bei den Datenbanken führt kein Weg an Oracle vorbei, während im Applikationsumfeld SAP gesetzt ist. Bei diesen Entscheidungen ist kein Platz für einen technologischen Fundamentalismus. Jene Technologien müssen ausgewählt werden, die die meisten Kunden erreichen und die breiteste Perspektive haben.

Große Vorsicht gebietet der Weg, auf eine exotische Technologie zu setzen, sei es der schnellste Blade-PC oder das einfachste ERP-System von einem Nischenanbieter. Gewiss schafft eine solche Entscheidung „Alleinstellungsmerkmale". Auch kann sich das Unternehmen sicher sein, eine intensive Unterstützung durch den hocherfreuten Anbieter zu erhalten. Aber diese Alleinstellung wird den Markt kaum interessieren. Das Unternehmen läuft Gefahr, vorrangig über eine Technologie und nicht über seine Architekturkompetenz wahrgenommen zu werden. Wertvolle Energien werden in die Eroberung einer Nische verpulvert.

Entstehen in einer Projektsituation technologische Lücken, zum Beispiel weil ein Kunde eine spezielle Storage-Plattform im Einsatz hat, dann muss das Know How zugekauft werden. Hängt der Gewinn eines Projektes vom Beherrschen eines bestimmten exotischen Routers ab, dann wird mit der falschen Botschaft akquiriert! Es muss in diesem Falle vielmehr gelingen, den Kunden zu überzeugen, nicht in den Dimensionen konkreten Bleches zu denken, sondern die unternehmerische Funktion seiner IT im Blick zu behalten – Prozess- und Datenverfügung, Kosten, Sicherheit.

Auswahl und Aufbau von Servicepartnerschaften

Fokus im eigenen Können wird nur dann zu einem Erfolgskonzept, wenn das IT-Service-Unternehmen zusätzliche Bedarfe verlässlich mit zugekauften Fachkräften bedienen kann. Das Unternehmen muss deshalb stabile, vertrauensvolle Beziehungen mit externen Servicepartnern aufbauen und bewahren. Solche Servicepartner sind zum Beispiel die immer reifer werdenden Personaldienstleister. Es können aber auch IT-Service-Unternehmen mit ergänzenden Schwerpunkten sein, so zum Beispiel ein Infrastruktur-Unternehmen, das mit einem SAP-Berater kooperiert.

Worauf kommt es bei Servicepartnerschaften vor allem an?

- Ein Servicepartner muss benötigtes Können in Qualität und Kapazität im Rahmen der vereinbarten Vorlaufzeiten verlässlich bereitstellen. Entsprechend verfügt der Partner über ein großes Netzwerk qualifizierter Freelancer oder über ausreichende interne Kapazitäten. Sein Ressourcenmanagement funktioniert ohne Ausfälle.

- Die Servicestandards des Dienstleisters werden auch durch seine Servicepartner erfüllt. Für den Endkunden dürfen keine negativen Unterschiede hinsichtlich Know How und Freundlichkeit spürbar sein.

- Der Servicepartner fügt sich nahtlos in die Abläufe des Dienstleisters ein, seien es verwendete Arbeitsmittel wie Reportformulare und Help Desk-Tools oder Routinen zur Qualitätssicherung wie mehrfache Funktionstests vor einer Softwaremodul-Freigabe. Ein Muss ist auch die elektronische Verknüpfung von Informationsflüssen, um die Prozesstransparenz zu bewahren und um Doppelerfassungen zu vermeiden. So müssen Außendiensttechniker, die im Auftrage eines Dienstleisters PC-Reparaturen vornehmen, die Call-Stati elektronisch aktualisieren.

- Verlässlichkeit: Der Dienstleister kann sich auf seinen Partner hundertprozentig hinsichtlich dessen Wettbewerbsverhaltens verlassen. Weder darf der Servicepartner Informationen über die Geschäftspraxis des Dienstleisters an Andere weitergeben, noch darf er bei Kunden des Dienstleisters ohne Erlaubnis selbst akquirieren.

- Der Servicepartner entwickelt sich dynamisch mit dem Dienstleister mit. Er kooperiert bei der Entwicklung von Serviceprodukten und erweitert sein Skillprofil entsprechend den veränderten Anforderungen des Dienstleisters.

- Der Servicepartner passt auch hinsichtlich seiner gelebten Werte und seiner Verhaltensweisen zu dem eigenen Unternehmen.

Ein reines Preisdrücken hilft nicht beim Aufbau von stabilen, verlässlichen Beziehungen mit externen Servicepartnern. Im Gegenteil: Der „Lopez-Effekt" billiger Einkäufe kann durch nachhaltige Rufschäden und Kundenverluste bezahlt werden. Auch gibt es bei Dienstleistungen keine „Rückrufaktionen". Ein bis zwei Prozent Preisoptimierung ersetzen keine stabile Servicepartnerschaft. Um so mehr, wenn auch die erheblichen Skalierungseffekte aus solchen Partnerschaften berücksichtigt werden.

Stabile Servicepartnerschaften vervielfachen die einsetzbaren Kapazitäten und damit auch die Projektreichweite eines Unternehmens. Richtig gespielt, ermöglichen solche Partnerschaften somit einem IT-Service-Unternehmen das Mitspielen in höheren Kampfklassen ohne deren Fixkosten! So ermöglichen Servicepartnerschaften das Angebot einer Feldorganisation für landesweite Repairservices, ohne eine mehrere hundert Mann starke Technikerorganisation aufbauen zu müssen. Ein SAP-Beratungshaus ist in der Lage, mit 20 bis 25 eigenen Top-Leuten erfolgreich ein SAP-Großprojekt zu führen, das ein 150 Mann-Team einschließlich von Rechnungswesen-Experten für Großbritannien und Spanien erfordert. Internationale Partner ermöglichen es, einen europaweiten Server-Roll Out zu stemmen. Mit richtig eingesetzten Servicepartnerschaften bleiben Großprojekte nicht den „Großkampfschiffen" vorbehalten!

Der sich entwickelnde Offshoring-Markt (siehe Seite 150) bringt zusätzliche, internationale Möglichkeiten für Servicepartnerschaften.

Interne Besetzung von Projekten auf Basis einer Skill- und Projektdatenbank

Das intern vorhandene Können ist bereits bei Organisationen mit wenigen Dutzend Experten kaum noch transparent. Dies betrifft Projekt- und Kundenerfahrungen, oft aber auch Zertifizierungsstände. Skill- und Projektdatenbanken, die diese Transparenz schaffen, sind ein „ausgeleiertes Thema", dies aber nur, weil meistens die Ausdauer und die Entschlossenheit fehlen, diese Datenbanken wirklich „zum Fliegen" zu bringen.

Die Vorteile von Skill- und Projektdatenbanken sind unbestritten: Die bestmögliche Projektbesetzung sorgt für Begeisterung beim Kunden und verringert die Projektrisiken. Lösungen und Projektmethodiken müssen nicht neu erfunden werden. Aber die Umsetzung von Skill- und Projektdatenbanken gilt als extrem mühsam und aufwendig. Die Qualitätssicherung für die Datenbanken erscheint insbesondere dann als lästige Aufgabe, wenn gerade dutzende Akquise- und Projektschlachten parallel geschlagen werden müssen – und das ist meistens der Fall.

Eine verlässliche Qualität der Datenbankinhalte setzt voraus, dass der Pflegestand der Datenbank zu einem zentralen Evaluierungskriterium insbesondere für Engineers, Projekt- und Teamleiter wird: Nur wer selber seine Daten zeitnah pflegt oder dafür sorgt, dass seine Mitarbeiter die Daten zeitnah pflegen, kann auch die nächste Stufe in der beruflichen Entwicklung erklimmen. Kein Projektabschluss ohne vollständige Pflege der Daten. Die Datenbankpflege muss Bestandteil der laufenden Routine werden.

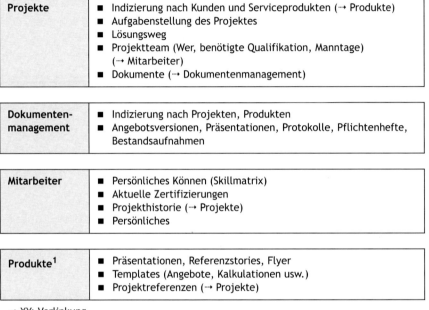

⤳ XY: Verlinkung

Bild 3-9 Checkliste Skill- und Projektdatenbank

Eine eingelöste Pflegepflicht reicht jedoch noch nicht aus: Soll der Inhalt der Datenbanken wirklich brauchbar sein, dann muss die Begeisterung der Mitarbeiter geweckt werden. Das gelingt, wenn die Sorge der Spezialisten, dass ihre Erfolgsgeheimnisse offen gelegt werden, dem Gefühl der großen Chance weicht, für die tollsten Projekten „gestafft" zu werden und unternehmensweit als Leistungsträger hervorzutreten. Haben Mitarbeiter erkannt, dass die Skill- und Projektdatenbank ein Karriere-Beschleuniger ist, wie zum Beispiel bei dem Ölexplorationsunternehmen Schlumberger [8], dann wird die Pflicht zum inneren Antrieb.

Was muss die Skill- und Projektdatenbank nun enthalten? In sie gehören prägnante Projektbeschreibungen mit Indizierungen nach Kunden und Serviceprodukten. Die Projektbeschreibungen beinhalten die Aufgabenstellung des Projektes, den Lösungsweg, das Projektteam, die notwendigen Qualifikatio-

---

1. Siehe auch Seite 43

nen und die benötigten Manntage. Hinzu kommt eine Verlinkung auf ein Dokumentenmanagementsystem. In diesem sind wesentliche Projektdokumente wie Angebotsversionen, Präsentationen, Protokolle, Pflichtenhefte etc. hinterlegt. Für die Mitarbeiter sind in der Skilldatenbank die aktuellen Zertifizierungen und die Skillmatrix eingepflegt. Jeder Mitarbeiter trägt in diese Datenbank zudem seine Projekthistorie, seine dabei übernommenen Tätigkeiten und seine Führungsaufgaben ein. Der persönliche Teil der Datenbank sollte auch für das interne Networking unter den Mitarbeitern nutzbar sein. Persönliche Fotos, Hobbies und eigene Kommentare und Hyperlinks sollten erfassbar sein. Die Skilldatenbank wird zum persönlichen Aushängeschild im Unternehmen.

Fazit

IT-Service-Unternehmen müssen Beschaffung als das Werkzeug begreifen, das das interne Können und die interne Kapazität ihres Unternehmens auf jene Bereiche konzentriert, in denen eine marktführende Stellung erreicht werden soll. Fokus gilt auch bei der Wahl der A-Technologiepartnerschaften. Diese dürfen das Unternehmen nicht zur verlängerten Werkbank von Technologielieferanten machen, sondern sollen seine Kompetenz in den jeweils marktführenden Plattformen sichern.

Servicepartnerschaften erlauben einem IT-Service-Unternehmen nicht nur schlank und fokussiert zu bleiben, sondern auch seine Projektreichweite zu vervielfachen und etwaige Größennachteile weitgehend auszugleichen. Die Beschaffung wird vervollständigt durch die bestmögliche interne Besetzung von Projekten, was ohne eine reich gefüllte Skill- und Projektdatenbanken nicht geht.

All die bisher besprochenen Themen von der Produktentwicklung über Vertrieb, Marketing, Personal bis zur Beschaffung brauchen einen organisatorischen Rahmen, der diese vielfältigen Aktivitäten zusammenhält, ohne ihnen die Dynamik zu nehmen.

3.8 Organisation: Regionen, Kunden, Projekte, Produkte und Basiswissen

„Revolutionaries exist in every company." Gary Hamel

Zwei Fragen am Anfang

Für die Entwicklung eines Unternehmens ist die eigene Organisation oft eines der größten Hemmnisse. Bereiche rangeln um Kunden und um Kompetenzen. Mitarbeiter stoßen an Grenzen ihrer internen Entwicklungsmöglichkeiten. Entscheidungssituationen werden in Abstimmungsrunden zerredet und ausgesessen. Dieses geschieht ohne bösen Willen und mit der besten Absicht, keine Fehler zu machen und die Kontrolle zu behalten. Eine stabile und doch lebendige IT-Service-Organisation setzt die Klärung zweier Fragen voraus: Auf was richte ich die Organisation aus? Wie fördert die Organisation Wachstum ohne Erstarrung?

Auf was richte ich die Organisation aus?

Die Organisation von IT-Service-Unternehmen richtet sich nach ihren Kunden und nach ihren Kompetenzen aus. Dass der Kunde im Mittelpunkt steht, darf nicht nur ein Lippenbekenntnis bleiben, sondern muss die Organisation tiefgreifend prägen. Gleichzeitig dürfen innerhalb des Unternehmens keine strukturellen Hindernisse für die Entwicklung von Können und Wissen bestehen.

Organisation nach Regionen und nach Topkunden. Eine Organisation nach Kunden macht die Region zur zentralen Einheit eines IT-Service-Unternehmens. Regionalität ist ein Faktor, der nicht ignoriert werden darf: Kunden erwarten Ansprechpartner aus ihrer Umgebung, mit ihrer „Landsmannschaft" und Sprache. Wenn Sie Köln aus Düsseldorf bedienen wollen, oder Karlsruhe aus Stuttgart oder Bielefeld aus Hannover, dann müssen Sie mit Reibungsverlusten leben, die ein am Standort ansässiger Wettbewerber nicht hat. Wesentliche rationale Beweggründe für dieses Kundenverhalten sind der Wunsch nach schnellem Zugriff auf den Servicepartner und eine höhere Verbindlichkeit des Servicepartners durch dessen Einbindung in das gleiche regionale Netzwerk. Genau diese regionale Vernetzung hilft auch dem IT-Service-Unternehmen, Kundenzugänge und Grundvertrauen zu erwerben. Auch ist die Geographie ein nicht zu vernachlässigender Faktor: Fahrtzeiten zum Kunden beeinflussen nicht nur die Wirtschaftlichkeit von Technikereinsätzen, sie beeinflussen auch die Besuchsfrequenz und die Präsenz des Vertriebes beim Kunden.

Regionen eines Unternehmens orientieren sich an den gewachsenen Wirtschaftsräumen und wählen ihren Sitz möglichst im Zentrum dieses Wirtschaftsraumes. Je Standort ist ein Umkreis von 100 bis 200 Kilometern effektiv bedienbar. Notwendige kritische Massen führen dazu, dass IT-Service-Anbieter mit einem Fokus auf den gehobenen Mittelstand und auf Großkunden um ca. 15 bis 20 Ballungsräume in Deutschland konkurrieren.

Innerhalb der Region sind die Zielkunden den regionalen Account Managern sowie den Projekt- und Teamleitern der Serviceorganisation direkt zugeordnet. Vertriebs- und Regionsleiter sind zudem persönliche Ansprechpartner für die A-Kunden der Region. Zur Region gehören alle Servicekapazitäten, die in der Region stabil auslastbar sind. Dies sind Onsite-Mitarbeiter, die dauerhaft bei Kunden im Einsatz sind, und Engineeringteams. Die Engineeringteams sind in der Lage, alle wesentlichen Serviceprodukte selbständig zu erbringen.

Ausnahmen von der regionalen Organisation sind Topkundenteams und gegebenenfalls Branchenteams. Dedizierte **Topkundenteams** machen Sinn, wenn die Betreuung und Durchdringung eines Kunden auf Dauer ein eigenständiges Team erfordert. Mit einem solchen Kunden werden stabil mehrere Millionen Euro Jahresumsatz realisiert. Der Kunde ist in der Regel deutschlandweit und oft auch international präsent. Das Kundenszenario umfasst deshalb häufig eine Vielzahl von Leistungsorten, seien es Tochterunternehmen, Niederlassungen, Rechenzentren oder Außendienststützpunkte. Für die Kundenentwicklung werden mehrere Vertriebsmitarbeiter benötigt. Eine nennenswerte Servicemannschaft ist ständig, auch namentlich, beim Kunden gebunden. Und nicht zuletzt: Beim Start des Kundenteams sind die Potentiale des Kunden bei weitem noch nicht ausgeschöpft. Das Topkundenteam wird von einem eigenen Vertriebsleiter geführt und kann einer Region zugeordnet oder als eigener Bereich verselbständigt sein (siehe Seite 115 ff.).

Branchenteams entwickeln und betreuen überregional die Kunden einer Branche oder einer Industrie, wie zum Beispiel Finanzdienstleistungen, öffentlicher Dienst oder Handel. Die Argumentation für Branchenteams ist, dass eine intime Branchenkenntnis für die Akquise und Kundendurchdringung entscheidend ist. Die Kunden werden besser verstanden, die eigene Manschaft hat den richtigen „Stallgeruch". Referenzen und Netzwerk sorgen zudem für wachsendes Vertrauen in der Branche.

Branchenteams sind sinnvoll, wenn das branchenspezifische Wissen eindeutig der Dealbringer ist. Das gilt oft im Applikationsbereich, wie zum Beispiel bei Warenwirtschaftssystemen für Handelsketten. Jedoch auch bei Branchenteams muss die kritische Masse erreicht sein. Die Branche muss mindestens drei bis vier Verkäufer mit der unternehmensüblichen Rendite ernähren. Auch muss die Akquise- und Betreuungsökonomie stimmen: Pauschale Zuordnungen aller Kunden einer Branche zu diesem Team sind zu vermeiden. Branchenteams lohnen sich in der Regel nur bei großen Kunden, wie zum Beispiel für die Top 10 Energieversorger Deutschlands, nicht aber für die weit über hundert Stadtwerke. Zu groß ist die Gefahr, dass dann die B-Kunden links liegen bleiben, selbst wenn sie ihren Firmensitz gegenüber der nächsten regionalen Niederlassung haben. Das Branchenteam wird einen Großteil seiner Engineeringkapazität in den jeweiligen Regionen „zukaufen", um

Unterauslastungen zu vermeiden und um den Reiseaufwand bezahlbar zu halten. Werden diese Voraussetzungen für ein eigenständiges Branchenteam nicht erfüllt, dann können Branchenthemen über eine Gruppe von engagierten Key Account Managern und Servicemanagern aufgearbeitet werden.

Organisation in Regionen – für und wider und warum doch. Gegen eine Regionalorganisation gibt es gewichtige Einwände, die durch praktische Erfahrungen belegt sind:

- Regionen bergen in sich die Gefahr, dass „Fürstentümer" im Unternehmen entstehen: Regionen sehen nur noch die eigenen Kunden. Es gibt nur einen geringen Austausch mit anderen Regionen und mit der Zentrale. Die Region wird zu einer verschworenen Gemeinschaft, die auch bei überregionalen Firmenveranstaltungen immer nur zusammen sitzt.
- Die Abschottung führt zu Ineffizienzen im Ressourceneinsatz: Während Engineers mit vergleichbaren Skills in der einen Region unterausgelastet sind, fährt eine andere Region seine Engineeringkapazität an der Lastspitze. Projekterfahrungen sind nicht bekannt, weil die Pflege der Datenbanken nicht mit dem notwendigen Nachdruck verfolgt wird.
- Es gibt keinen einheitlichen Auftritt am Markt, weil in den Regionen unterschiedliche vertriebliche Konzepte mit abweichenden Kundenschwerpunkten umgesetzt werden und unterschiedliche Produktangebote „wachsen".

Die oft praktizierte Alternative zur Regionalisierung ist die strikte Trennung von Services und Vertrieb sowie eine straffe Top Down-Führung beider Bereiche. Dieses Konzept hat jedoch vier existentielle Nachteile: Es führt

- zu einem Verlust an Kundenorientierung und -nähe, da das Unternehmen unverbindlicher, anonymer wird. Das Einhalten zentraler Vorgaben wird wichtiger als die langfristige Kundendurchdringung;
- zu einem Verlust an Entwicklungsräumen für Mitarbeiter, da diese sich in einer „großen Maschine" wiederfinden;
- zu einer erschwerten Mitarbeiterführung, da operative Vorgesetzte oft nicht vor Ort sind;
- zur funktionalen Silobildung, da die Menschen in parallelen funktionalen Strukturen mit jeweils starken Eigensichten und -interessen agieren.

Eine Organisation nach Regionen beziehungsweise nach Topkunden sorgt hingegen dafür, dass Vertrieb und Leistungserbringung weitgehend in einer gemeinsamen Verantwortung vor Ort stattfinden. Funktionsübergreifende regionale Teams arbeiten langfristig an einer umfassenden Kundendurchdringung. Die Vertriebsmannschaft ist nicht von der laufenden zentralen Priorisierung für den Engineereinsatz abhängig. Die Auslastung der Servicemannschaft hängt nicht vom guten Willen der Verkäufer ab, da ein Regionsleiter auch in der Ergebnisverantwortung für den Einsatz der Engineers steht.

Kurzum, frei nach dem Churchill'schen Diktum[1] ist eine regionale Frontorganisation die schlechteste aller Strukturen, abgesehen von den anderen, die immer wieder ausprobiert werden. Wie bändigen Sie also die möglichen Auswüchse einer Organisation nach Regionen und Kunden?

Organisation nach Kompetenzen. Das IT-Service-Unternehmen braucht auch eine Organisation nach Kompetenzen, die den „Unternehmer vor Ort" nicht in Frage stellt, aber den unternehmerischen Zusammenhalt gewährleistet und dafür sorgt, dass jede regionale Einheit wesentlich mehr leisten kann als ein vergleichbarer regionaler oder nationaler Wettbewerber. Zu dieser Organisation nach Kompetenzen gehören:

- die im Kapitel Forschung und Entwicklung auf Seite 49 präsentierten Produktteams,

- zentrale Servicebereiche für die Themen, die mit erheblichen wirtschaftlichen Vorteilen überregional erbracht werden können, wie ein Rechenzentrum oder ein Help Desk,

- zentrale Servicebereiche für besondere Serviceprodukte, bei denen regionale kritische Massen (noch) nicht vorhanden sind und bei denen Kunden auch Fernreisen bezahlen, wie zum Beispiel ein Team „Identity Management" und

- „Basisdienste" wie das Wissensmanagement, das Ressourcenmanagement, aber auch Personal und Marketing.

Diese unternehmensweiten Teams und Bereiche setzen Standards und Vorgaben für Serviceprodukte und für den Ressourceneinsatz. Ihre Leistungen sind verbindlich und können nicht übergangen werden. Gleichzeitig sind diese Teams und Bereiche aber keine hoheitlichen Organe, sondern interne Dienstleister mit klaren Service Level-Verpflichtungen. Die Mitarbeiter dieser zentralen Servicebereiche haben verinnerlicht, dass es am Ende immer um gemeinsame überragende Leistungen für den Kunden geht.

Was sind nun die Hauptaufgaben dieser unternehmensweiten Teams?

Die **Produktteams** entwerfen die Serviceprodukte des Unternehmens. Die Regionen stehen in der Pflicht, diese Produkte vertrieblich und inhaltlich zu beherrschen und mit Nachdruck zu verkaufen. Weiterhin haben die Produktteams das Recht, die jeweils besten Mitarbeiter in ihre Teams zu berufen. Genau diese Berufung gibt diesen Teams ihre Legitimität, Produktvorgaben zu machen.

---

1. „Democracy is the worst form of government, except for all those other forms that have been tried from time to time." (Churchill from a House of Commons speech on Nov. 11, 1947)

Zentrale Servicebereiche, die **überregionale Supportfunktionen** für das Geschäft, wie zum Beispiel das Help Desk, das Repairmanagement oder die Feldorganisation erbringen, haben für ihre Leistungen das interne „Leistungsmonopol". Sie müssen sich jedoch dafür straffen Service Level stellen, die mindestens dem Marktniveau entsprechen. Behördliches Agieren ist tabu.

> **„Die Zentrale und die Front"**
>
> „Die Zentrale und die Front" ist ein Standardstück nahezu jeder überregionalen Organisation. Die regionalen Einheiten fühlen sich gegängelt und meinen, dass in der Zentrale das Geld verbrannt wird, das sie mühsam im Schweiße ihres Angesichtes verdient haben. Im weiteren sind die zentralen Leistungen viel zu teuer. Die Mitarbeiter der Zentrale sind viel zu bürokratisch und haben nicht begriffen, dass „draußen" das Geld verdient wird. Die Zentrale blickt auf die regionalen Einheiten mit steter Sorge, was denn dort als nächstes falsch gemacht wird. Reports kommen immer zu spät, Bestellformulare sind schlampig ausgefüllt und immer wieder wird vor Ort versucht, halsbrecherische Kundenverträge abzuschließen. Läuft etwas schief – ein Kunde hat eine falsche Ware erhalten – dann geben sich Zentrale und Regionen mit Verve gegenseitig die Schuld. Eskalationsmails füllen nach der x-ten Entgegnung und Weiterleitung zehn bis zwanzig Seiten, ohne dass sich etwas verbessert hätte.
>
> Mitunter stecken hinter solchen Eskalationen tiefere Konflikte. Das zentrale Backoffice bündelt Aufgaben wie zum Beispiel den Einkauf, um diese Aufgaben in Summe effizienter zu erfüllen. Grundsätzlich können diese Aufgaben aber auch regional erbracht werden. Mitarbeiter in den Regionen sehen diese Verlagerung als Kompetenzverlust und als unnötige Abhängigkeit von der Zentrale.
>
> Das Management macht oft den Fehler, die Zusammenarbeit zwischen regionaler Organisation und den unternehmensweiten Bereichen sich selbst zu überlassen und interne Reibereien als Kleinkram abzutun. Dies ist gefährlich, weil hier schnell absolut unnötige Gräben aufgerissen werden und tiefe persönliche Verletzungen entstehen.
>
> Was muss das Management tun? Das Management muss Zeichen setzen: Zum einem, indem es aktiv auf die Einhaltung der gesetzten Spielregeln achtet. Das Management darf niemals Zweifel aufkommen lassen, dass es hinter diesen Regeln steht. Besonders wichtig ist hier die klare Position der Regionsleiter und der Teamleiter vor Ort. Weder in der Region noch im zentralen Backoffice dürfen „Meckerer" und Schlecht-Macher toleriert werden. Zum anderen hält das Management persönlich der Beseitigung von internen Serviceproblemen nach. So darf es nicht geschehen, dass ein Regionsleiter ständig den „Deckel" auf dem Unmut seines Vertriebsinnendienstes hält, weil Bestellungen viel zu langsam abgearbeitet werden, der Missstand aber nicht behoben wird.
>
> Schließlich muss das Management für das „Wir-Gefühl" werben. Wenn das „Wir-Gefühl" das Leben des Unternehmens bestimmt, dann führen Fehler nicht zu gegenseitigen Schuldzuweisungen und Aufgabenteilungen nicht zu Misstrauen.

Jene zentralen Servicebereiche, die **eigenständige Serviceprodukte** wie RZ-Outsourcing oder Systemmanagement anbieten, haben das Recht zur direkten Kundenansprache. Die Team- und Projektleiter müssen sich hierzu mit den zuständigen Accountmanagern abstimmen, dürfen aber nicht an der Kundenansprache gehindert werden. Diese oftmals „teuren" Teams entgehen so dem Schicksal, als halbherzig genutzte Presales-Ressource zu vegetieren. Sie können sich aber auch nicht mehr mit einer fehlenden „Vertriebspower" seitens der Regionen herausreden. Zentrale Servicebereiche mit eigenen Serviceprodukten sind oft für Topthemen wie zum Beispiel das Identity Management oder für den Eintritt in völlig neue Themenbereiche wie zum Beispiel der Enterprise Application Integration (EAI) zuständig. Inwiefern es gelingt, diese Bereiche zum Blühen und Gedeihen zu bringen, ist ein untrüglicher Praxistest, ob ein Unternehmen innovationsfähig ist.

Bewährt hat sich eine kostendeckende **Verrechnung der Leistungen zentraler Servicebereiche** an die Regionen. Damit wird der Profit in den Regionen realisiert, was einen erheblichen Anreiz für die Regionen darstellt, diese Leistungen mit Schwung zu vermarkten. Die Ergebnisvorgabe für die zentralen Servicebereiche ist die Kostendeckung. Aufgrund der Akquisepflicht für zentrale Teams mit eigenen Serviceprodukten wird auch die ewige Diskussion über die Presalesaufwendungen deutlich vereinfacht: Handeln die zentralen Bereiche aus eigenen Antrieb, so tragen sie die Kosten selber. Werden sie angefordert, gilt der interne Verrechnungssatz.

Der Bereich **Wissensmanagement** ist ein kleines zentrales Team von maximal ein bis drei Mitarbeitern. Die weitere notwendige Kapazität für die Wissensarbeit kommt von Mitstreitern aus der Frontorganisation, insbesondere von den Spezialisten der Servicemannschaft. Das Team ist direkt dem Service-Geschäftsführer oder dem Serviceleiter des Unternehmens unterstellt. Aufgabe des Bereiches Wissensmanagement ist es, die Entwicklung und Pflege der verschiedenen Wissensbasen, sei es für Produkte, Projekte oder Skills, zu koordinieren. Das kleine Team ist der Motor und das Rückrat des internen Wissensmanagements. Es sorgt für Datenbankkonsistenz, Berechtigungen und Vollständigkeit.

Das „Wissens-Team" hat gegenüber den Spezialisten, Projektleitern, Teamleitern und Vertriebsleitern einen Anspruch auf zeitnahe und vollständige Datenpflege. Das Team arbeitet jedoch nicht mit Druck und geborgter Autorität, sondern stellt die Vorteile konsistenter Datenbanken heraus und hilft gerne bei der Benutzung der Datenbanken. Anregungen zur Vereinfachung nimmt das Team dankbar auf und setzt diese gerne um. Auch unterstützt das Team, wann immer zeitlich möglich, bei Recherchen. Die Mitarbeiter sind mit den Spezialisten, Projektmanagern und Servicemanagern ihres Unternehmens gut vernetzt und als einer der ihren anerkannt.

Beim **zentralen Ressourcenmanagement** laufen sowohl die externe wie die interne Projektbesetzung zusammen. Das Team ist gleichfalls direkt dem Service-Geschäftsführer zugeordnet und ist die Ansprechstelle für Projektbesetzungen mit Ressourcen, die nicht zum eigenen Team oder zur eigenen Region gehören. Die Beschaffung externer Ressourcen erfolgt stets über das Ressourcenmanagement. Direktabsprachen zwischen Teamleitern zum gegenseitigen Einsatz von Mitarbeitern sind in Ordnung. Das zentrale Ressourcenmanagement soll sich auf die Bedarfe konzentrieren, bei denen die Teamleiter keine Lösung finden. Aufgrund der Nähe der Thematiken ist es sinnvoll, beim Ressourcenmanagement auch die Pflege des Ressourcenplanungssystems sowie die Steuerung der Service-Zertifizierungen anzusiedeln.

Das Ressourcenmanagement entwickelt intensive Beziehungen mit externen Servicepartnern und ist auch ein sehr guter Netzwerker mit den Projekt- und Teamleitern. Die Ressourcenmanager sind extrem serviceorientiert und belastbar. Projektbesetzungen müssen oftmals trotz besten Bemühens um einen Vorlauf dringend und eilig erfolgen.

Die überregionalen Teams sorgen dafür, dass das Unternehmen mehr leisten kann als die Summe von 10 bis 20 regionalen Einheiten. Dafür setzen diese Teams konsequent Spielregeln um. Sie wissen aber auch, dass diese Regeln kein Selbstzweck sind, sondern dem gemeinsamen Ziel dienen, immer auf den ersten Platz beim Kunden zu gelangen.

Exkurs: Die „Fallstricke der Größe"

Zu Beginn des Kapitels 3.1[1] wurde das überraschende Ertragsproblem der Mehrzahl der Top-IT-Service-Unternehmen beschrieben. Warum führen die „Hebel der Größe" [9] nicht zu normalen Erträgen?

Eine nähere Betrachtung offenbart, dass die schlechte Ertragslage dieser „Großkampfschiffe" zu einem hohen Grad auf hausgemachten strukturellen Problemen und nicht auf einem schwachen Markt beruht. Denn langsam wachsende Märkte mit großem Preisdruck sind keine Spezialität der IT-Service-Branche.

Vielmehr sind diese Großunternehmen in einem fortwährenden Kampf gegen die eigene überbordende Komplexität verwickelt, der den Markt und die Kunden allzuoft auf hintere Plätze verweist. Was sind die Hauptprobleme?

Fehlende Verantwortung. Trotz Hundertschaften an Projektmanagern und an Kontrolleuren und trotz regalfüllender Regelwerke geraten Großprojekte immer wieder zu einen Desaster. So scheiterte EDS bei einem US-Navy-Projekt und verlor einen Milliardenbetrag [10]. T-Systems gilt als verantwortlich für dreistellige Millionenschäden infolge eines der zentralen Softwareprojekte der Bundesagentur für Arbeit [11]. Erinnern Sie sich noch an das Toll Collect-Desaster?

Das Phänomen ist, dass Probleme zwar offenbar werden, sich jedoch keiner entschlossen der Probleme annimmt. Mitunter werden auftauchende Probleme auch abgewiesen, weil die Organisation nur Erfolge sehen will [12]. Bei einer anderen großen Serviceorganisation, der NASA, trug dies Verhaltensmuster entscheidend zur zweiten Shuttle-Katastrophe bei, bei der das Raumschiff „Columbia" durch einen Riss in seinem Hitzeschutzschild beim Wiedereintritt in die Erdatmosphäre zerstört wurde [13].

---

1. Siehe „Größe garantiert keine hohe Profitabilität" auf Seite 30.

Sie betreten Stammesgebiet. Oftmals sind die Organisationen der „Großkampfschiffe" eher archaische Versammlungen, denn schlagkräftige Teams der besten Profis. „Politische" Gruppierungen und verletzte Eitelkeiten treiben das Handeln. Stammeskämpfe zwischen Bereichen verhindern Zusammenarbeit und Informationsaustausch. Ressourcen werden vorenthalten, Frontlinien über die Führungsebenen hinweg gezogen. Komplexe Matrixorganisationen und Internationalisierung fügen den Stammeskämpfen weitere Dimensionen hinzu.

Gescheiterte, problematische Großakquisitionen. Bei den meisten „Großkampfschiffen" ist die Hauptquelle des Wachstums die Übernahme von Kunden und Spezialisten durch Zukäufe. Mitunter scheint es, dass die Dealstrukturierung und nicht die Führung eines operativen Geschäftes zur Kernbeschäftigung des Managements geworden ist.

Oftmals wachsen dann die Umsätze aber nicht die Erträge. Denn die Organisationen sind zu sehr mit der Abstimmung von Prozessen, mit der Freisetzung von Overhead-Ressourcen und mit der Klärung der Machtverhältnisse beschäftigt. Infolge dessen gehen nicht nur Kunden, sondern auch die „erworbenen" Spezialisten verloren, da diese Menschen die neuen Verhältnisse als abstoßend empfinden.

Die ewige Suche nach dem richtigen Vertriebsmodell. Typisch ist auch die Suche nach dem richtigen Vertriebsmodell und nach dem angemessenen Umgang mit allen Kundengruppen. Die Dienstleister schaffen gesonderte Vertriebsorganisationen für Global Accounts, nationale Großkunden, gehobenen Mittelstand und – teilweise – für Kleinkunden. Um die Zuständigkeit für Kunden wird zwischen Branchenteams, Länder- und Regionalorganisationen sowie Produktteams gerungen. Ein Ergebnis dieses Ringens sind häufige Organisationsanpassungen, die sich jedoch in der Realität oft nicht durchsetzen lassen (Stammesgebiet!). Bei dieser nicht enden wollenden Reise geht allzu oft der Kunde verloren, der sich mit schnell wechselnden Ansprechpartnern und fehlender Wahrnehmung konfrontiert sieht.

Fehlende Agilität. Und der Kunde sieht sich starren und anonymen Prozessen ausgesetzt. „Für Sie können wir unsere Prozesse (leider) nicht anpassen" ist eine Standardfloskel. Dieses Streben nach höchster interner Produktivität führt jedoch dazu, dass die Wertschöpfung für den Kunden auf der Strecke bleibt. Service Design ist in solch einer Umgebung von Anfang an zum Scheitern verurteilt.

Fehlende Agilität trifft die Unternehmen auch, wenn schnelle Veränderungen unvermeidlich geworden sind. Nicht nur, dass sich die vielen Stämme dem Wandel widersetzen. Öfters fehlt es an Klarheit, wo der Hebel anzusetzen ist, so dass schließlich zu groben Maßnahmen gegriffen wird.

Wie fördert die Organisation Wachstum ohne Erstarrung?

Wie kann eine Organisation wachsen und „groß" werden, ohne sich in den „Fallstricken der Größe" zu verfangen? Kehren wir zu unserem IT-Dienstleister zurück:

Seine regionalen Einheiten können mit flachen Hierarchien geführt werden. In der Region sind nur drei Führungsebenen notwendig: Die Verkäufer und Engineers, deren Vertriebs- und Teamleiter und der Regionsleiter. Der Regionsleiter ist immer nahe an seinem Geschäft und an seinen Mitarbeitern.

Gehen wir nun von folgendem Falle aus: Ein Regionsleiter hat in vier Jahren aus einem gerade so kostendeckenden 20 Mann-Team ein hochprofitables 150 Mann-Team aufgebaut; eine tolle Unternehmung im Unternehmen. Das organisatorische Wachstum der Region ist bisher „vertikal" verlaufen: Der Regionsleiter hatte anfänglich seine Mitarbeiter direkt geführt. Inzwischen hat er mehrere Vertriebsleiter und Teamleiter entwickelt, die jeweils 5 bis 15 Mitarbeiter führen. Bei einem weiteren Wachstum wird er die direkte Führungsspanne von zehn Führungskräften überschreiten und muss einen Gesamtvertriebsleiter und einen Gesamtserviceleiter aufbauen. Die Unternehmung, die bisher vier Hierarchiestufen vom Engineer bis zum Geschäftsführer hatte, würde damit in dieser Region eine fünfte Führungsebene einführen. Positiv formuliert, wird eine weitere Karrierestufe geschaffen. Gleichzeitig wird jedoch eine Managementschicht ohne originäre Team- und Kundenverantwortung eingeführt. Der Regionsleiter entfernt sich von seinen Kunden und von seinen Mitarbeitern.

Horizontales Wachstum. Zur „Pyramidenbildung" gibt es eine machtvolle Alternative – das horizontale Wachstum: Das Topkundenteam für einen Kunden mit 15 Mio. EUR Umsatz pro Jahr kann ausgegründet werden. Eine neue Region kann ausgegründet werden, zum Beispiel eine Region Franken aus einer bisher gemeinsamen Region Bayern. „Organisatorische Kalbungen" gibt es in zwei Formen:

a) Die Ausgründung eines bestehenden, entwickelten Geschäftes wie in den oben dargestellten Fällen.

b) Start-Ups als unternehmerische Versuchsballons.

Für die **Ausgründung eines bestehenden, entwickelten Geschäftes** gelten Vorbedingungen: Das Geschäft muss profitabel sein und eine Mindestgröße haben. Es „ernährt" mindestens vier bis fünf Verkäufer und mehr als zehn Engineers. Die Entwicklungsperspektive des Geschäftes lässt eine Vervielfachung des Ertrages in den nächsten ein bis drei Jahren zu.

Wer **neue Geschäftsideen und Serviceprodukte** innerhalb der Firma starten will, muss eine Chance erhalten. Am Anfang steht wie bei jedem Start Up eine Businessplanung. Das „Gründerteam" braucht einen erfahrenen Sponsor. Dies können Regionsleiter, aber auch Produktbereichs-Verantwortliche sein. Die Entscheidung über den Start trifft die Geschäftsführung. Was sind die Kriterien für eine Freigabe? Da ein IT-Service-Unternehmen kein

Venture Fonds ist, ist eine zügige Ergebnisgenerierung unabdingbar. Spätestens nach einem Jahr muss das Geschäft einen positiven Deckungsbeitrag abwerfen. Gleichfalls muss die Geschäftsidee zum Kerngeschäft des Dienstleisters passen, so zum Beispiel die Vermarktung und Implementierung einer weiteren Branchenlösung auf Basis von SAP[1]. Das Ertragspotential der Geschäftsidee ist in zwei, drei Jahren soweit ausschöpfbar, dass das Geschäft ein größeres eigenständiges Team von mindestens 20 bis 30 Mitarbeitern profitabel trägt. Dieses Ertragspotential ist mit Zielkunden und konkreten Projektbeispielen belegt.

Bei „organisatorischen Kalbungen" von bestehendem Geschäft stellt sich die Frage nach den Perspektiven für jene Regionsleiter, die etwas abgeben, was unter ihrer Verantwortung aufgebaut wurde. Regionsleiter dieses Kalibers haben nicht nur Geschäft, sondern auch neue Unternehmer entwickelt. Ihre Leistung ist nicht mehr nur die schiere Größe ihres direkten Umsatzes und Profits, sondern sie ist auch der Ergebnisbeitrag aus „ihren" Ausgründungen. Oft werden sie ihre Ausgründungen weiterhin als Coach begleiten. Eine der Perspektiven solcher erfahrenen Regionsleiter ist ein eigener Bereich in der Geschäftsführung.

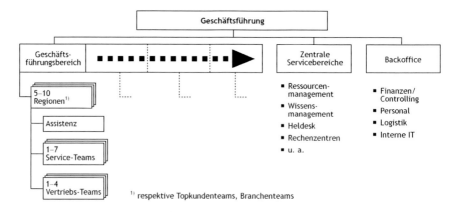

Bild 3-10 Die „horizontale" Organisation

Gibt es Grenzen des horizonalen Wachstums? Durch vertikales Wachstum lässt sich jede derzeit vorstellbare Unternehmensgröße organisatorisch abbilden. Vertikalisierte IT-Service Unternehmen mit vielen Hierarchie-Stufen wie EDS oder IBM können über hunderttausend Mitarbeiter führen. Wie weit reicht aber ein horizontales Wachstumsmodell? Ist das Unternehmen irgendwann nicht mehr führbar?

---

1. Alles andere wäre wiederum ein Venture Investment.

Ein horizontales Wachstumsmodell kann in einem Land wie Deutschland bis unter die Top 5 der „IT-Service-Bundesliga" führen, wenn man diese Organisationsform wortwörtlich bis zur Spitze treibt. Nehmen wir einen Infrastruktur-Dienstleister: Ein erschlossener deutscher Markt bietet Raum für 20 bis 30 Regionen und 30 bis 40 Topkundenteams. Hinzu kommen noch ca. fünf Branchenteams, zum Beispiel für Energieversorger, und fünf bis zehn zentrale Serviceteams. 80 bis 90 Geschäftseinheiten mit eigener Ergebnisverantwortung können durch 10 bis 12 Geschäftsführungs-Partner gesteuert werden, die jeweils für 7 bis 10 Bereiche zuständig sind. Ein Vorsitzender der Geschäftsführung orchestriert mit Richtlinienkompetenz dieses Team. Ein weiteres Mitglied des Geschäftsführungsteams führt die traditionellen Backoffice-Bereiche Finanzen, Personal, Interne IT und Logistik. Wichtig ist ein Service-Geschäftsführer, der die zentralen Servicebereiche und die Organisation der gesamten Produktentwicklung übernimmt. Jeweils drei oder vier dieser Geschäftsführer sind für übergreifende Themen wie die Personalentwicklung oder Marketing zuständig.

In Folge können die 80 bis 90 „Unternehmer vor Ort" 4.000 bis 8.000 Mitarbeiter mit einer nur dreistufigen dezentralen Hierarchie führen. Diese Unternehmensgröße würde für einen TOP 5-Platz in der derzeitigen „IT-Service-Bundesliga" reichen! In dieser Rechnung sind Hebel durch Servicepartnerschaften noch nicht eingeschlossen.

> **Horizontale Organisationen heute**
>
> Der Systemhaus-Bereich der Bechtle-Gruppe wurde konsequent und erfolgreich als horizontale Struktur entwickelt. Das operative Geschäft liegt in der Hand von dutzenden Einzelgesellschaften, die in der Regel einen regionalen Kundenschwerpunkt haben. Die Geschäftsführer dieser Gesellschaften agieren ausdrücklich als „Unternehmer vor Ort" mit eigenständiger Kunden- und Ergebnisverantwortung. Unternehmerisches Ziel ist, dass sich jede dieser Gesellschaften zu dem Marktführer im Mittelstandsgeschäft ihrer Region entwickelt.
>
> Ein Beispiel aus dem Norden Deutschlands ist die C1-Gruppe. 2002 gegründet, wuchs C1 innerhalb von vier Jahren zu einer Gruppe mit über 15 Einzelgesellschaften und mit ca. 100 Mio. EUR Umsatz in 2005. Auch diese Gruppe setzt auf das „Unternehmer vor Ort"-Prinzip. Die operativen Gesellschaften konzentrieren sich auf bestimmte Applikationsleistungen, wie SAP-Beratung oder eigene Softwarepakete, für bestimmte Kundengruppen wie Finanzdienstleister oder Metallfertiger [14]. Ziel ist offensichtlich, dass sich die Gesellschaften zu marktbestimmenden Dienstleistern in ihren Kernsegmenten entwickeln.

Dieses Organisationsmodell ist auch für eine Internationalisierung offen, sei es, dass einzelnen Topkunden in das Ausland gefolgt wird oder dass eigenständige Landesgesellschaften das gesamte Geschäftsmodell jeweils national entwickeln. Entscheidend ist dann, dass die ausländischen Gesellschaften vorrangig Partner und nicht Töchter sind. Internationalisierung ist aber ein Abenteuer mit weiteren Gesetzen.

Fazit

Eine auf Unternehmer ausgerichtete IT-Service-Organisation hat keine praktischen Wachstumsgrenzen. Vor jedem IT-Service-Unternehmen, das auf Service Design und auf die Verfügung über die meisten Top-Verkäufer und Top-Engineers setzt, liegen gewaltige Chancen für ein langes dynamisches Wachstum.

Damit eine solche Organisation funktioniert und nicht „zerfasert", braucht sie aber noch weitere Bindemittel. Eines ist eine gemeinsame Kultur.

3.9 Innovations- und Qualitätskultur – vom Schlagwort zur Realität

„Walk as you talk." Sprichwort

Die Kultur eines Unternehmens ist eine Tatsache, die gleich dem Markenbild nicht mechanisch eingestellt und verändert werden kann. Kultur und Markenbild stehen bei einem IT-Dienstleister in einem engen Zusammenhang: Die Kultur prägt unmittelbar das Markenbild eines IT-Service-Unternehmens, da die Kultur für die gelebten Werte und für die grundlegenden Verhaltensmuster einer Organisation steht. Das Unternehmen, das seine Kultur gestalten will, muss deshalb nicht nur klären, welche Kultur es sich wünscht. Es muss auch herausfinden, wie es die Rahmenbedingungen für die bestmögliche Entwicklung dieser Kultur schaffen kann.

Innovations- und Qualitätskultur

Welche „Kultur" fördert die Unternehmensentwicklung eines IT-Service-Unternehmens am besten? Welche Werte und Verhaltensmuster braucht ein IT-Service-Unternehmen, wenn es Service Design und die Verfügung über die meisten Top-Verkäufer und Top-Engineers zu seinen Eckpfeilern macht?

Die zentralen kulturellen Werte sind Innovation, Qualität, Professionalität, persönliche Leistung und Zusammengehörigkeit.

Auf **Innovation** beruht die Daseinsberechtigung eines IT-Service-Unternehmens, wie es in diesem Buch beschrieben wird. Das Unternehmen muss geprägt sein von einem stetigen Streben nach den besten Architekturkonzepten und nach dem besten Design von Serviceprodukten. Erreichtes in Frage zu stellen ist ein elementares Verhalten. Neugierde und Offenheit sorgen dafür, dass andere Ideen, Konzepte und Meinungen voll zu Gehör kommen. Unabdingbar zur Innovation gehört auch Mut. Mut heißt, Ungewohntes zu tun und Dogmen anzuzweifeln, aber auch vor möglichen Fehlschlägen keine Angst zu haben. Wie viele Unternehmen erstarren, weil ihre Mitarbeiter Angst davor haben, Fehler zu machen!

Ohne **Qualität** wiederum wird das Unternehmen seinen „High End"-Anspruch nicht umsetzen können. Die Engineeringprojekte müssen die zugesagten Resultate liefern, und die versprochene Kundenerfahrung muss wirklich erlebt werden. Die Organisation gibt sich nicht mit 80 % oder 90 % zufrieden. Aus Fehlern wird umfassend gelernt. „Professionalität" ist eine der am meisten geschätzten Eigenschaften. Zur **Professionalität** gehört nicht nur exzellentes Fachwissen, sondern auch Genauigkeit, Sorgfalt und Verlässlichkeit in der Projektarbeit, Disziplin im Methodeneinsatz und nicht zuletzt Gelassenheit und Freundlichkeit.

Auch die **persönliche Leistung** ist ein unverzichtbarer Wert. Dies ist nicht simpel. So wunderbar eine „Leistungskultur" für die Leistungsträger ist – wie wird mit jenen umgegangen, die keine Top-Potentiale haben oder die nicht die Leistung bringen? Soll ein „Grow or Go" kultiviert werden oder sollen auch Menschen ihren Platz im Unternehmen haben, die „einfach nur ihren Job machen"? Hier darf nicht der Fehler passieren, ein IT-Service-Unternehmen gleich einer Top-Managementberatung oder einer Investment Bank gestalten zu wollen. „Grow or Go" ist hier fehl am Platze. IT-Service-Unternehmen sollen top sein, aber nicht elitär. Die Mitarbeiter müssen für die Kunden und untereinander „anfassbar" und vertraut bleiben. Hierzu gehört auch, dass Mitarbeiter, die keine Karriere im Sinne wachsender Personal-, Kunden- oder Produktverantwortung anstreben, aber ihre Arbeit bestens machen, einen dauerhaften Platz im Unternehmen haben.

An der Leistung dürfen keine Abstriche gemacht werden. Jeder Mitarbeiter mit ungenügender Leistung erhält die Chance, in seine Aufgaben hineinzuwachsen. Gegebenfalls kann dieser Mitarbeiter auch eine neue Aufgabe erhalten und er wird gecoacht. Aber wenn all dies nicht hilft, dann muss das Management handeln.

Wichtig sind auch **Regeln für den Umgang** untereinander: Konflikte zwischen Menschen und Teams werden nicht ausgesessen, sondern angesprochen und angegangen. Wenn keine Lösung aus eigener Kraft möglich ist, wird eine Vermittlung gesucht. Die Mentorenschaft genießt höchste Achtung, denn ohne sie wachsen die „Juniors" im Unternehmen nur sehr schwer zu Spitzenkönnern heran. Und Toleranz: Das Unternehmen ist „bunt". Im Unternehmen sind verschiedene Regionen, Spezialisierungen, Geschäftsmodelle und Rollen vereint. Dies heißt auch, ausgeprägte Persönlichkeiten zu akzeptieren und zu schätzen. Auch die besten Teams können nicht die Kreativität und Durchsetzungskraft starker Persönlichkeiten ersetzen.

Fairness und Respekt gehören in den Wertekatalog, denn Kälte ist feindlich zu Innovation und Qualität. „Jeder der fragt, erhält Hilfe" ist ein weiterer Grundwert. Es gehört sich nicht, dass ein Kollege, der um Rat oder Unterstützung bittet, abgewiesen wird.

Das Leben dieser Werte schafft **Zusammengehörigkeit** und gemeinsamen Stolz. Das Unternehmen wird über die regionalen Grenzen hinaus von einem besonderen „Kitt" zusammengehalten, den die Wettbewerber bewundern und doch nicht kopieren können. Eine Vielzahl von Standards und Regeln müssen nicht mehr „von oben" durchgesetzt und überwacht werden, da sie zu dem grundlegenden Verhaltens-Codex der Mitarbeiter selbst gehören.

Klar ist, dass Innovation und Qualität und daraus abgeleitete Werte keine „heile Märchenwelt" bedeuten. Auch wird das Unternehmen nicht von „besseren Menschen" bevölkert werden. Gerade der extrem hohe Leistungsanspruch wird immer wieder zu erheblichen Konflikten führen. Die beschriebenen Wertemuster tragen jedoch entscheidend dazu bei, dass das Unternehmen in der Balance bleibt und dass weder den Mitarbeitern noch den Kunden und Partnern der Spaß an diesem Unternehmen verloren geht.

„Ein Schuss Paranoia" und Bescheidenheit

Hochleistungskulturen laufen Gefahr zu „überdrehen" (siehe Box „Wenn wir unschlagbar geworden sind"). Deshalb brauchen sie „einen Schuss Paranoia" und viel Bescheidenheit. Paranoia steht nicht für Misstrauen gegen jedermann. Vielmehr verkörpert sie das Wissen der Organisation, dass der größte Erfolg nicht von Dauer ist, dass dieser Erfolg viele Nachahmer anzieht und dass sich die Rahmenbedingungen für diesen Erfolg ständig verändern. Dieses Wissen um die Endlichkeit der eigenen Triumphe hilft auch, Bescheidenheit als einen zentralen Wert anzuerkennen und nicht die Bodenhaftung zu verlieren.

Bescheidenheit verkörpert sich in weiteren Einsichten: Kein Spitzenverkäufer hat dauerhaften Erfolg ohne großartige Produkte und ohne eine effiziente Innendienstorganisation. Kein Top-Engineer wird komplexe Projekte ohne die Ressourcen und das Netzwerk seines Unternehmens erfolgreich umsetzen. Grundlage jeden Euros an Umsatz ist das Vertrauen der Kunden in das Unternehmen und seine Mitarbeiter und nicht etwa die eigene Herrlichkeit.

> **„Wenn wir unschlagbar geworden sind"**
>
> Das Unternehmen vereint in sich die Besten der Spitzenengineers und die Besten der Top-Verkäufer der Branche. Das Unternehmen findet sich auf den meisten Shortlists wieder und hat eine weit überdurchschnittliche Erfolgsquote in der Akquise. Die Rendite ist top. Die Wettbewerber schauen mit Neid und Furcht zu dem Unternehmen auf. Die Personalabteilung muss auf zehn Bewerbungen neun Absagen schreiben. Spätestens dann muss ein guter Personalleiter die Geschäftsführung alarmieren: Gefahr ist im Verzug. Für wie elitär halten sich bereits die Meinungsmacher im Unternehmen? Taucht erstes arrogantes Verhalten gegenüber Kunden, Lieferanten, Partnern und Bewerbern auf? Wie offen ist noch die Sicht der Produktentwicklungsteams oder machen sich erste Anzeichen von Borniertheit bemerkbar?
>
> Selbstüberschätzung hat den Niedergang einer Vielzahl von IT-Unternehmen eingeleitet. Nicht nur, dass dieses Verhalten zunehmend Kunden und Partner abstoßen wird, dieses Verhalten macht das Unternehmen blind für Entwicklungen, die nicht in das selbstgefügte Weltbild passen. Es verschließt das Unternehmen auch für neue Mitarbeiter, die neue Ideen einbringen könnten, die aber bereits im Ansatz abgestoßen werden [15].
>
> Das Vermeiden von Selbstzufriedenheit und Arroganz ist eine der schwierigsten Aufgaben für das Management. Denn das Management muss zuerst sich selbst in Frage stellen. Es muss dann die Entschlossenheit aufbringen, auch die erfolgreichsten Mitarbeiter aufzurütteln, wenn diese die Balance verlieren. Dies wird schwer fallen, denn es gibt kaum eine stärkere Droge als den persönlichen Erfolg. Doch auch hier ist Aussitzen unverzeihlich. Sorgt erst eine Krise für das Aufwachen, dann kann es zu spät sein.

Kultur „säen"

Eine Unternehmenskultur kann nicht wie ein Serviceprodukt oder ein Kundenplan entworfen und dann Schritt für Schritt umgesetzt werden. Eine „Kulturgestaltung" gelingt nur mittelbar. Die Hauptwerkzeuge sind unbedingtes Vorleben und verlässliche positive Beispiele.

Das Vorleben von Werten ist eine der wichtigsten Aufgaben des Managements. Mit diesem Vorleben prägt das Management ein Unternehmen nachhaltiger als mit zehn Präsentationen. Leider wird dies oft unterschätzt. Gute Unternehmensführer wissen, dass dieses Vorleben ihr stärkstes Werkzeug ist.

Die Geschäftsleitung lebt Innovation nicht vor, indem sie jedes Jahr 20 % Umsatz mit neuen Produkten fordert und jährliche Strategiemeetings organisiert. Sie stellt als Erste Gewohntes in Frage und praktiziert eine ausdauernde Begeisterung für neue Ideen. Auch Qualität ist für die Geschäftsführung mehr als eine Reihe von Kennzahlen und Benchmarks, die es einzuhalten gilt. Ein alter Zimmerermeister erzählte einmal, woran er bereits bei Lehrlingen erkannte, ob sie gute Gesellen und Meister werden würden. Die Guten, so der Meister, hätten von Anfang an jeden Nagel bis zum Anschlag in das Holz gehauen, die anderen nicht. Bei der Qualität darf die Geschäftsleitung keine Abstriche dulden. Das betrifft die Empfangsbereiche, die Angebote, den Telefonservice aber auch die Mitarbeitergespräche. Die Geschäftsleitung darf nie einen Zweifel daran aufkommen lassen, dass die eigenen Standards nicht verhandelbar sind.

Erfolge und positive Beispiele müssen gefeiert werden, seien es nun Auftragseingänge, Projektabnahmen, Dankesschreiben von Kunden, Ausbildungsabschlüsse, neue Produktideen, interne Start-Ups oder gesellschaftliche Engagements. Nichts ist gewinnender als ein aufrichtiges Lob!

Im Tagesgeschäft sind die entscheidenden Multiplikatoren der Kultur die Senior Engineers, Projektmanager, Teamleiter, Key Accounter und die Vertriebsleiter. Diese gestandenen Mitarbeiter bestimmen die Seele des Unternehmens. Sie sind Vorbild oder Abschreckung. Zu Karriereentscheidungen gehört deshalb auch, ob ein Mensch die Werte des Unternehmens verkörpert oder nicht.

Gewachsene stabile Organisationen entwickeln kulturelle Selbstreinigungskräfte: Menschen, die die gelebten Werte nicht teilen, werden sich eher nicht in dem Unternehmen wohl fühlen. Aber auch hier muss das Management aufpassen. Es darf nicht passieren, dass Konformität in Regionen oder im gesamten Unternehmen einzieht und auf einmal nur noch „grüne Papageien" an Bord sind.

Mergers & Acquisitions - die Königsdisziplin der Kulturarbeit

Die Übernahme und Integration von Unternehmen kann ein machtvoller Hebel für das Wachstum sein. Merger and Acquisitions bergen eine Vielzahl von Chancen für Synergien sowohl auf der Ertrags- wie auf der Kostenseite. Oft jedoch werden gerade die Ertragssynergien nicht Wirklichkeit. Aus 1+1 wird oftmals nur 1,3 oder gar 1,0. Geht man den Ursachen für dieses Scheitern auf den Grund, dann sind es nicht nur handwerkliche Fehler wie mangelhafte Unternehmensprüfungen, fehlgeschlagene Prozessanpassungen oder inkompatible Vertriebssysteme.

Übernahmen erbringen auch deshalb nicht die erhofften Effekte, weil sie tödlich für die Kultur des übernommenen Unternehmens und damit auch für die Motivation und die Loyalität der übernommenen Mitarbeiter sind. Die Mitarbeiter müssen sich an neue Regeln anpassen. Bereiche insbesondere im Backoffice werden geschlossen. Persönlicher Einfluss geht verloren. Gewachsene Beziehungsnetze verlieren an Gestaltungskraft. Bisherige Führungskräfte und Leitpersonen müssen einen Schritt zurücktreten oder gar gehen.

Die Folge ist oftmals ein „Kolonial-Syndrom" mit verheerenden Wirkungen: Marktpräsenz und Akquiseenergie schwinden, da sich die Organisation weitgehend mit sich selbst beschäftigt. Übernomme Mitarbeiter entwickeln eine feindliche Einstellung zum neuen Unternehmen und suchen so schnell als möglich den Wechsel. Bei den verbleibenden Mitarbeitern des übernommenen Unternehmens entsteht ein Stammesverhalten „Wir gegen Die".

Was kann nun das Management tun, um diese kulturellen Gefahren für einen Merger abzuwenden? Eine Möglichkeit ist der Versuch einer Symbiose: Aus beiden Kulturen wird jeweils das Beste übernommen. Leider klingt dies zu schön, als dass es machbar wäre. Denn es hieße, den Umfang der Integrationsbaustelle ohne Not zu verdoppeln. Das Management muss vielmehr den Realitäten einer Leitkultur in das Auge sehen. Ein Merger oder eine Akquisition sind gewiß gute Anlässe, Anregungen zu übernehmen, aber sie sind nicht die Gelegenheit, eine schöne neue Kultur am Reißbrett zu kreieren. Das Management muss die Verantwortung übernehmen, sich für eine Leitkultur zu entscheiden. Diese Leitkultur wird in den meisten Fällen die Kultur des Unternehmens sein, das die Initiative zur Übernahme ergriffen hat.

Und dann heißt es, die Menschen zu gewinnen, zu überzeugen und zu begeistern. Wertschätzung muss gezeigt und praktiziert werden und dieses nicht nur von der Geschäftsführung. Die gesamte Organisation muss sich öffnen: Worte von Vertriebskollegen oder auch von Backoffice- Mitarbeitern wie „Klasse, dass Ihr da seid" helfen ungemein beim Anfang. Schreiten Sie gegen arrogantes, besserwisserisches Verhalten von „Alteingesessenen" sofort ein. Hier sind besonders die Team- und Vertriebsleiter gefordert. Nehmen Sie Ängste und Nöte ernst. Würdigen Sie die Tatsache, dass die „Neuen" noch nicht betriebsblind sind, als Chance und greifen Sie die Vorschläge der neuen Mitarbeiter mit besonderer Aufmerksamkeit auf. Heben Sie aber auch unermüdlich hervor, was besser als in der „alten" Situation ist, so zum Beispiel wirtschaftliche Stabilität und breitere Karrierechancen. Damit werden die Menschen abgeholt.

Achten Sie beim Gewinnen der Herzen besonders auf die Leistungsträger, was leichter gesagt als getan ist. Diese Menschen brauchen besonders klare Perspektiven und nicht zuletzt persönliche Wertschätzung. Diese persönliche Wertschätzung kann nicht vorgetäuscht werden durch ein freundliches Auf-die-Schulter-Klopfen nach einem Standortmeeting oder durch die wohlwollende Erwähnung in einem Monatsmail. Es sind vielmehr die persönlichen Rückmeldungen, das längere, spontane Gespräch auf der Raucherinsel und das direkte Fordern in Angebotssituationen und laufenden Projekten, die einen Leistungsträger davon überzeugen, dass er geschätzt und gebraucht wird.

Bei der Besetzung von Führungspositionen in der neuen gemeinsamen Organisation dürfen Manager aus dem übernommenen Unternehmen nicht „zweite Wahl" sein. Zu den großen Chancen von Übernahmen gehört ja, dass sie den Talentpool eines Unternehmens vergrößern. Voraussetzung ist jedoch, dass diese Führungskräfte voll und ganz die Übernahme akzeptieren. Was nicht geschehen darf, ist, dass sie zu Kristallisationspunkten von „Nostalgiegemeinschaften" werden, die die „guten alten Zeiten" zu bewahren suchen. Wenn Führungskräfte so handeln und gestalten, dann ist leider kein Platz für sie in dem neuen, gemeinsamen Unternehmen.

Eine Übernahme oder ein Merger wird so zum Lackmustest für die Leitkultur: Ist sie attraktiv und überzeugend genug, um zu assimilieren, um Stolz und Verbundenheit zu erzeugen? Diskussionen über nicht passende Prozesse sind bei Übernahmen oftmals Stellvertreterdispute. Wenn die Leitkultur genügend Strahlkraft hat, dann öffnen sich die Menschen für das Neue.

Fazit

Kultur ist die schwer greifbare ideelle Basis eines Unternehmens, die meistens unbewusst, dafür aber nachhaltig den Alltag bestimmt. Wer Innovation und Qualität als zentrale Werte verankern will, der muss diese Werte von oben nach unten vorleben und sie von Herzen feiern.

Das Unternehmen braucht jedoch auch harte Fakten, um sich steuern zu können. Es muss sich Ertragsziele setzen und die Ergebnisbeiträge von Teams, Kunden und Produkten messen.

3.10 IT-Service-Controlling – von unten nach oben

> „Das ist die unheilvolle, kompromisslose Beschaffenheit von Systemen. Sie zwingen rücksichtslos alles in die ‚Knie', insbesondere den gesunden Menschenverstand." Mark H. McCormack

Das Controlling auf die Füße stellen

Das Controlling von Unternehmen wird meistens zu stark, mitunter ausschließlich aus der Perspektive der obersten Führungsebene geprägt. Dies ist sowohl die Konsequenz eines Top Down-Denkens in der Unternehmensführung, wie auch die „natürliche" Folge der direkten Unterstellung der Controllingabteilung unter die Geschäftsführung. Die Geschäftsführung ist nicht nur der gewichtigste Kunde des Controllings, sie sitzt in der Regel auch in großer räumlicher Nähe zum Controlling.

Die Bedürfnisse der Vertriebs- und Teamleiter, die das Geschäft unmittelbar führen, geraten so leicht in den Hintergrund. Mehr noch, diese Frontmanager erscheinen dem Controlling oftmals nicht als Kunden, sondern als unsichere Kantonisten, die unsaubere Daten liefern, die Abschlüsse verzögern und die mit den SAP-Reports nicht umgehen können. Unbemerkt steht das Unternehmenscontrolling Kopf: Es konzentriert sich darauf, Abweichungen top-down festzustellen, und unterstützt kaum diejenigen, die Abweichungen vermeiden oder korrigieren können. Wenn das Controlling dann noch unter Zeitdruck Aufsichtsratsvorlagen oder Reports an das Hauptquartier zu erstellen hat, dann verschwindet das Frontmanagement vollends aus seiner Wahrnehmung.

Damit ist oftmals ein Neuansatz auch im Controlling unumgänglich: Das Controlling muss zuerst die Werkzeuge für die operative Steuerung durch die Projektleiter, Teamleiter, Key Accounter und Vertriebsleiter liefern. Diese brauchen vor allem Informationen, um nach vorne steuern zu können. Das Feld, auf dem noch entschieden und beeinflusst werden kann, hat Vorrang vor der nachträglichen Suche nach Ursachen.[1] Natürlich sind auch weiterhin Monatsreports und Segmentanalysen notwendig. Das Controlling und die Unternehmensführung müssen aber im Auge behalten, dass die Dokumentationsarbeit nicht die Steuerung nach Vorne überwältigt.

Unvermeidlich ist ein weiterer Bruch mit Gewohntem: Der verkehrte Fokus im Controlling geht oftmals mit der fehlenden Übernahme von Verantwortung durch die Frontmanager einher. Diese investieren mehr Energie in das „Schönreden" von Soll-Ist-Abweichungen als in die leidenschaftliche Gestaltung des Geschäftes. Dies funktioniert nicht mehr, wenn das Controlling darauf ausgerichtet ist, das Frontmanagement bestmöglich zu unterstützen. Welches sind nun die wichtigsten Werkzeuge für die operative Steuerung von IT-Service-Unternehmen?

---

1. Was von manchen auch „Controlling by Schuld" genannt wird.

Diese sind:

- Vorschaurechnungen und zeitnahe Ist-Abrechnungen für Kunden und Teams
- Kalkulationsverfahren und -regeln
- die operative Businessplanung nach Kunden und Produkten

Vorschaurechnungen und zeitnahe Ist-Abrechnungen für Kunden und Teams

Projektleiter, Teamleiter, Key Accounter und Vertriebsleiter haben gemäß ihrer Aufgabe unterschiedliche Controllingbedürfnisse.

Projektleiter	<ul><li>Projektbudget</li><li>Wöchentliche Ist-Abrechung</li><li>Projekt-Hochrechnung</li><li>Nachtragsliste</li><li>Termine und Meilensteine</li></ul>
Teamleiter Engineering	<ul><li>Auslastungsvorschau</li><li>DB[1]-Vorschau</li><li>Ist-DB (Team und Engineers)</li><li>Ist-Auslastung (Team und Engineers)</li></ul>
Teamleiter im Betrieb	<ul><li>Ist-DB je Auftrag und Bereich</li><li>Budgetvergleich</li><li>Service Level-Reports</li></ul>
Vertriebsleiter	<ul><li>Funnel je VB (Gewichtungen, DB-Mix)</li><li>Zielerreichung je VB</li><li>Ertragsvorschau je Topkunde</li></ul>

Bild 3-11 Die wichtigsten Werkzeuge für die operative Steuerung

Für die **Projektleiter** stehen die Budgetkontrolle, die Qualitätskontrolle und das Terminmanagement im Vordergrund ihres Controllings. Die Projektleiter steuern ihre Projekte gegen das in der Vorkalkulation festgelegte Budget. Sie müssen nicht nur darauf achten, dass der Zeitaufwand der einzelnen Gewerke im Rahmen der Budgetvorgabe bleibt, sie müssen auch peinlich genau darauf achten, dass Zusatzleistungen durch Nachträge abgedeckt werden. Hauptkomponente des Budgetverbrauches ist der Kapazitätseinsatz der Engineers. Hierfür benötigen sie als erstes eine zeitnahe Ist-Abrechnung respektive Stundenschreibung. Am Ende der Arbeitswoche müssen die geleisteten Projektstunden nach Gewerken erfasst werden, so dass spätestens am Montag die Auswertungen zum Ist-Verbrauch vorliegen. Synchron mit der Ist-Auswertung schätzen die Projektleiter die noch notwendigen Aufwendungen

---

1. DB: Deckungsbeitrag

zur Fertigstellung der einzelnen Gewerke ab. Drohende Budgetüberschreitungen werden so bereits in ihren Anfängen erkannt, dann, wenn noch gegengesteuert werden kann – sei es durch ein verändertes Vorgehen, durch das Auswechseln von Fachkräften oder durch das Verhandeln von Nachträgen.

Kern der Qualitätskontrolle ist die Abnahme von Projektmodulen auf Grundlage von Leistungstests, die dokumentiert und vom Kunden abgezeichnet sind. Beim Terminmanagement halten die Projektleiter Termine für Abschlüsse und Ressourcenbedarfe nach. Auch überwachen sie kritische Abhängigkeiten im Projekt. Eine Besonderheit ist die Steuerung der Leistung von Subunternehmern. Bei Festpreisleistungen kommt es für die Projektleiter im Wesentlichen „nur" auf die Terminsteuerung und die Qualitätsüberwachung an – es sei denn der Subunternehmer will Nachträge anmelden. Bei Fremdleistungen nach Aufwand müssen die externen Dienstleister gleich den eigenen Engineers wöchentlich ihren Verbrauch melden und die noch ausstehenden Zeiteinsätze abschätzen und abstimmen.

Als Basis brauchen die Projektleiter gute Softwaretools zur Zeiterfassung, Kapazitätsvorschau und Terminverwaltung. Dies kann eine mächtige, integrierte Lösung mit hoher Komplexität sein. Die Anwendungsunterstützung kann jedoch auch durch drei eigenständige Systeme erfolgen, die einfacher zu handhaben sind, jedoch mit konsistenten Stammdaten versorgt werden müssen.

Das Controlling verdichtet die Daten der einzelnen Projekte und Teams zu Unternehmenssichten. Dabei übernimmt es auch zeitnah die Qualitätssicherung. Sind die Ist-Daten bis Montag 10 Uhr vollständig eingepflegt? Ist der gleiche Engineer am selben Tag dreimal zu 100 % in verschiedenen Projekten verplant? Es hat sich bewährt, dass das Controlling nach einem Qualitätscheck die wöchentlichen Projektreports direkt an alle Projektleiter versendet.

Schwerpunkt der operativen Steuerung der **Engineering-Teamleiter** ist der bestmögliche Einsatz ihrer Mitarbeiter. Es ist eine Binsenweisheit, dass ein nicht fakturierter Tag nie wieder kommt. Deshalb brauchen die Teamleiter mindesten wöchentlich aktualisiert eine Auslastungsvorschau für jeden ihrer Mitarbeiter nach Projekten und Kunden. Die Vorschau muss mindestens drei Monate voraus reichen, wobei natürlich die unmittelbar folgenden Wochen die wichtigsten sind. Unterauslastungen aber auch Überlastungen müssen mindestens drei bis vier Wochen im voraus erkannt werden. Dann kann noch geordnet reagiert werden. Unternehmen mit einem funktionierenden Auslastungsmanagement können fünf bis zehn Prozentpunkte an höherer Auslastung gewinnen!

Parallel zur Kapazitätssicht erhalten die Teamleiter eine Vorschau auf den Deckungsbeitrag, den ihre Mitarbeiter bei der gegebenen Auslastung voraussichtlich erwirtschaften werden. Ermöglicht wird dies durch die Pflege der Einstandssätze je Mitarbeiter und der Fakturaanteile pro Tag und Engineer. Mit mehreren Wochen Vorlauf können so auch Mitarbeitereinsätze hinsichtlich des Deckungsbeitrages optimiert werden.

Mit Hilfe der Auslastungsvorschau und der Auslastungshistorie können die Teamleiter auch die Einsatzmuster einzelner Engineers nachvollziehen. Ist es ein Mitarbeiter, der immer auf mehreren anspruchsvollen Projekten gleichzeitig nachgefragt ist oder wird der Mitarbeiter kaum angefordert? Im letzteren Falle muss der Teamleiter eingreifen. Wie die Projektleiter, so erhalten auch die Teamleiter jeweils am Montag die aktuellen Reports vom Controlling.

Auch für die **Teamleiter im Betrieb** ist die Auslastungssteuerung ihrer Mitarbeiter von hohem Interesse, wobei sie jedoch von einer höheren Kontinuität in den Kundensituationen ausgehen können. Für sie kommt es besonders auf die zeitnahe Ist-Abrechnung ihrer „Fabrik" nach Aufträgen und auf ihre Servicequalität an. Die Ist-Abrechnung der Servicefabrik muss die Deckungsbeiträge je Betriebsauftrag im Budgetvergleich möglichst auch auf Wochenbasis liefern. Dies ist für Sachaufwendungen und Fremdleistungen nur begrenzt praktikabel. Jedoch kann auf Basis der erfassten Zeitaufwände je Kundenauftrag zumindest wöchentlich ein „Deckungsbeitrag1 nach Personalaufwand"[1] ermittelt werden: Wie hoch ist der Deckungsbeitrag des Help Desk aus einem Managed Desktop Auftrag? Wie entwickeln sich die Deckungsbeiträge aus einem RZ[2]-Outsourcingauftrag? Entscheidend ist eine zügige Reaktion auf Kostenspitzen. So, wenn zum Beispiel das Callvolumen im Help Desk deutlich ansteigt oder die Engineers im Operating auf einmal an eine Kundeninstallation geradezu gefesselt sind. Ziel der Teamleiter im Betrieb ist, ihr Auftragsportfolio ohne Ressourcenengpässe und mindestens gemäß Budget abzuarbeiten. Ressourcenengpässe können zu zusätzlichen Mitarbeitereinsätzen zum Beispiel in Form von Überstunden oder von Zukäufen führen. Sie können aber auch die erreichten Servicegrade beeinträchtigen.

Im Betrieb kommt zu der Ertragssteuerung die Service Level-Steuerung hinzu, das Monitoring der Einhaltung von Servicegraden, die gegenüber den Kunden zugesagt wurden oder die als interner Benchmark gesetzt sind. Zu diesen Kennzahlen gehören unter anderem die Anzahl offener Anfragen, die Zeitklassen bei der Abarbeitung von Reparaturaufträgen, die Lösungsquote im Help Desk sowie die Verfügbarkeit und Performance von Servern im

---

1. Deckungsbeitrag1 = Umsatz - Fremdleistungen - direkte Personalkosten.
2. RZ = Rechenzentrum

Rechenzentrum. Diese Kennzahlen müssen mindestens täglich, wenn nicht gar laufend zur Verfügung stehen. Diese Zahlen beschreiben die Leistungskurven der „Fabriksteuerung". Die monatlichen Ergebnisreports werden durch diese tagtägliche Leistung vorbestimmt.

Für die **Vertriebsleiter** zählt vor allem die Funnelsteuerung nach Kunden, Verkäufern und Deals. Wie entwickelt sich bei jedem Vertriebsbeauftragten der gewichtete und der ungewichtete Forecast? Wie hoch ist der Anteil verschiedener Auftragswahrscheinlichkeiten an dem Forecast? Vertriebliche Funnel, die zum Beispiel zu 90 % aus 100-%-Aufträgen bestehen und die trotzdem gewichtet die vertriebliche Vorgabe wesentlich verfehlen, werfen die dringende Frage auf, warum das Engagement nicht über die Auftragspflege hinaus ausreicht. Bei Funnel, welche zu über der Hälfte aus Projekten mit 10 bis 25% Auftragswahrscheinlichkeit bestehen, stellt sich unweigerlich die Frage nach deren Substanz und Werthaltigkeit. Auch muss der Vertriebsleiter beachten, welche Margengröße die einzelnen Projekte in dem Funnel seiner Verkäufer beinhalten. Sind genügend „Big Deals" im Funnel, so dass, wenn nur ein Drittel dieser Deals gewonnen wird, das Margenziel zu 80 % abgesichert ist?

Bewährt hat sich ein Denken und Handeln in „Quartalskampagnen", wobei insbesondere das laufende und das kommende Quartal von Interesse sind. Eine Faustregel ist, dass zu Beginn eines Quartals alle Projekte, die zur Erfüllung des Quartalsziels benötigt werden, bereits im Funnel qualifiziert sein müssen. Sonst kann das Quartalsziel nicht erreicht werden. Qualifiziert heißt, dass die Projekte bereits angeboten sind oder die Angebote unmittelbar bevorstehen. Ein Quartal wird keine befriedigenden vertrieblichen Ergebnisse bringen, wenn zu Beginn die notwendige Breite und Qualität im Funnel fehlt. Große Projekte, die plötzlich auftauchen, sind die weißen Tiger des IT-Service-Vertriebes.

Dieser oftmals ernüchternde Status zu Beginn eines Quartals wird nur allzugern verdrängt, indem man lieber über die tollen, möglichen Projekte am Horizont redet. Damit wird aber bereits der Grundstein für das nächste schlechte Quartal gelegt. Denn bis Mitte des laufenden Quartals muss auch das vertriebliche Szenario für das kommende Quartal weitgehend feststehen. Wenn bis dahin nicht genügend größere Projekte identifiziert und in Arbeit sind, dann wird auch das kommende Quartal eine Qual, ein Hängen und Würgen.

Die Funnelbetrachtung wird mit Kennzahlen unterlegt, die auf den jeweiligen Erfahrungen des Segmentes und des Unternehmens beruhen. So ist ein Richtwert, dass zu Beginn eines Quartals der ungewichtete Forecast zwei- bis viermal so groß sein muss wie der Rohertragsbedarf. Der Rohertragsbedarf ergibt sich aus dem Rohertragsziel für dieses Quartal abzüglich der gesicherten Erträge aus dem Auftragsbestand. Oder: Ein Account Manager mit hohem Projektanteil am Geschäft sollte zu Quartalsbeginn mindestens fünf Projekte mit jeweils größer 50.000 Euro Margenpotential in der Angebotsphase haben.

Stand 15. März	
	Rohertrag
Quote 2. Quartal:	300 T€
Gesichert aus Auftragsbestand:	100 T€
Rohertragsbedarf	200 T€
Funnelbedarf (Faktor 4)	800 T€
Ungewichteter Funnel Q2 (ohne Aufträge)	500 T€
Funnellücke	300 T€

Bild 3-12 Wie groß muss der Quartalsfunnel für einen Key Account Manager sein?

Der Vertriebsleiter kann mit seinen Verkäufern anhand der Zahlenlage und der Statusbeschreibung einzelner Projekte den Funnel detailliert besprechen. Im Mittelpunkt steht der zwingende Pfad: Bestehen für den Kunden genügend Sachzwänge, ein Projekt unbedingt zu beauftragen, wie zum Beispiel die bevorstehende Produktivschaltung eines SAP-Systems oder die Umsetzung einer gesetzlichen Auflage? Muss der Kunde dieses Projekt in dem besprochenen Quartal beauftragen und realisieren? Und sind wir sicher, auf der Shortlist bestens gesetzt zu sein? Kennen wir das Entscheiderteam beim Kunden, sind wir bei einzelnen Entscheidern richtig positioniert? Wissen wir, wie unsere Wettbewerber anbieten und wissen wir, in welchen Faktoren wir besser oder schlechter sind? Was tun wir, um Nachteile auszugleichen? Wie hat sich unsere Wettbewerbsposition seit der letzten internen Besprechung konkret verbessert? Die Kundenqualifizierung (siehe Seite 57 ff.) wird hier im laufenden Geschäft fortgesetzt und aktualisiert.

Hieraus ergibt sich eine qualifizierte Bewertung des gegebenen Funnels je Verkäufer und eine Übersicht über dessen Hauptaufgaben in den nächsten Wochen. Vertriebscontrolling ist hier untrennbar mit Vertriebssteuerung verbunden. Dies ist in mehrerer Hinsicht entscheidend:

- Management und Unternehmenscontrolling erhalten einen deutlich präziseren Input für die Ertragsabschätzung einzelner Quartale.
- Die Verkäufer werden zugleich konkret anhand ihrer laufenden Projekte gecoacht.
- Die mittelfristige Kundenentwicklung (siehe Seite 57 ff.) gerät nie aus dem Blick.

> **Accountgespräche – Muss das sein?**
>
> Gegen detaillierte Accountgespräche wird häufig eingewendet, dass sie wertvolle Zeit rauben, die die Verkäufer viel besser mit ihren Kunden verbringen könnten. Accountgespräche sind jedoch keine schier endlosen Sitzungen, bei denen die gesamte Vertriebsmannschaft versammelt ist und der Vertriebsleiter „Druck aufbaut". Sie sind Gespräche zu Zweit oder in sehr kleinen Gruppen, in denen nach dem ABC-Prinzip die Topkunden und Top-Projekte diskutiert werden.
>
> Der Hauptzweck der Accountgespräche ist die taktische Unterstützung der Verkäufer. Der Rahmen eines strukturierten Gespräches hilft den Verkäufern, selbst zu überprüfen, ob sie sich noch die richtigen Prioritäten setzen und ob sie die richtigen Türen öffnen. Diese Zeit ist gut investiert. Denn ansonsten droht der Vertriebsorganisation das Schicksal jenes Tischlers, der aufgrund der schlechten Qualität seiner Arbeit immer mehr seiner Kunden verärgerte und der von einem guten Freund angesprochen wurde, warum er denn nicht Verbesserungen vornimmt. Darauf antwortete der Tischler mit schweißnasser Stirn: „Dafür habe ich leider keine Zeit, ich muss die Reklamationen aufarbeiten".
>
> Entsprechend ist auch die Häufigkeit der Accountgespräche variabel: Ein Vertriebsleiter oder ein Mentor wird sich mit einem jungen Account Manager möglicherweise jeden Freitagnachmittag für 30 bis 60 Minuten verabreden. Bei einem erfahrenen Key Account Manager ist ein monatliches Meeting ausreichend. Aufgrund seiner Erfahrung weiß der Key Account Manager selbst, wann er das Gespräch mit seinem Vertriebsleiter braucht. Ist zudem der Funnel zeitnah und präzise gepflegt, dann kann der Vertriebsleiter Meilensteine und Projektstände jederzeit nachlesen.

Die mittelfristige Kundenentwicklung ist ein wichtiger Faktor, der verhindert, dass sich die Vertriebssteuerung auf reine Quartalskampagnen beschränkt, in welchen die Verkäufer lieber jeden noch so kleinen Deal jagen, anstatt ausdauernd das Beziehungsgeflecht für Topaufträge zu weben. So kann es völlig in Ordnung sein, wenn ein Key Account Manager in einem Quartal sein Margenziel nur zu 50 % erreicht, wenn er glaubhafte Fortschritte bei der Akquise von real vorhandenen Topaufträgen gemacht hat, die zwingend im Folgequartal beauftragt werden müssen.

Eine in dieser Weise gelebte Funnelsteuerung erhöht nicht nur die Qualität des gepflegten Funnels, sondern auch die Aufrichtigkeit der Verkäufer zu sich selbst und zu ihrem Team. Denn der Funnel baut über seine Historienfunktion ein untrügliches Zeugnis der Verlässlichkeit auf. Unakzeptabel ist ein Verhalten, das den vertrieblichen Erfolg immer in das jeweils folgende Quartal verschiebt. Gemeinsame Lost-Analysen gehören auf die Tagsordnung der bereits beschriebenen Quartalsreviews zum vertrieblichen Status (siehe Seite 64). Sie liefern Aufschlüsse über gegebenenfalls bestehende strukturelle Defizite, wie nicht mehr überzeugende Leistungsinhalte oder fehlende Flexibilität.

Kalkulationsverfahren und -regeln

Kalkulationsverfahren haben oft einen schlechten Ruf in IT-Service-Unternehmen. Sie gelten als bürokratisch und als Dealkiller. Und oftmals ist ihr „schmutziges Geheimnis", dass sie nur auf dem Papier gelten und in der Praxis umgangen oder „umgebogen" werden. Dabei ist unbestritten, dass eine gründliche und sachkundige Kalkulation wesentlich über die Marge von Projekten und Aufträgen entscheidet. Die Kalkulationsverfahren und -regeln müssen unabdingbares Risikomanagement mit notwendiger Flexibilität und mit unternehmerischen Entscheidungsräumen ausbalancieren.

Grundgedanke des **Risikomanagements** ist das Austarieren des Risikoportfolios eines Unternehmens. Die Summe der Risiken darf nicht ein definiertes Maß überschreiten. Mögliche „Deep Impacts" müssen von Anfang an sehr wach begleitet werden.

Für das Risikomanagement haben sich folgende Regeln bewährt:

- Projekte und Aufträge müssen vorkalkuliert werden. Diese Kalkulation muss durch Dritte freigegeben werden.

- Ab einer bestimmten Größenordnung in der Rohertragswirkung ist eine Nachkalkulation und die Besprechung von Abweichungen unerlässlich.

- Bei Projekten und Aufträgen, die länger als einen Monat reichen, muss eine begleitende Ist-Kalkulation erfolgen (siehe Seite 126 f.).

Was wird eigentlich freigegeben?

Bei der Kontrolle von Kalkulationen durch Dritte besteht oft die Illusion, dass dies die Kalkulation sicherer macht. Was kann jedoch ein Servicecontroller tun, der ein Multimillionen-Outsourcingangebot auf den Tisch bekommt? Er überprüft, ob richtig gerechnet wurde. Er lässt die Angebotstexte nochmals juristisch gegenlesen. Dann fragt der Controller nach Details, so zum Beispiel nach der Herleitung von Kapazitätsbedarfen. Von Angebot zu Angebot entwickelt der Controller ein immer besseres Verständnis für die Mechaniken und für die Dollpunkte. Aber er wird nie den Wissens- und Erfahrungsstand der Spezialisten erreichen, die das Angebot erstellt haben.

In großen Organisationen versucht man diesem Problem beizukommen, indem man „Project Offices" einrichtet, die tagein tagaus Angebotskalkulationen überprüfen und freigeben. Aber auch diese Teams werden nie so viel wissen wie das Angebotsteam in der Region. Die entscheidende inhaltliche Qualitätssicherung muss im Angebotsteam stattfinden. Dort wird das Angebot mindestens einmal gegengerechnet. Die Kalkulationsannahmen werden dokumentiert sowie Risiken klar benannt und bewertet.

Die Entscheidung über Angebotsfreigaben auf Unternehmensebene darf deshalb nicht vor allem darauf beruhen, ob das zentrale Controlling die Kalkulation für „richtig" hält. Im Mittelpunkt der Freigabeentscheidung steht, ob die Marge akzeptiert wird und ob das Unternehmen bereit ist, bestimmte Risiken zu tragen, weil sie als beherrschbar gelten.

Das Risikomanagement muss jedoch durch **Flexibilität und unternehmerische Entscheidungsräume** ergänzt werden, da es ansonsten zu Stillstand und zur Verhinderung von gutem Geschäft führt. Konkret heißt das, dass nur die Kalkulation von Topprojekten durch die Unternehmensleitung freigegeben wird, wobei die Unternehmensleitung diese Aufgabe weitgehend in die Hand des zentralen Controllings gibt. Die Entscheidungsräume steigen mit sinkendem Umsatzvolumen je Angebot. Paare von Account Managern und Projektleitern beziehungsweise von Vertriebsleitern und Teamleitern können bis zu definierten Projektgrößen selbst über Kalkulationen entscheiden. Die Freigabe erfolgt durch regionale Vorgesetzte wie den Regionsleiter. Die Kalkulationsrichtlinie legt präzise die Freigabegrenzen hinsichtlich Manntagen/Umsatz sowie Mindestmargen in Prozent fest. Unerlässlich dabei ist, dass immer ein Service-Teamleiter Vetorecht für die Kalkulation hat. Dies verhindert, dass Projekte mit von Anfang an schlechten Servicemargen ohne Einverständnis der Serviceorganisation verkauft werden. Diese abgestufte Freigaberegelung sorgt dafür, dass über 90 % der Kalkulationen dezentral abgestimmt und freigegeben werden. Der „Flaschenhals" der zentralen Freigabe verschwindet weitgehend. Im Gegenzug vermag sich das Unternehmenscontrolling weitgehend auf jene Projekte zu konzentrieren, die eine nachhaltige Auswirkung auf das Unternehmensergebnis haben.

Diese Vorgehensweise wird kontrollorientierte Manager mit großer Wahrscheinlichkeit nervös machen. Wenn diese Nervosität berechtigt sein sollte, dann ist aber nicht das Verfahren falsch. Es sind vielmehr die Managementpositionen in den Regionen falsch besetzt. Denn Projektleiter, Teamleiter, Vertriebsleiter und Regionsleiter haben eine persönliche Ergebnisverantwortung, die bei den Regionsleitern 40 % ihres Zielgehaltes und bei der Vertriebs- und Teamleitern mindestens 30 % ihres Zielgehaltes ausmacht. Wenn eine Geschäftsführung diesen Menschen nicht vertraut, dass sie Ergebnis machen wollen, dann muss sie diese Menschen oder sich selber verändern.

Die operative Businessplanung nach Kunden, Produkten

Die operative Businessplanung respektive Jahresplanung hilft den Frontmanagern, ihre eigenen Ziele und Maßnahmen zu formulieren, die notwendig sind, um die Zukunft ihres Unternehmens zu sichern. Oft jedoch ist die operative Businessplanung nur ein Zahlenwerk, das die Verpflichtungen der Frontmanager hinsichtlich Umsatzwachstum und Zielrendite mathematisch plausibilisiert. Über dem Ausfüllen der Exceltabellen gerät das notwendige Fundament der Ergebnisplanung ins Hintertreffen oder gar in Vergessenheit. Das Fundament der Ergebnisplanung ist als Erstes eine Kundenplanung, die nicht nur Zielumsätze und -roherträge nach Kunden ausweist, sondern auch präzise Aussagen zu den Kundenpotentialen, anstehenden Projekten und zu den geplanten eigenen Aktivitäten trifft (siehe auch Kapitel Vertrieb, Seite 60f). Zweitens ist eine Produktplanung unerlässlich. In ihr wird festgelegt, wie mit bestehenden und neuen Serviceprodukten die Zielkunden beliefert werden und wer für die Produktinitiativen bei den einzelnen Kunden zuständig ist. Zu den regionalen Planwerken gehören auch die Marketingaktivitäten, die Personalentwicklung und die Investitionen.

Die Businessplanung ist ein hervorragender Anlass, unternehmensweit alle Ziele, Maßnahmen und Meilensteine zu überprüfen und abzustimmen. Diese Planung muss dann quartalsweise intensiv überprüft werden. Denn in der Regel werden die Kunden und der Markt einem Unternehmen nicht den Gefallen tun, es all seine beschlossenen Aktivitäten mit Erfolg umsetzen zu lassen. Das neue Produkt zur Serverkonsolidierung wird bei ganz anderen Kunden als geplant erstmals plaziert. Bei einem Triple A-Kunden einer Region ist das nahezu sichere Warenwirtschaftsprojekt doch von der Konkurrenz gewonnen worden, was hoffentlich durch andere Projekte und durch andere Kunden kompensiert werden kann. Businessplanungen gleichen der Vorbereitung von Seereisen in nur wenig bekannte Gewässer. Wenn die richtige Ausrüstung sowie genügend Mut und Können an Bord sind, dann wird trotz vielfältiger Überraschungen und Kursanpassungen die Reise gelingen.

Kunden	■ Kundenpläne (A- und B-Kunden) ■ Neukundenziele
Produkte	■ Umsätze und Erträge nach Produkten und Kunden ■ Roll Out neuer Produkte
Personal	■ Personalentwicklung ■ Schulungen
Marketing	■ Aktivitätenplanung (Roadshows, Events u.a.)
Allianzen	■ Gemeinsame Aktivitäten mit Partnern (Allgemeine Treffen, Kundenbesprechungen) ■ Zielvorgabe je Partner[1]
Ergebnis und Finanzen	■ Umsatz- und Ertragsplanung nach Produkten und Kunden ■ Personalplanung ■ Investitionsplanung ■ Kostenplanung ■ Ergebnisrechnung
Maßnahmen	■ Meilensteine je Quartal

Bild 3-13 Checkliste regionale Business Planung

---

1. Zum Beispiel Umsätze mit bestimmten Produktgruppen eines Partners.

Die Verdichtung der einzelnen Businesspläne der Regionen, Kunden- und Branchenteams sowie der zentralen Bereiche beantwortet die Frage, ob das gesamte Unternehmen die planerischen Vorgaben erreicht. Erfahrungsgemäß gibt es nach der ersten Zusammenführung immer noch Anpassungsbedarf. Betreffen diese Anpassungen geplante Erlöse und Erträge, dann müssen sie wiederum in der Kunden- und Produktplanung nachvollzogen werden. Sonst besteht Gefahr, dass das Planwerk potjemkinsche Dörfer enthält.

Weitere Controllingthemen: Systematiken und spannende Analysen

Das Controlling eines IT-Service-Unternehmens kann und muss noch weitere Leistungen erbringen. Hierzu gehören die Festlegung und Pflege von Systematiken wie den Produkt- und Branchengruppierungen sowie von Verfahren wie der Jahresplanung oder der Kalkulation. Außerordentlich hilfreich sind auch eine Reihe von Analysen. Dieses sind zum Beispiel Analysen zur Entwicklung der Erträge von Produkten und Produktbereichen in ihrem Lebenszyklus vom F&E-Startup bis zu ihrem Auslauf. Spannend sind auch Benchmarks mit Wettbewerbern, zum Beispiel zur Rentabilität von Geschäftsfeldern und zur Serviceproduktivität. Die Schwierigkeit bzw. die Herausforderung dieser Analysen ist die Beschaffung der Datenbasis. Eine Reihe von Wettbewerbern sind dankenswerterweise börsennotiert. Analysten erstellen vergleichende Studien zu Marktteilnehmern in den IT-Services. Mitunter ergeben sich auch aus konkreten Wettbewerbssituationen, wie zum Beispiel der Ablösung eines Wettbewerbers in einer Outsourcing-Situation, hochinteressante Erkenntnisse.

Fazit

Das Controlling eines IT-Service-Unternehmen muss mit der gewachsenen Praxis brechen, eine Stabsstelle für die Geschäftsführung zu sein. Das Controlling muss zuerst die Projektleiter, Vertriebsleiter und Teamleiter mit den notwendigen Werkzeugen ausstatten, damit diese „ihr" Geschäft wirkungsvoll steuern können. Hierzu gehören vor allem detaillierte Vorschaurechnungen und zeitnahe Ist-Abrechnungen für Kunden und Teams, Kalkulationsverfahren und -regeln, die weitgehende Eigenverantwortung und Schnelligkeit der operativen Bereiche garantieren, sowie eine operative Businessplanung, die auf konkreten Zielen und Aktivitäten nach Kunden und Produkten aufbaut.

Nunmehr steht die Frage, durch welche Führung all die einzelnen Bausteine eines IT-Service-Unternehmen zu einem erfolgreichen Ganzen zusammen gefügt und zusammen gehalten werden.

3.11 Management: Weitgehende Delegation und Führen „von der Front"

„When you become a leader, success is about growing others. It's about making the people who work for you smarter, bigger, and bolder." Jack and Suzy Welch

Eine Hochleistungsorganisation führen

Die Geschäftsleitung eines wie bisher beschriebenen IT-Service-Unternehmen hat die Ehre, eine Hochleistungsorganisation mit flachen Hierarchien zu führen. Diese Organisation muss Jahr für Jahr ihre Spitzenposition als Service Designer und Top-Engineer erneut erobern, da ihre Wettbewerbsvorteile sich nicht aus fixed assets oder aus schierer Größe ergeben. Wie werden solche Spitzenorganisationen nun am besten geführt? Weder eine Kommandoführung noch eine nur „ausgleichende" Führung sind geeignet. Eine Kommandoführung würde die unerlässliche Ideen- und Energieentfaltung unterdrücken. Eine „ausgleichende Führung", die letztendlich allein auf die Selbstorganisation setzt, würde die Engineers und Verkäufer überfordern.

Besondere Unternehmen brauchen besondere Manager. Lenker von Spitzendienstleistern müssen sowohl intensiv präsent sein, als auch weitgehende Freiräume schaffen. Diese Balance bewahren sie mit:

- Führen durch weitgehendes Delegieren und durch Orchestrieren
- Führen von der Front respektive „heroische Führung"

Führen durch weitgehendes Delegieren und durch Orchestrieren

Ziel des Managements ist es, dass das laufende Geschäft in den Regionen und in den Zentralbereichen weitgehend ohne Einbindung der Geschäftsleitung funktioniert. Konkret heißt dies zum Beispiel: Die Personalleitung treibt selbständig die Personalentwicklung voran. Sie achtet auf die Einhaltung der Standards der Mitarbeiterentwicklung, wie mindestens halbjährliche Mitarbeitergespräche und auf das Umsetzen von Trainingsplänen. Sie begleitet aktiv beratend Neueinstellungen. Das Controlling verfolgt nicht nur Abweichungen und spricht hierzu Bereichsverantwortliche an, es arbeitet auch selbständig an einer immer besseren Informationsversorgung des Frontmanagements, sei es hinsichtlich der Schnelligkeit der Informationen oder hinsichtlich der Einfachheit des Zugriffes. Die Bereichsleiter wiederum arbeiten mit Leidenschaft und Spaß daran, ihren Business Plan und ihre Kundenpläne in die Realität umzusetzen, insbesondere, indem sie ihren Mitarbeitern die notwendigen Handlungsräume schaffen. Kurzum, der überwältigende Teil des Tagesgeschäftes muss direkt zwischen den operativen Managern der Regionen und der zentralen Bereiche abgestimmt werden. Dafür gibt es die Spielregeln des Unternehmens, dafür stehen die Professionalität und der Unternehmergeist der Verantwortlichen. Ein einfacher aber aussagefähiger Messpunkt für das Funktionieren der Delegation ist die Anzahl der operativen

Geschäftsvorfälle, in die ein Geschäftsführer am Tag per e-Mail, Anruf oder direkte Ansprache eingebunden wird. Abzüglich der Themen, bei denen die Spielregeln seine Einbindung erfordern, sollten es nicht mehr als fünf Anfragen am Tag sein, ganz gleich wie groß seine Bereiche sind. Ansonsten laufen die Dinge nicht rund.

Dies ist ein entscheidender Punkt: Loslassen heißt für eine Führungskraft auch, persönliche Risiken einzugehen und sich einem möglichen späteren Vorwurf auszusetzen, nicht rechtzeitig über Probleme informiert gewesen zu sein oder das Problem von vornherein verhindert zu haben. Abgesehen davon, dass weitgehendes Delegieren nicht Verzicht auf ein Risikomanagementsystem bedeutet – der Kernpunkt ist, wie ein Unternehmen die Begeisterung, die Energie und die Fähigkeiten möglichst vieler Mitarbeiter mobilisiert. Mit straffer Vorgabe und Kontrolle geführte Unternehmen funktionieren auch – und dies oft mit sehr guten Ergebnissen – aber sie werden immer hinter ihren Möglichkeiten zurückbleiben, da ihre Mitarbeiter sich zu oft nach hinten umschauen und zu oft abwarten. Letztendlich geht es um Vertrauen. Wenn ein Geschäftsführer seinen Mitarbeitern nicht vertraut, dann muss er seine Mitarbeiter oder sich selbst verändern. Ohne Vertrauen gibt es keine Mobilisierung.

Geschäftsführer, die erfolgreich delegieren, haben die Auswahl und die Entwicklung der Bereichs- und Teamleiter als ihre Kernaufgabe erkannt und angenommen. Sie streben danach, vielversprechende Mitarbeiter frühzeitig zu finden, zu fordern und zu fördern. Deshalb treffen sie sich regelmäßig mit so vielen Mitarbeitern als möglich. Trainee- und Potentialprogramme sind ihre „persönlichen Babies".

Operativ führen die Geschäftsführer vor allem über das Setzen und Vereinbaren der Spielregeln und Standards. Sie sind die Hüter der Regeln und Standards des Unternehmens (siehe Kultur), wozu insbesondere gehört, dass sich Leistung immer lohnt. Sie sind die „Hohepriester der Meritokratie"[1]. Auch achten sie mit Argusaugen darauf, dass der Austausch und die Zusammenarbeit zwischen den Bereichen funktioniert. Ein entsprechendes Handeln der Bereichs- und Teamleiter fordern sie unmissverständlich ein.

Delegation heißt jedoch nicht, dass die Geschäftsführer ihre Mitarbeiter allein lassen. Im Gegenteil: Sie sind jederzeit erreichbar und ansprechbar. Sie erwarten, dass sie rechtzeitig einbezogen werden, wenn aufgrund der Tragweite von Situationen ihre direkte Einbindung unerlässlich ist. Vor allem aber sind sie der gute Coach ihrer Bereichs- und Teamleiter, der diese nicht allein lässt, ihnen den Rücken bei ihren Entscheidungen stärkt und sie berät.

Erfolgreiches Delegieren und Orchestrieren schafft die zeitlichen Spielräume, damit sich die Geschäftsleitung um ihre zweite Hauptaufgabe wirklich kümmern kann.

---

1. Meritokratien sind Gesellschaften, in denen die persönliche Leistung über das persönliche Fortkommen entscheidet. (Vgl. Wikipedia).

„Heroische Führung", ...

Von Alexander dem Großen wird berichtet, dass er seine Schlachten immer in der vordersten Linie mitfocht. Damit musste er sich von Anbeginn der Schlacht darauf verlassen, dass sich seine einzelnen Einheiten wacker schlagen und dass sich die vor der Schlacht getroffene Aufstellung als die richtige erweist. Dies klappte nahezu immer. Alexander der Große führte seine Schlachten durch das heroische Beispiel und im Vertrauen auf die Überlegenheit seiner griechischen Phalanx sowie im Vertrauen auf das Können seiner Unterbefehlshaber. Mit seinem persönlichen Einsatz riss er seine Soldaten mit zum Sieg. Spätere Heerführer zogen sich immer weiter von der Frontlinie zurück, eine Entwicklung, die in den Hauptquartieren des 1. Weltkrieges kulminierte. In diesen Hauptquartieren kommandierten 4-Sterne Generäle und Marschälle ihre Armeen, umgeben von großen Stäben, aus dutzender Kilometer Entfernung [16].

Auch Unternehmensführer der heutigen Zeit tendieren dazu, aus großen Hauptquartieren zu führen. Dies ist Anfang des 21. Jahrhunderts technisch nicht mehr nötig und in einer Hochleistungsorganisation zudem nicht sinnvoll. Moderne Kommunikationstechnologien wie VPN und UMTS/WLAN erlauben einen sicheren Zugriff auf alle Informationen von nahezu jedem Ort. In jeder Niederlassung steht das Firmennetz zur Verfügung und ein freier Schreibtisch findet sich immer. Damit können moderne Unternehmensführer ohne weiteres direkt an die Brennpunkte ihres Unternehmens gehen. Sie können „heroisch", durch Beispiel führen, ohne den Überblick zu verlieren.

Warum soll die Geschäftsführung aber „an der Front" sein? Weil dort tagtäglich der Erfolg ihres Unternehmens entschieden wird. Dort sind die Kunden, die Projekte und die neuen Produkte. Dort wird die Zukunft geschmiedet. Die Geschäftsführung muss persönlich die grundsätzlichen Themen anpacken und voranbringen, die die Zukunft des Unternehmens entscheiden. Hierzu gehört die persönliche Beziehung mit den Topkunden des Unternehmens. Zum einen geht es darum, auf der Geschäftsführungsebene beim Kunden wahrgenommen zu werden und dem Kunden Respekt zu bezeugen. Zum anderen nehmen Geschäftsführer persönlich die Bedürfnisse von Kunden und deren geschäftlichen Ziele auf, holen große Aufträge mit ab und begleiten Projekte, zum Beispiel in einem Lenkungsausschuss, auch in der Umsetzung. Dann ist der Platz der Geschäftsführung an der Spitze von Schlüsselvorhaben, sei es die Erschließung neuer Produktbereiche, die Gründung neuer Regionen oder das Coaching von internen Start Ups. Das Topmanagement ist hier der Türöffner und der Motor für Veränderungen. Die strategische Entwicklung eines Unternehmens wird nicht durch Foliensätze, sondern durch konkrete Weichenstellungen in Kundenbeziehungen sowie in der Produkt- und Organisationsstruktur gestaltet. Die Kunst der Geschäftsführung besteht darin, die richtigen Impulse zu geben oder Impulse zu verstärken.

Die persönliche Präsenz in den Niederlassungen ermöglicht der Geschäftsführung auch, anfassbar den „Geist des Unternehmens vorzuleben" und hautnah den Pulsschlag des Unternehmens aufzunehmen. Ernst genommen, ist dies eine zeitintensive Beschäftigung, die im Wettbewerb mit anderen Terminen nicht zu kurz kommen darf. Die Wirkung der persönlichen Präsenz ist um ein Vielfaches stärker als das monatliche Mitarbeiter-Mail!

... ohne die Tagesgeschäfte zu stören

Wie passen aber weitgehende Delegation und intensive Präsenz vor Ort zusammen? Kann denn ein Bereichsleiter sich überhaupt als Persönlichkeit und als Unternehmer entfalten, wenn ihm ständig ein Geschäftsführer über die Schulter schaut? „Heroische Führung" funktioniert nur, wenn sich ein Geschäftsführer diszipliniert an eine Reihe von Regeln hält:

Nie in das Tagesgeschäft einmischen. Das ist eine typische Situation: Der Bereichsleiter besucht gerade einen Kunden. Ein Geschäftsführer weilt in der Niederlassung. Prompt braucht der Vertriebsleiter dringend eine Freigabe für ein Angebot und bittet in seiner „Not" den anwesenden Geschäftsführer um eine Entscheidung. Der Geschäftsführer wird den Vertriebsleiter mit besten Wünschen für das Projekt höflich und bestimmt an den Bereichsleiter verweisen. Denn der Geschäftsführer ist nicht als „Abkürzung" für laufende Entscheidungen vor Ort präsent.

Nie ohne Grund vor Ort sein. Die Präsenz ergibt sich immer aus konkreten Anlässen. Das sind Kundentermine, interne Projekttreffen, sicher auch Mitarbeiterveranstaltungen. Vor Ort arbeitet ein Geschäftsführer an wirklich gewichtigen Themen.

Der Charakter des Managements

Der Erfolg einer Führung durch weitgehende Delegation und „heroische Führung" hängt untrennbar vom persönlichen Charakter des Managements ab. Wie schon erwähnt, muss ein Manager vertrauen können. „Kontrollfanatiker" werden weder persönlich glücklich werden, noch das Unternehmen glücklich machen, da ihr Misstrauen lähmt und Initiative erstickt.

Der Manager hört gerne zu und stellt gerne Fragen. Er geht auf Menschen zu und baut keine Mauern um sich auf. Er flüchtet nicht über die Gänge des Unternehmens, sondern hält Ausschau nach Blicken und Gesprächen. Er fühlt sichtbar mit, weil er Spaß am Erfolg und am Wachstum hat und echten Anteil an Problemen und Niederlagen nimmt. Dabei ist er aufrichtig, berechenbar und verlässlich. Er steht zu seinen Entscheidungen und hält Zusagen ein. Sein Selbstverständnis ist stark von dem Bild des „Ersten Diener des Staates" geprägt. Auch in den Zeiten größter Erfolge vergisst er nicht, wie endlich der Erfolg ist und schützt sich so gegen Selbstüberschätzung.

Seine persönliche Ausstrahlung ergibt sich vor allem aus gewachsenen Respekt und Vertrauen und nicht aus angeborenem Charisma. Er muss nicht visionär sein, solange Kollegen von ihm diese Rolle übernehmen.

Konzentration auf die Unternehmensthemen. Der Geschäftsführer darf nicht den Fokus auf die Unternehmensthemen verlieren. Seine Aufgabe ist es nicht, die einzelnen Aufträge zu akquirieren, konkrete Produkte zu definieren oder Trainingspläne zu formulieren. Überschreitet ein Geschäftsführer hier die Grenze zum Tagesgeschäft, dann wird er unweigerlich seine Hebelwirkung verlieren und nicht mehr Coach und Weichensteller sein.

Nie an einem Ort „einnisten". Ist ein Geschäftsführer vor allem an einem Standort präsent, dann verliert er nicht nur an Reichweite, er gefährdet auch die Position des Bereichsleiters. Der Geschäftsführer ist zu Besuch da. Deshalb achtet er auch auf die Rotation von Meetingorten.

Gelingt der Geschäftsführung diese disziplinierte Balance, dann wird sie ihr Unternehmen an entscheidenden Stellen beflügeln, ohne ihre regionale Führungsmannschaft zu demotivieren.

Führen mit Managementberatern?

Wer ein Hochleistungsunternehmen führen will, muss sehr sorgsam mit dem Einsatz von Managementberatern umgehen. Traditionell übernehmen Managementberater oft eine Alibifunktion für unbeliebte, „schmutzige" Entscheidungen. Auch werden sie gerne als „Auskehrer" bei Kostensenkungen eingesetzt. Dies funktioniert, aber es erhöht nicht die Glaubwürdigkeit des Managements. Denn das Management gibt mit solchen Gesamtbeauftragungen eine zentrale Führungsaufgabe aus der Hand.

Der Einsatz von Managementberatern muss nach den gleichen Prinzipien erfolgen, die auch bei der Auswahl externer Dienstleister für das Kerngeschäft gelten: Zukauf von Kapazität und Wissen, das man selber nicht dauerhaft vorhalten will, ohne aber die Projekthoheit abzugeben. Dies gilt insbesondere auch bei Projekten zur organisatorischen Neugestaltung und zur Ertragssteigerung. Allzuhäufige Praxis ist, dass Beraterteams mit erheblichem Aufwand Konzepte und Präsentationen erarbeiten, die weder im Verständnis noch in der persönlichen Verpflichtung im Unternehmen verankert sind. Am Ende solcher Projekte haben am meisten die Berater gelernt, die ihr Wissen nun für die Akquise bei den Wettbewerbern des Unternehmens nutzen können.

Es ist unangenehm, weil es die Arbeitslast und die Verantwortung des Managements auf allen Ebenen erhöht, aber Berater dürfen niemals originäre Aufgaben des Managements wie Strategien oder Kostenmaßnahmen übernehmen. Berater haben ihren Platz als Experten. Die Projektführung und -verantwortung, auch bei Teilprojekten, muss intern verbleiben, idealerweise bei jenen Managern, deren Bereich das Veränderungsprojekt betrifft. Dies sorgt nicht nur dafür, dass das während der Projektarbeit gewonnene Wissen intern verwurzelt bleibt. Auch die Umsetzung der Projektergebnisse wird zu einem organischen Vorgang, weil die Ergebnisse maßgeblich durch die Führungskräfte und Leistungsträger selbst erarbeitet wurden.

Besonders schwer sind Situationen, bei denen strategische und organisatorische Alternativen überprüft und entschieden werden müssen, die mit erheblichen internen Interessenskonflikten verbunden sind. Dies kann die Entscheidung über die Fortführung von Geschäftsfeldern oder über die Zentralisierung von Backoffice-Funktionen sein. Die Versuchung, die Entscheidungsvorlage an externe Berater outzusourcen, ist groß. Dieses Outsourcing wäre jedoch ein klarer Misstrauensbeweis gegenüber der eigenen Organisation. Die Entscheidung über die Fortführung eines Geschäftsfeldes muss in der Verantwortung der zuständigen Geschäftsführer oder Bereichsleiter vorbereitet werden. An der Spitze eines Zentralisierungsprojektes stehen die Manager, die in Zukunft die interne Dienstleistung besser als bisher erbringen wollen.

> **Wir wollen unsere Leute nicht verbrennen**
>
> Ein häufig genannter Grund, warum Veränderungsprojekte fremdvergeben werden, ist, dass man eigene Mitarbeiter „nicht verbrennen" will. Unangenehme, ja grausame Dinge sollen von Externen vollbracht werden. Diesen Druck muss das jeweils verantwortliche Management aber aushalten. Woher soll es sonst seine Legitimität nehmen, Menschen und Geschäfte zu führen? Auch schützt die interne Verantwortlichkeit davor, dass am Ende ganze Unternehmensbereiche verbrannt werden.

Managementberater werden damit nicht überflüssig. Ihr Einsatz wird jedoch auf die Funktionen konzentriert, bei denen sie eine bleibende Wertschöpfung für das Unternehmen bringen können. Was sind diese Funktionen konkret?

Managementberater bringen Spezialwissen über Prozesse und Geschäftsmodelle ein. Sie können Impulsgeber von Außen sein, die eingeschliffene Abläufe und Sichten in Frage stellen und praktische, bessere Alternativen zum Gewohnten aufzeigen. Mit ihrer externen Objektivität können Berater die Qualitätssicherung in Entscheidungsprojekten übernehmen und sicherstellen, dass alle Optionen ausgewogen und gründlich überprüft werden. In anderen Bereichen liefern die Berater Spezialwissen, das intern nicht wirtschaftlich vorhaltbar ist – so zum Beispiel Know How zu Steuerfragen bei Unternehmenskäufen. Aufgrund ihrer Routine können Berater die Projektverantwortlichen auch im Führen von Workshops und bei Analysen unterstützen und so dem Projektleiter das Fortführen seiner Tagesgeschäfte erleichtern. Am Ende aber müssen die internen Projektverantwortlichen die Ergebnisse präsentieren. „Ihr" externer Berater kann sie dabei gerne assistieren, aber es muss klar sein, dass hier ein Team aus dem Unternehmen Standpunkte vertritt und Entscheidungen vorschlägt.

In IT-Service-Unternehmen mit Ausrichtung auf Service Design und Top-Engineers verlagert sich zudem der Bedarf von der klassischen, „harten" Managementberatung mehr zur „weichen" Veränderungsberatung. Die „beste Praxis" in Vertrieb, Produktentwicklung und Controlling wird in hohem Maße im eigenen Hause erarbeitet. Dafür besteht aber ein höherer Bedarf an externem Coaching bei der Entwicklung von Führungs- und Moderationsfähigkeiten.

Führen in der Krise

All das bisher Geschriebene geht davon aus, dass IT-Service-Unternehmen zum Wachsen und Blühen gebracht werden. Was passiert aber, wenn große Aufträge verloren gehen und die Erträge einbrechen? Wenn das Unternehmen stagniert und ein schneller Ausweg nicht in Sicht ist? Dann kann es sein, dass Kostensenkungen und Personalabbau unvermeidlich werden, da das Unternehmen in seiner Substanz gefährdet ist.

Die erste große Herausforderung für das Management in dieser Situation ist, die Realitäten zu akzeptieren und diese auch zu kommunizieren. Nur dann bewahrt das Management seine Glaubwürdigkeit und nur dann gelingt es auch, die Mitarbeiter aufzurütteln. Es ist nur allzumenschlich, das Unangenehme, ja Peinliche zu verdrängen. Aber Aussitzen funktioniert nicht. Das Management muss sich den harten, mitunter auch bitteren Wahrheiten stellen. Ist das Problem erkannt, dann müssen nicht nur die Aufsichtsgremien, sondern auch das Unternehmen zügig informiert werden. Die Information darf nichts beschönigen, sie darf aber auch nicht einen Hauch von Hoffnungslosigkeit vermitteln. Gemachte Fehler werden benannt, ohne jedoch zu verdammen oder anzuklagen. Die entschlossene Grundbotschaft ist: „Wir haben ernste Probleme, doch wir werden sie gemeinsam lösen."

Die Geschäftsleitung tut gut daran, dass sie alle Führungskräfte des Unternehmens mit in die Pflicht nimmt. Oftmals macht eine Geschäftsleitung in der Krise den Fehler, sich einzubunkern und zu versuchen, von oben nach unten die Probleme zu lösen. Verlorene Aufträge, fallende Umsätze und untaugliche Produkte betreffen jedoch konkrete Bereiche und Teams. Dort ist der Puls der Krise und dort müssen Kunden zurückgewonnen und der Ertrag wieder gesteigert werden. Turn Around-Konzepte müssen von den verantwortlichen operativen Managern erarbeitet und nicht ihnen vorgegeben werden.

Natürlich funktioniert auch eine Top Down-Sanierung. Top Down-Sanierungen bergen jedoch die Gefahr, dass sie am Ende mehr kaputt machen, als sie reparieren. Sie neigen dazu, der Kur der Symptome Vorrang vor der Ursachenbeseitigung zu geben. Damit werden oftmals gleich einem Abriss auch Zukunftschancen vernichtet. Weiterhin können Top Down-Sanierungen bewirken, dass sich die Führungskräfte vor Ort aus ihrer persönlichen Verantwortung ziehen. Im Mittelpunkt steht nicht mehr, dass einem Bereichsleiter die Kundenbasis eingebrochen ist, sondern, dass er zähneknirschend grausame Personaleinschnitte umsetzen muss, die ihm „von oben" aufgezwungen wurden. Stehen die Bereichsleiter und deren Teamleiter zu ihrer Verantwortung, dann suchen sie selbst, wo sie Kosten reduzieren können. Eine viel höhere Akzeptanz dieser Einschnitte vor Ort ist dann so gut wie sicher.

Bei den notwendigen und möglichen Sparmaßnahmen gilt es auch, den Fokus zu bewahren. Natürlich kann ein Unternehmen nur das Geld ausgeben, das es verdient hat, und in Verlustzeiten ist entschlossenes Sparen angesagt. Gefährlich sind jedoch Sparmaßnahmen, die nur minimale Kosteneffekte erreichen, jedoch eine negative Symbolwirkung haben. In einem Softwarehaus, das aufgrund mehrerer fehlkalkulierter Projekte in die tiefroten Zahlen gerutscht war, strich die Geschäftsführung den bisher üblichen freien Pizza-Service für die Softwareentwickler, die nach 20 Uhr abends noch in den Firmenbüros arbeiteten. Der „Preis" dieser Kosteneinsparung war, dass die Mehrzahl der Softwareentwickler von nun an Dienst nach Vorschrift machte. In einem anderen Unternehmen mit mehreren hundert Mitarbeitern wurde das bisher kostenlose Mineralwasser gestrichen und ca. 5.000 Euro p. a. eingespart. Einer der Geschäftsführer war völlig überrascht, als er von einem der Senior Engineers die Rückmeldung erhielt, dass diese an sich kleine Maßnahme für die meiste Entmutigung bei den Menschen gesorgt hatte. Offensichtlich, so dieser Engineer, konnte sich das Unternehmen nicht einmal mehr eine Flasche Wasser für die Mitarbeiter leisten.

Viel besser und wirksamer ist es, nicht die kleinen Gesten der Anerkennung für die Mitarbeiter zu streichen, sondern wirklich den Gürtel enger zu schnallen, ohne die Zukunft abzuschneiden. Hierzu gehört zum Beispiel, die Standards bei Geschäftsreisen – für alle Mitarbeiter! – zu verringern und nicht zwingend notwendige Investitionen zu verschieben. Auch darf es keine „Heiligen Kühe" geben. Geschäftsführer müssen sich fragen, ob von ihnen getragene Projekte und neue Geschäftsfelder, die bisher nicht aus den roten Zahlen gekommen sind, wirklich Zukunftschancen für das Unternehmen beinhalten.

Notwendige Einsparungen entscheidet das Management schnell und setzt sie zügig um. Unter allen Umständen vermeidet es eine Salamitaktik. Dies gilt besonders für den Personalabbau. Hier darf es keine Illusionen geben. Jeder Personalabbau hat verheerende Wirkungen auf die Moral und auf das Vertrauen einer Belegschaft. Je schneller die Angst wieder das Unternehmen verlässt, um so schneller kann das Vertrauen wieder zurückgewonnen werden. Stufenweise Personalmaßnahmen generieren das Horrorbild einer stetigen Abwärtsspirale und beschädigen das Vertrauen auf Dauer. Und: Entlassungen sind kein Managementerfolg, sondern eine Managementniederlage. Bedauern, ja Trauer ist die angemessene Gefühlslage.

> **Never give up**
>
> Ende des Zweiten Weltkrieges wurde ein amerikanischer Flugzeugträger, die USS Intrepid, durch Kamikazeangriffe so schwer beschädigt, dass sich der Kapitän gezwungen sah, das Schiff aufzugeben. Jedoch war die Lautsprecheranlage des Schiffes weitgehend außer Betrieb gesetzt, so dass kaum jemand seinen Befehl zur Aufgabe hörte. Zum Glück, wie sich später zeigte: Denn die Mannschaft kämpfte weiter gegen die Brände und rettete das Schiff.

Wenn Kostenmaßnahmen in der Vorbereitung sind und die Angst sich auf das Unternehmen legt, dann sind auch unmissverständliche, persönliche Signale an die Leistungsträger wichtig. Deren Eigenkündigungen sind oft der Kollateralschaden „strammer" Sanierungsprojekte. Oft werden Kostensenkungsziele ungewollt übererfüllt, weil die Besten nicht abwarten wollen, dass man auch ihnen kündigt.

Klare, ehrliche Kommunikation und entschlossenes, begründetes Handeln können in Krisensituationen die Seele des Unternehmens davor bewahren, dass sie gebrochen wird. Diese Seele braucht aber auch ausdrückliche Ermutigungen. Berichten Sie weiter stolz über Ihre Erfolge. Lenken Sie die Blicke darauf, dass das Unternehmen weiterhin zufriedene Kunden hat, tolle Aufträge gewinnt und Projekte erfolgreich abschließt sowie beachtete Auftritte auf Foren hat. Verbreiten Sie das Bild: Wir sind in schwerer See, wir haben Wassereinbrüche und wir haben Segel verloren, aber wir stopfen die Lecks und wir halten den Kurs. Gemeinsam kommen wir durch den Sturm. Herrscht solch ein Geist, dann wird Ihr Unternehmen nicht untergehen.

Fazit

Bei IT-Service-Unternehmen wird die Zukunft nicht durch Investitionen in teure Anlagen oder durch Patente entschieden. Eine Zukunft, die nicht von schierer Größe abhängen soll, hängt von der Investition in Menschen und Organisationen ab, von dem Aufbau von Technologiespezialisten und von Topleuten in der Projektführung. Service Design muss die Leistungen des Unternehmens auf eine herausragende Kundenerfahrung ausrichten.

Wenn die Energie der Menschen, die das Unternehmen bilden, nicht nachlässt, wenn diese Menschen neugierig und abenteuerlustig bleiben, dann wird die Entdeckungsreise nicht aufhören.

4 Ausblick: Werden Sie Servicearchitekt und Utility Engineer

„The next sea change is upon us." Bill Gates

Ausblick 2018: Das Ende der IT wie wir sie kennen?

Nicolas Carr sorgte 2003 mit seinem Artikel „IT doesn't matter" [1] für einen Aufschrei in der IT-Industrie. In diesem Artikel behauptete Carr, dass die IT inzwischen zu einer Commodity geworden ist, die nicht mehr im Wettbewerb differenziert. Dies war offensichtlich zu viel für die geschundene Seele einer Branche, die gerade mitten in der schwersten Krise ihrer noch jungen Geschichte steckte. Kaum eine Veröffentlichung wurde von Branchenvertretern mehr angegriffen und in Frage gestellt.

In einem Artikel aus dem Jahre 2005, „The End of Corporate Computing" [2], entwirft Carr das zukünftige Bild einer völlig veränderten IT-Landschaft, in der Computing on Demand Realität geworden ist. Carr sieht eine IT-Landschaft, die für die Kunden und Anwender nicht mehr aus Assets, sondern nur noch aus Diensten besteht. Auf dem IT-Markt, so Carr, verbleiben drei Gruppen von Anbietern:

1. Utility-Anbieter, die über die IT-Fabriken verfügen, in denen die jeweils benötigten Datenverarbeitungsressourcen, seien es Rechenleistung, Speicherkapazität oder Applikationen bereitgestellt werden. Dabei ist für die Kunden nicht mehr interessant, welche konkreten Plattformen hinter diesen Diensten stehen.

2. Die Lieferanten der jeweiligen Komponenten für die IT-Fabrik wie Hardware, Netzwerkausstattung, Betriebs- und Anwendungssoftware.

3. Netzwerkbetreiber, die die breitbandigen Internetverbindungen bereitstellen.

In einem weiteren Artikel aus dem Jahre 2008 legte sich Carr auf eine Zeitschiene fest: Für 2018 erwartet er, dass die IT-Landschaft weitgehend von der Cloud bestimmt wird [3] – wenige Investitionszyklen von heute entfernt.

Aufsehen erregte Ende 2005 Bill Gates mit einem neuen Ruf „zu den Waffen". In einem Microsoft-internen Memo von Oktober 2005 fordert Bill Gates seine Mannschaft auf, sich mit aller Energie der „Service-Welle" zu stellen, da Softwarefunktionen zunehmend webbasiert bereitgestellt werden [4]. Davon – Stichwort ASPs[1] – war bereits während des Internet-Hypes Ende der Neunziger Jahre viel die Rede. Nunmehr sind jedoch nicht nur Standards wie XML in der Breite präsent, Middleware-Systeme ausgereift und eine viel größere Bandbreite für jedermann verfügbar. Es gibt auch bereits eine Reihe von erfolgreichen webbasierenden Softwareangeboten, von denen SalesForce.com [5] am bekanntesten ist. Für die meiste, mittelfristige Beunruhigung

---

1. ASP: Application Service Provider

bei Microsoft dürften jedoch das Angebote von webbasierender Office-Software wie „Google Apps" und Computing on demand-Modelle wie die Amazon Elastic Compute Cloud (Amazon EC2) sorgen, auf die Microsoft mit eigenen Angeboten reagiert [6].

Die Zukunft verspätet sich ...

Wird die IT-Welt 2018 bereits auf den Kopf bzw. in die „Wolke" gestellt sein? BITKOM erwartet in 2015 einen Cloud Computing-Markt in Deutschland in Höhe von 8,2 Mrd. Euro [7], was ca. 10 % des deutschen IT-Marktes ausmachen würde.[1] Das wäre noch nicht „der Umbruch", zumal die Cloud Services auch bestehende Outsourcing-Dienste kannibalisieren werden. Schreibt man die angenommene Cloud-Wachstumsrate des Jahres 2015 bis 2018 fort, bei einem Gesamtwachstum des IT-Marktes von weiterhin ca. 2 % p. a., dann erreicht der Cloud Markt 2018 ca. 17 % des Gesamtmarktes.

Die Entscheidung über die Geschwindigkeit, mit der die „On Demand"-Zukunft eintrifft, wird in den abertausenden Unternehmen getroffen, die sich am Ende ihrer aktuellen Investitionszyklen die folgenden Fragen stellen werden:

a) Auf welche Infrastruktur-Plattformen setzen wir zukünftig: Virtualisierte Ressourcen oder traditionelle physische 1:1-Ressourcen?

b) Macht es Sinn, eigene, in der Regel individualisierte Anwendungssoftware gegen webbasierende Angebote auszutauschen?

c) Welche IT-Leistungen wie z. B. Infrastrukturbetrieb oder Applikationsbetrieb, beziehen wir zukünftig von externen Partnern? Und wenn wir externe Partner wählen: Entscheiden wir uns für klassische Outsourcer oder für Cloud Service/ Utility-Anbieter?

Im Infrastrukturbereich bestimmt der Fortschritt der Virtualisierung das Tempo der „On Demand"-Zukunft. Dabei kommt es nicht nur darauf an Server-Arbeitslasten zu virtualisieren, sondern für einen automatisierten und stabilen Betrieb einer weitgehend virtualisierten Gesamtarchitektur (Server, Storage, Netzwerk und Desktops) zu sorgen. Dies ist das Herz des heutigen Cloud Computings (siehe Kasten *Update 2010: Cloud Computing – alter Wein in neuen Schläuchen!?* auf S. 17).

---

1. Basis ist ein Wachstum des gesamten IT-Marktes von durchschnittlich 2 % p. a.. Der Cloud Computing Markt umfaßt Investitionen in Cloud Infrastrukturen, Ausgaben für x-as-a-Service sowie Cloud Consulting [7]. Zum IT-Markt gehören Ausgaben für Hardware, Software und IT-Services.

Die Zukunft verspätet sich gegenüber den euphorischen Prognosen von vor zwei Jahren, aber sie kommt. Zu überzeugend sind die Vorteile einer virtualisierten Infrastruktur. Wenn die Virtualisierung von Arbeitslast auch im Bereich der unternehmenskritischen Anwendungen in einem Unternehmen zum Standard geworden ist, dann werden die Tore zum „On Demand" Computing weit geöffnet sein.

... und die Zukunft wird nicht monolithisch sein

Eine IT-Welt, die von Computing on Demand geprägt ist, bedeutet jedoch keinen „Untergang des Abendlandes". Diese neue IT-Welt wird nicht monolithisch sein. So wird es gleich der heutigen Telekommunikationslandschaft nicht nur zwei, drei Netzbetreiber geben, sondern auch eine Vielzahl von Service- und Vermarktungspartnern[1]. Niedrige technologische und wirtschaftliche Hürden, um IT-Fabriken zu errichten, werden für einen Kosmos von Anbietern sorgen. Und: Da am Ende eben nicht die Utilities an sich zählen, sondern deren Vermarktung und Nutzbarmachung, so werden auch weiterhin bewegliche und innovative Service- und Vertriebspartner gebraucht. Zudem wird es eine wirtschaftliche Option bleiben, IT-Fabriken gleich einem Blockheizkraftwerk selbst zu betreiben.

Wie sich der Markt verschieben wird

Auch wenn die Zukunft sicher nicht monolithisch ist – die Marktstrukturen werden sich nichtsdestotrotz radikal verschieben. Was sind die wesentlichen Faktoren?

Wegfall und Rückgang traditioneller Dienstleistungen durch neue Plattformen. Traditionelle IT-Dienstleistungen, die seit vielen Jahren das Geschäft prägen, werden wegfallen oder deutlich an Gewicht verlieren. So wird der klassische Desktop in vielen Unternehmen durch reine Front End-Geräte abgelöst werden, was wiederum die Desktopdienstleistungen nahezu hinfällig machen wird. Die schrittweise Verbreitung von komponentenbasierenden Anwendungen und von Webapplikationen wird voraussichtlich auch den traditionellen Customizing-Markt erheblich reduzieren.

Outsourcingquoten > 50 %. In der kommenden Ära des Computings on Demand wird Outsourcing zur vorherrschenden Erbringungsform für die betriebliche Informationsverarbeitung. Dies bündelt den größten Teil des IT-Service-Marktes bei den Utility-Anbietern und macht sie zur wichtigsten Kundengruppe für IT-Engineeringleistungen. Gleichzeitig wird der Markt für traditionelle IT-Dienstleistungen wie Engineeringprojekte oder Onsite Services drastisch um mindestens 30 bis 50 % schrumpfen.

---

1. Beispiele von heute sind mobilcom-debitel für den Mobilfunk und 1und1 für Internetzugänge/Komplettpakete.

Die Virtualisierung der IT-Infrastruktur wird diesen Prozess beschleunigen. Outsourcing ist bisher ein sehr starres Modell: Vorhandene Infrastrukturen werden eins-zu-eins in ein externes Rechenzentrum verlagert bzw. dort nach einem festgeschriebenen Bauplan neu aufgesetzt. Die Strukturen (welche Server, welche Applikationen etc.) sind in einem Vertragswerk für mehrere Jahre verbindlich festgelegt. Größere Änderungen an diesen Strukturen während der Vertragslaufzeit verursachen für die Outsourcing-Kunden Zusatzkosten, die oft schmerzlich sind. Diese Situation ändert sich nun mit virtualisierten Infrastrukturen und Infrastructure-as-a-Service-Angeboten: Kurzfristige Kapazitätsanpassungen und strukturelle Veränderungen gehören zur Grundidee.

Business Process Outsourcing (BPO) ersetzt IT-Services. Business Process Outsourcing wird ein fester Bestandteil im Werkzeugkasten der Unternehmensentwicklung. BPO betrifft Backofficeprozesse wie das Rechnungswesen oder die Personalabrechnung, aber auch Kernfunktionen wie die Produktion, die Logistik oder Forschung und Entwicklung. Interessant ist, dass neben vordergründigen, eher defensiven Kostensenkungszielen auch Wachstum ein Motiv für Business Process Outsourcing ist. Die Auslagerung von Unternehmensfunktionen soll die Konzentration der eigenen Ressourcen auf die Erschließung neuer Märkte und auf die Entwicklung der Kundenbeziehungen ermöglichen [8]. So verlagern auch deutsche Unternehmen ihre Auftragsbearbeitung nach Indien. Bereits heute gilt BPO als ein wesentlicher Hebel, damit die deutsche Exportwirtschaft wettbewerbsfähig bleibt [9].

Eine Konsequenz von BPO ist jedoch, dass auch der IT-Support aus dem Unternehmen verlagert und bei den BPO-Anbietern gebündelt wird. Business Process Outsourcing verstärkt somit die Verschiebung der Kundenstruktur der IT-Services weg von Endkunden hin zu Utility-Dienstleistern.

Offshoring. IT-Dienstleistungen können zunehmend aus dem Ausland bezogen werden. Eine McKinsey-Studie [10] sieht das Offshoringpotential für IT-Services bei über 40 %. Dieses Offshoringpotential betrifft vorerst vor allem die Anwendungsbetreuung und die Auftragsentwicklung von Software. Es wird jedoch erwartet, dass Computing on Demand auch die Potentiale für den internationalen Bezug von Rechnerleistungen deutlich erhöht.

Der Offshoring-Anteil an den IT-Dienstleistungen der „1. Welt" soll lt. McKinsey von 7 % in 2003 auf ca. 13 % in 2008 anwachsen, womit ein Anteil von 20 % und höher im Jahr 2015 nicht unwahrscheinlich ist, vorausgesetzt, dass die notwendigen Kapazitäten in den Offshore-Herkunftsregionen wie Asien und Osteuropa bereitgestellt werden können.[1] Dieser Erdrutsch scheint vorerst auszubleiben. Der Offshoring-Budgetanteil betrug 2008 in den Vereinigten Staaten ca. 3 % [12]. Für Deutschand wurde für das Jahre 2008 ein Offshoring-Anteil am IT-Service-Markt in Höhe von 3 – 5 % geschätzt [13].

---

1. Konkret für Deutschland sagte A.T.Kearney im Frühjahr 2007 voraus, dass die IT-Bereiche großer Konzerne bis 2011 20 - 40 % ihrer Aufgaben in das Ausland verlagern werden [11].

Doch das bedeutet nicht, dass die Entwicklung stoppen wird! Auch die Sprachbarriere wird Deutschland nur begrenzt vor dieser Entwicklung „schützen". In Osteuropa aber auch in Indien werden umfangreiche deutschsprachige Serviceressourcen aufgebaut.[1] Zudem sind Deutschkenntnisse nicht immer erforderlich: Softwareentwickler, die anwenderferne Funktionen programmieren, müssen nicht der deutschen Sprache mächtig sein. Die Engineers einer IT-Fabrik müssen gleichfalls nicht deutsch sprechen. Deutschland wird in der Offshoringentwicklung nicht voranschreiten, aber es wird folgen. Das Land kann sich dem Sog der Serviceglobalisierung nicht entziehen.

Die Chancen für IT-Service-Unternehmen

Diese zukünftigen Marktverschiebungen bedrohen nicht nur. Sie schaffen auch erhebliche neue Chancen für die IT-Service-Unternehmen, die sich durch Engineeringstärke und Service Design hervorheben:

A Anlagenbauer der IT-Fabriken werden

Utility- und Netzwerkbetreiber werden ihr Geschäft auf einer Infrastruktur aufbauen, die höchsten Anforderungen hinsichtlich Leistung, Sicherheit und Managebarkeit genügen muss. Rückgrat dieser IT-Fabriken werden Virtualisierungsplattformen und integrierte Managementkonsolen sein. Oft werden die Fabriken physische Ressourcen nutzen, die über verschiedene Lokationen verteilt sind.

Diese Fabriken müssen geplant und gebaut werden. Jenseits der Hochglanzprospekte sind virtualisierte Rechenzentren hochkomplexe Systeme, die mit automatisierten Fertigungsanlagen vergleichbar sind. Wer hier als Dienstleister bestehen will, muss eine Reihe von Softwarelösungen und physischen Systemen „gewerk-übergreifend" beherrschen. Derzeit verschärfen Mware und Co. deutlich die Zertifizierungsanforderungen, sicher nicht, um ihr Partnernetz auszudünnen, sondern um die notwendige Qualität für den Aufbau und den Betrieb von „IT-Fabriken" zu sichern!

Endkunden werden zudem die Integration der Angebote verschiedener Utility-Fabriken benötigen. So kann es sein, dass ein Mittelständler seine Mobilitydienste (E-Mail, Remote-Zugang) von einem hierauf spezialisierten Anbieter bezieht, während seine zukünftigen operativen Systeme (Produktion, Logistik, Vertrieb) von einem Utility-Spezialisten für seine Branche geliefert werden und seine zentrale Buchhaltung von einem BPO-Anbieter abgedeckt wird.

---

1. Apropos Sprachbarriere: Wenn Sie mit gut deutsch sprechenden Mitarbeitern verschiedener Service Center telefonieren, dann fragen Sie ihre Gesprächspartner ab und zu, wo diese gerade sitzen. Es wird oft Bratislava, Dublin oder Kapstadt sein. Auch deutsche Sprachkenntnis ist zum Ausbildungsbestandteil der globalen Arbeitswelt geworden.

Kurzum: Der Bedarf an hochqualifizierten Engineeringexperten, die nicht nur Technologien sondern Gesamtarchitekturen und Projektführung beherrschen, wächst.

B Vermarkten

Utility-Betreiber werden Vertriebspartner brauchen. Oftmals werden sie die Entscheidung treffen, sich auf den fehlerfreien und hocheffizienten Betrieb von IT- Betrieben zu konzentrieren und für die Vermarktung ihrer Leistungen Vertriebspartner suchen. Als Folge wird auch Utility Computing respektive Computing on Demand ein Channelsystem haben. Gerade in einer Commoditiy-Welt wird das Entdecken und Verdeutlichen von Kundennutzen eine „goldene" Fähigkeit bleiben. IT-Service-Unternehmen müssen jedoch darauf achten, dass sie nicht nur Vertriebspartner sind und so die Fehler vieler Channelpartner der heutigen Zeit wiederholen, die sich im Kern auf eine Händlerfunktion beschränken.

C Selbst zum Utility-Anbieter werden

Die Utility-Anbieter werden sich zum erheblichen Teil aus den heutigen Teilnehmern des IT-Service-Marktes entwickeln. Um diesen Weg einzuschlagen, ist nicht nur Engineeringkönnen, sondern auch Erfahrung im Betrieb von Outsourcing-Rechenzentren notwendig. Warum also nicht die Entwicklung selbst vorantreiben?

Das erworbene Können zum Service Design hilft hier zusätzlich. Wie können Dienste so gebündelt werden, dass ein bisher nicht dagewesener Kundennutzen entsteht (siehe das „Fallbeispiel Servicebündelung für die mobilen Einzelnutzer")? Welche Wünsche werden ein Unternehmen umtreiben, dessen Erfolg wesentlich von der zügigen und sicheren Integration mit neuen Logistikpartnern abhängen wird, zum Beispiel das Brokerage von Transportleistungen für einen Lebensmittelproduzenten?

Business Process Outsourcing gehört ausdrücklich zu dieser Zukunftsoption. Auch hier kann Service Design den entscheidenden Unterschied im Markt ausmachen. Jetzt ist die Zeit, das erste Können aufzubauen. Bei welchen Kunden und mit welchen Themen bieten sich Pilotprojekte an? Kann das Clientmanagement um die Abwicklung der gesamten C-Teile-Beschaffung ergänzt werden?

Fallbeispiel Servicebündelung für die mobilen Einzelnutzer [14]

Ein schon heute realisierbares Beispiel für Dienstebündelung sind Services für die mobilen Einzelnutzer. Diese Zielgruppe umfasst freie Außendienstmitarbeiter, andere Selbständige und Kleinunternehmer und repräsentiert gut ein Drittel des Business Marktes in Deutschland. Mobile Einzelnutzer kaufen Notebooks, um selbständig mobil arbeiten und kommunizieren zu können. Sie wollen ortsunabhängig jederzeit über ihre Daten verfügen und organisiert bleiben. Das Notebook soll Büro und Fenster zur Welt, aber auch Entertainmentzentrale sein. Dieser eigentliche Wert eines Notebooks wird heute nur sehr begrenzt bedient.

Der Wert eines Notebooks für Einzelanwender kann erheblich gesteigert werden, wenn es zusammen mit einer Schicht von Diensten angeboten wird, die die wirklichen Bedürfnisse der Notebooknutzer bedienen. Das heißt konkret: Mit dem Kauf eines Notebooks muss der Einzelnutzer, der über keine IT-Abteilung verfügt, die Dienste miterwerben können, die ihm eine sichere und weitgehend sorgenfreie Mobilität ermöglichen, ohne dass er ein ausgefuchster Hobby-Systemengineer zu sein hat. Der Notebookkäufer erhält zum Beispiel, ohne dass er noch irgendwelche Einstellungen und Installationen vornehmen muss:

- einen Sicherheitsdienst mit Virenscanner, Firewall, automatischen Updates und Online-Checkups
- einen gesonderten, wirklich sicheren Zugangsschutz für das Gerät und für seine persönlichen Daten (plus einem Recovery Service, wenn er das Passwort vergisst)
- einen Diebstahl-Trackingdienst
- automatisierte Backuplösungen mit der Option eines Online-Datentresors
- einen drahtlosen Internetzugang mit einem Flat Rate-Paket, Voice-over-IP und Hochsicherheitsverbindungen
- ein Servicesystem, das bei Bedarf einen Geräteersatz innerhalb weniger Stunden ermöglicht

Konsequent weiter gedacht, ergeben sich noch viele zusätzliche Diensterweiterungen, so zum Beispiel ein webbasiertes CRM-Paket.

Das Neue sind nicht die einzelnen Dienste, die in irgendeiner Form schon alle existieren, wenn auch oft noch zu kompliziert und fehleranfällig. Die neue Qualität entsteht durch die Integration dieser Dienste zu einem Paket und durch ein neues Denken. Der Notebookkäufer wird aus einem ganz anderem Blickwinkel gesehen: Er ist ein Passagier, der eine mindestens zwei bis drei Jahre dauernde Reise gebucht hat und der nun ein perfektes Erlebnis erwartet.

D Utility Anbieter 2.0 – die Chancen des virtualisierten Rechenzentrums

Der Aufbau einer standardgerechten RZ-Infrastruktur für externe Dienstleistungen kostet Millionenbeträge und dies garantiert noch lange nicht Professionalität. Dafür bedarf es auch eines eingespielten und erfahrenen Teams.

Doch dies ist in den Zeiten reifer Virtualisierungsplattformen nicht mehr notwendig. Der Grund liegt in der Stufenarchitektur virtualisierter Rechenzentren: In ihnen ist die „Physik" weitgehend von den konkreten virtuellen Servern, Storageressourcen und Netzkomponenten getrennt.

„Utility Service Provider" können die Virtualisierungsplattform bereitstellen und den Bau der jeweiligen virtualisierten RZ-Infrastrukturen den IT-Dienstleistern resp. „Utility Service Integratoren" überlassen.

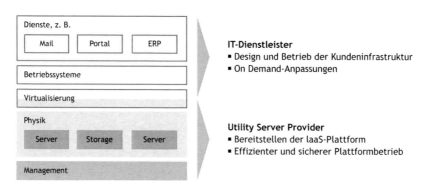

Bild 4-1   Infrastructure as a Service als Channelmodell

Was muss der „Utility Service Provider" konkret anbieten?

- die RZ-Infrastruktur einschl. Klima, Strom, Zugangsschutz und WAN-Anbindung

- die „Physik", also eine robuste Server/Storage/Switch-Infrastruktur

- die Virtualisierungsplattform einschließlich einer konsolidierten Managementumgebung (Monitoring, Ressourcensteuerung etc.)

Die Virtualisierungsplattform ist der Baukasten des IT-Dienstleisters, um die bestmögliche Infrastruktur für seinen Kunden zu gestalten, zu implementieren und sie dann auch zu betreiben.

IT-Service-Unternehmen, die alle Stufen der Virtualisierung beherrschen, können so zu professionellen „dynamischen Outsourcern" werden, ohne selbst ein entsprechendes RZ zu besitzen. Bisher unerreichbare Marktchancen tun sich auf!

Regiosourcing als neue Kraft- Wachsen in der Region

Die IT-Servicemarkt steuert auf Outsourcingquoten von über 50 % zu (siehe Seite 149) – bereits 2011 erwartet der Marktbeobachter EITO einen Outsourcinganteil in Deutschland von 46 % [15]. Aktuell stockt aber offensichtlich die Entwicklung: TPI, ein Outsourcing-Berater, meldete für das 1. Halbjahr 2010 in Deutschland einen Rückgang des Auftragseinganges für Outsourcing-Deals um ca. 50 % gegenüber dem Vorjahr [16].

> Gerade der Mittelstand ist beim Thema Outsourcing skeptisch. Den Mittelstand interessiert nicht, das ein Dienstleister zehntausende Mitarbeiter weltweit hat. Für einen Mittelständler sind andere Faktoren wichtig: Er wünscht sich einen Partner auf Augenhöhe, der für ihn schnell erreichbar und möglichst in der gleichen Region ansässig ist. Er erwartet persönliche Verbindlichkeit und Flexibilität und - dass er für seinen Dienstleister wichtig ist (siehe Seite 31).
>
> Infrastruktur-as-a-Service, angeboten von regional verwurzelten IT-Service-Unternehmen, in Kooperation mit „Utility Service Providern", wird eine Vielzahl von mittelständischen Kunden für den externen Betrieb ihrer Rechner- und Speichersysteme gewinnen. Sie werden Ihre Betriebs-Dienstleistung regional einkaufen und durch einen regionalen Partner betreiben lassen.
>
> Bereits heute gibt es gewachsene, intensive Dienstleistungsbeziehungen. Regionale IT-Service-Unternehmen übernehmen Monitoring- und Wartungsaufgaben für das Rechen-zentrum ihrer mittelständischen Kunden. Viele Kunden erkennen, dass die Breite des Knows Hows ihrer eigenen IT-Mannschaft nicht ausreicht, um sich die Potentiale dynamischer Infrastrukturen zu erschließen. Damit öffnen sich die Türen für den nächsten Schritt.
>
> Regionale Nähe wird auch von Vorteil bei einem der größten Bedenken sein- der Sorge um die Datensicherheit. Vielen Kunden wird bei der Vorstellung unwohl, dass ihre Anwendungen und Daten nicht nur extern betrieben und gespeichert werden, sondern sich mit vielen anderen Unternehmen die gleichen physischen Systeme teilen. Technische Lösungen werden nicht ausreichen, um diese Bedenken auszuräumen. Es bedarf eines persönlichen Vertrauens und einer persönlichen Verbindlichkeit seitens des Dienstleisters- und diese können nicht „herbei präsentiert" werden.
>
> Die Überzeugungskraft dieses Angebotes wird noch größer sein, wenn auch das Rechenzentrum in der Region steht. Dies ist ein vieldiskutierter „weicher" Faktor. Ihn zu ignorieren, wird die Vermarktung zumindest in den nächsten Jahren erschweren. Infrastructure-as-a-Service ist die Chance für regionale Rechenzentren in Kooperation mit lokalen IT-Dienstleistern, Regiosourcing im Outsourcingmarkt zu einem Haupttreiber zu machen.
>
> Nicht nur der Strom wird stärker aus der Region kommen!

E Globale Wachstumschancen mit Engineeringstärke und Service Design
Offshoring bietet neue Möglichkeiten Engineeringkönnen und Servicekapazität mit deutlich niedrigeren Kostenstrukturen als in Deutschland einzubinden. Das Thema ist im deutschen IT-Alltag insbesondere bei Softwareprojekten angekommen [17]. Aus Sicht vieler IT-Dienstleister ist Offshoring eine Notwendigkeit, um wettbewerbsfähig zu bleiben. Und es ist eine Defensivposition, um Schlimmeres zu verhindern.

Die spannendere Frage ist, wie die Globalisierung für das Wachstum von IT-Services in Deutschland genutzt wird- durch Inshoring![1]

---

1. Die Frage und die Antworten darauf sind nach Auffassung des Autors auf den gesamten deutschsprachigen Raum übertragbar.

Nachdem viele Jahre die Kritik am Standort Deutschland im Vordergrund stand (Lohnkosten, Steuern, Regulierung – siehe auch Seite 18) rücken nun erfreulicherweise auch die Stärken des Standortes in das Blickfeld. Hierzu gehören [18]:

- eine gut ausgebildete und erfahrene Arbeitskräftebasis
- eine breite F&E-Basis
- eine hohe Rechtsicherheit einschließlich eines im internationalen Vergleich strengen Datenschutzrechtes
- politische Stabilität
- ein großer eigener Binnenmarkt, welcher 2010 voraussichtlich der viertgrößte IT-Markt der Welt [19] ist, zudem in der Mitte Europas
- und nicht zuletzt die Marke „Made in Germany", die für hohe Qualität und Innovation steht

In einer Studie des Berliner Analystenhauses Berlecon [20] werden eine Reihe von Beispielen für „Globalisierungsgewinner" aus der deutschen IT-Service-Branche aufgezeigt- Unternehmen die mit Service Design und Engineering Stärke international auftrumpfen. So sind IT-Helpdesks durchaus ein Thema für Hochlohn-Standorte, dann nämlich, wenn es um hochwertige Unterstützungsleistungen geht, die ein tiefes technologisches Wissen und eine intensive Prozesskenntnis -und ein hohes persönliches Engagement- erfordern. Hier werden Dienste nicht von der Stange geliefert, sondern ausgehend von den individuellen Kundenbedürfnissen gestaltet.[1] Auch Engineeringstärke ist ein Hebel, um IT-Services nach Deutschland zu holen, so bei der Entwicklung und beim Betrieb von RZ-Lösungen.[2]

---

1. Hierzu ein Beispiel aus der Berlecon-Studie: „Ein ausschlaggebender Faktor für die Auftragsvergabe durch Kodak an (das Berliner Servicecenter von - d.A.) Getronics war die hohe Prozesskompetenz der Berliner, die mit einer hohen Sprachqualität gepaart ist. So verweist der Geschäftsführer des Unternehmens, Herr Hans-Jörg Tittlbach, auf den Einsatz der in Berlin zahlreich vorhandenen Muttersprachler (native speaker), wodurch das Unternehmen eine hohe Sprachqualität sicherstellt. Darüber hinaus sind die niedrige Fluktuation und der gute Ausbildungsstand der Mitarbeiter hierzulande die Basis für das hohe Prozessverständnis." (Berlecon „IT SERVICES MADE IN GERMANY", Dezember 2008, Seite 42)
2. Ein weiteres Beispiel: So spielte für den IT-Dienstleister Atos Origin „(b)ei der Wahl von Essen als zentrales Delivery & Competence Center für Mainframe Services [...] die vorhandene Infrastruktur und die spezifischen Kompetenzen der Mitarbeiter eine ausschlaggebende Rolle". (Berlecon „IT SERVICES MADE IN GERMANY", Dezember 2008, Seite 32)

Die IT-Leistungserbringung in Deutschland hat hier eine vergleichbare Perspektive wie die klassische Produktion von Industriegütern: Lohnkostennachteile können relativiert, wenn nicht sogar unbedeutend gemacht werden durch einen Mix von Automatisierung und von Leistungen durch hochqualifizierte Mitarbeiter. Die Virtualisierung von Rechenzentren ist solch ein Automatisierungsschub, der zum Inshoring von Private Clouds nach Deutschland führen kann [21].

> **Systemkopf werden!**
>
> Eine gemeinsame Studie [22] von Roland Berger Strategy Consultants und dem Institut der deutschen Wirtschaft, Köln, kam 2007 zu dem Ergebnis, dass besonders jene deutschen Unternehmen erfolgreich in einer globalisierten Welt bestehen und gedeihen, die eine Systemkopf-Strategie verfolgen: „Sie konzentrieren sich in der Heimat auf hochwertige und dispositive Tätigkeiten, organisieren von dort komplexe Wertschöpfungsketten und lagern Einfacharbeit aus." ([22], Seite 8) Zu den Systemkopffunktionen gehören neben den klassischen Zentralleistungen wie Finanzen, Strategie, Personal etc. die Bereiche Forschung & Entwicklung, Design, die Fertigungsplanung, die Vertriebsteuerung und Schlüsselbereiche der Produktion.
>
> Diese Systemköpfe in Deutschland sind Seele, Herz und Gehirn der Unternehmen. Sie sorgen für die notwendige Vernetzung innerhalb und außerhalb des Unternehmens, bündeln das Wissen und Können, schaffen Identität und treiben Innovationen voran. Die Systemköpfe stellen nicht nur sicher, dass ein großer Teil der Wertschöpfung in Deutschland verbleibt, sie sind selbst ein nur schwer kopierbarer, entscheidender Wettbewerbsvorteil.
>
> IT-Dienstleister müssen Systemköpfe werden!

Fazit

Eine der wesentlichen Eigenschaften von disruptiven Veränderungen ist, dass sie innerhalb von wenigen Jahren ganze Branchen und Marktsegmente auf den Kopf stellen, aber letztendlich nicht überraschend kommen. Spätestens ab Mitte der Siebziger Jahre war ein Zusammenbruch des klassischen Schreibmaschinenmarktes absehbar, der dann ab 1982 innerhalb weniger Jahre eintrat.

Ein Unternehmen, das einen grundlegenden Umbruch seines Marktes überleben will, sollte nicht nur frühzeitig damit beginnen, sich an die neuen Rahmenbedingungen anzupassen. Noch besser ist, wenn dieses Unternehmen danach strebt, die neuen Rahmenbedingungen aktiv mitzugestalten. Deshalb werden IT-Service-Unternehmen, die es gelernt haben, Serviceinnovationen zu erzeugen und zu vermarkten, auch in der „Utility-Welt" nicht untergehen. Von einem Top-Engineering und von rundum überzeugenden Serviceprozessen wird sogar noch viel mehr abhängen als heute.

Auch die viel beschworene Konzentration in der IT-Service-Branche ist keine Gesetzmäßigkeit und kein Schicksal, wenn IT-Service-Unternehmen die Chancen nutzen, dass IT-Kunden persönlich und kompetent bedient werden wollen und nicht unpersönlichen Servicemaschinen ausgeliefert sein möchten.

Selbst wenn die klassischen IT-Services in 10 bis 15 Jahren weitgehend vom Markt verdrängt werden sollten, dann eröffnet die Kernkompetenz, hervorragende Dienstleistungen designen zu können, eine Vielzahl von neuen Möglichkeiten, um komplette Businessprozesse zu übernehmen und um Kunden mit Geschäftsdiensten überragend zu bedienen.

(IT-)Dienstleistungen bleiben spannend!

Anhang

Anmerkungen

2 IT – eine Industrie hat sich normalisiert

[1] Auswertung diverser Marktberichte (Business Week, IDC, Fachpresse).

[2] Siehe IDC-Servertracker Deutschland.

[3] Gartner, EMEA Server Forecast, 2004-2015, June 2010

[4] Preisvergleiche aus der Fachpresse (ct) und aus Online-Shops (Alternate.de): Word und Excel kosteten als Einzelpakete in 1995 ca. 420 EUR. Dieser Preis sank 2006 auf ca. 250 bis 260 EUR. Der Endverbraucherpreis für Betriebsysteme ist jedoch im Jahre 2006 mit ca. 150 EUR für Microsoft Windows XP Professional SP2 deutlich höher als bei Microsoft Windows for Workgroups 3.11, für das im Jahre 1996 nur ca. 114 EUR bezahlt werden mussten.

[5] Vgl. „Microsofts neue ERP-Lösung" in Computerpartner vom 25. September 2006, Microsoft Dynamics AX 4.0, deren Preise bei 1.725 EUR pro User beginnen.

[6] Vgl. „Vor dem Umbruch", Wirtschaftswoche vom 20. Oktober 2005, Seiten 162-165.

[7] Siehe IDC-Servertracker Deutschland.

[8] Linux Magazin, 02. Dezember 2009 <http://de.linux-magazin.de/NEWS/Q3-2009-Bladeserver-und-x86-Plattform-fuehren-Servermarkt-an>, 06.11.2010

[9] Vgl. zum Beispiel IDC Forecast, June 2006 sowie eTForecasts „Worldwide PC Forecast", December 2003.

[10] Vgl. IDC Forecast, June 2006: IDC prognostiziert einen Anstieg der weltweit verkauften PCs von ca. 208 Mio. Stück in 2005 auf ca. 334 Mio. Stück in 2010.

[11] Siehe IPS, October 25 2005: „Brazil Leads the Way in the Free Software Movement" <http://ipsnews.net/interna.asp?idnews=26006>.

[12] Vgl. Infoworld, September 15 2006 „China's BLX takes Godson-2 processor to 1GHz" <http://www.infoworld.com/archives/emailPrint.jsp?R=printThis&A=/article/06/09/15/HNgodson2_1.html> oder China Daily, Sep 14 2006 „Scientists unveil China's most advanced processor" <http://english.peopledaily.com.cn/200609/14/eng20060914_302512.html>.

[13] „The Netbook Effect: How Cheap Little Laptops Hit the Big Time", Wired MAGAZINE 17.03, 02.23.09 <http://www.wired.com/gadgets/wireless/magazine/17-03/mf_netbooks>

[14] <http://www.zdnet.de/news/wirtschaft_unternehmen_business_studie_ipad_nimmt_netbooks_marktanteile_ab_story-39001020-41533468-1.htm>

[15] Vgl. die EITO-Jahresberichte 2003-2005 sowie den IDC <Market Outlook BRIC 2005-09>, November 2005.

[16] Vgl. IDC-Servertracker Deutschland.

[17] CEMIX: Consumer Electronics Marktindezés Deutschland 2006-2009

[18] Deutsche Telekom Annual Report 2009, p. 53

[19] Siehe zum Beispiel „Outsourcing Innovation", Business Week European Edition, March 21 2005, p. 46-51.

[20] Vgl. „Inside Intel", Business Week European Edition, January 9 2006, p. 43-53.

[21] Schön beschrieben in „Your Next IT Strategy" (Hagel/Brown in Harvard Business Review October 2001, p. 105-113) und „Edging into Web services" (Hagel in Mc Kinsey Quarterly Special Edition 2002, p. 29-37).

[22] Vgl. „Do Web Services Matter?", Nicolas Carr, January 17 2005 auf <http://www.nicholasgcarr.com/>.

[23] Vgl. Computerpartner vom 28. September 2005: „Australier versprechen WLAN mit bis zu 10 Gigabit pro Sekunde" <http://www.computerpartner.de/produkteundtechnologien/200351/>.

[24] Forrester Research, „Yet another cloud", Forrester's First Proposal Of A Cloud Taxonomy, July 30, 2009

[25] Dr. Kay P. Hradilak, „Die Sprengkraft der Cloud", www.Channelpartner.de, 28.09.2010 <http://www.channelpartner.de/managed-services/296560/index.html?r=759631524483199&lid=91544>

[26] Siehe zum Beispiel Samuelson „Where Ricardo and Mill Rebut and Confirm Arguments of Mainstream Economists Supporting Globalization", Journal of Economic Perspectives, Summer 2004 und in Roberts „The Harsh Truth About Outsourcing", Business Week European Edition, March 22 2004.

[27] Vgl. Hans-Werner Sinn „Lösen Sie mit am deutschen Rätsel", FAZ vom 9. April 2005.

[28] BR-ONLINE, a-Forum, Mitschrift der Sendung vom 19.11.1998, Prof. Dr.-Ing. Hans-Jörg Bullinger im Gespräch mit Klaus Kastan <www.br-online.de/download/pdf/alpha/b/bullinger.pdf>

[29] Siehe <http://www.computacenter.co.uk/services/> oder <http://www.pinkroccade.co.uk/>, Stand September 2005

[30] Quellen: PAC: „GERMANY - PART 4C ANALYSIS AND TRENDS BY IT SERVICES" Oct 07 2005, IDC zum Beispiel „Der Markt für IT-Services in Deutschland 2004-2009" September 2004 , Gartner: <http://www.gartner.com/> Bereich „Markets", EITO: „Yearbook 2003" p. 411.

[31] IDC sagte noch 2000 eine Steigerung der Infrastruktur Services von 1999 bis 2004 um ca. 50 % voraus (IDC, „European Business Infrastructure and Technology Services Markets and Trends, 1999-2004", March 2000).

[32] So Gartner, June 26 2006 <www.gartner.com/press_releases/asset_154164_11.html>: „While the good news is that desktop PC and notebook PC hardware AFRs (annual failure rates- der Autor) have declined, the bad news is that notebook AFRs still range from 15 percent to 20 percent throughout the life of the system. Three years ago, notebook AFRs averaged 20 percent in the first year, climbing to 28 percent in the third year. Desktop AFRs have gone from 7 percent in year 1 and 15 percent in the fourth year of life to a current level of 5 percent in year 1 with an anticipated 12 percent in the fourth year."

[33] Vgl. Aussagen von BITKOM, Ovum aber auch von META Group, Pierre Audoin Conseil.

[34] Die Preisreduzierungen betragen lt. Pierre Audoin Conseil bis zu 30 % (Financial Times Deutschland vom 20. April 2006, Seite 4).

3 Werden Sie ein Engineering-Unternehmen

[1] Siehe unter anderem „Keine Entwarnung für den IT-Servicemarkt", Computerwoche vom 16. September 2003, „Gartner: IT-Services werden zum Massenprodukt", Computerwoche vom 10. März 2005, „Ganzheitliche IT-Dienstleister auf dem Siegeszug", CIO-Magazin vom 7. Dezember 2005.

[2] Siehe „IT-Services", KPMG December 2004.

[3] Siehe zum Beispiel „Der wilde Haufen", Informationweek vom 22. März 2001.

[4] Vgl. „IT-Dienste aus der Fabrik", Computerwoche vom 27. Oktober 2005 und „Geschäftsstrategie für IT-Dienstleister- Innovation", T. Graven, Vorlesungsreihe Serviceengineering, Sommersemester 2004 an der Uni Leipzig.

[5] Vgl. „Taking a Page from Toyota's Playbook", Business Week European Edition August 22/29 2005, p. 47-50.

[6] Siehe zum Beispiel die Wirtschaftswochen-Umfrage (Trendence Institut) von August 2005 <http://www.wiwo.de/pswiwo/fn/ww2/sfn/slink/bid/102345/index.html> oder die Universum-Studie 2006 (FTD vom 02. Juni 2006, Seite 30).

[7] Siehe Capital-Umfrage Februar 2006.

[8] Vgl. „Star Search", Business Week European Edition, October 10 2005, p. 42-52.

[9] Als „Hebel der Größe" werden oft aufgeführt: Eine höhere Eigenfinanzierung, größere Ausdauer bei Innovationen, Stabilität für Kunden und eine bessere Fähigkeit Risiken auszugleichen (vgl. J. Immelt, Druckausgabe des Vortrages auf dem Emerging Technologies Symposium, Cambridge, September 25 2003, p. 13-14 oder L. Gerstner, „Who Says Elephants Can't Dance?", HarperCollins 2002, p. 242).

[10] Siehe „Rough Sailing For EDS's Navy Contract", May 8 2003 <http://www.internetnews.com/ent-news/article.php/2203091>, „Deeper Trouble Vexing E.D.S. and Other Data Services", New York Times, November 3 2004.

[11] „Bund bleibt auf Kosten für fehlerhafte ALG-II-Software sitzen", tecchannel.de, 29. Dezember 2005 <http://www.tecchannel.de/news/themen/business/816263/index.html>.

[12] Lesenswert hierzu: „Geschichten aus dem Tollhaus", DIE ZEIT vom 26.02.2004 (10/2004). Auch: „EDS. What went wrong", Business Week Global Edition, April 7 2003 (Web Archive).

[13] Eine packende und erschütternde Beschreibung finden sie von William Langewiesche: „Columbia's Last Flight", The Atlantic Monthly, November 2003, p. 58-88).

[14] Siehe <www.c1-group.de>, Stand März 2006.

[15] Siehe zum Beispiel die Diskussionen um die innere Verfassung von Microsoft, unter anderem in Business Week European Edition, April 19 2004 und September 26 2005.

[16] Vgl. Keegan „The Mask of Command", Random House 2004, p. 60-91.

4 Ausblick: Werden Sie Servicearchitekt und Utility Engineer

[1] Nicolas Carr „IT doesn´t matter", Harvard Business Review May 2003, p. 5-12.

[2] Nicolas Carr „The End of Corporate Computing", Sloan Management Review Spring 2005, p. 67-73.

[3] Nicolas Carr „IT in 2018: From Turing's Machine to the Computing Cloud", An Internet.com IT Management eBook. © 2008, Jupitermedia Corp, p. 5-6

[4] Unter anderem: <http://www.nytimes.com/packages/pdf/business/11microsoft.gates.pdf>, <http://www.scripting.com/disruption/ozzie/TheInternetServicesDisruptio.htm>, Stand Mai 2006.

[5] Vgl. „A eBay for Business Software", Business Week European Edition, September 19 2005, p. 56-62.

Anhang

[6] Siehe Amazon unter <http://aws.amazon.com/de/ec2/>, 05.11.10 sowie das Microsoft Cloud Angebot http://www.microsoft.com/en-us/cloud/, 05.11.10

[7] Bitkom: „Presseinformation: Cloud Computing mit extrem starkem Wachstum", Köln, 6. Oktober 2010.

[8] Vgl. unter anderem „The Future of Outsourcing", Business Week Global Edition, January 30 2006, p. 50-64 und „BPO Fuels European Outsourcing", tpi 2004.

[9] Vgl. Hans-Werner Sinn „Lösen Sie mit am deutschen Rätsel", FAZ vom 9. April 2005.

[10] McKinsey Global Institute, „The Emerging Global Labor Market Part I- The Demand for Offshore Talent in Services", June 2005, p.147-182.

[11] Joachim Hackmann „Konzerne streichen 120 000 IT-Jobs", Computerwoche 13 2007, 30. März 2007

[12] Jason Hiner „IT offshoring is exaggerated and the IT labor shortage is real", ZDNet, 17. November 2008, <http://www.zdnet.com/blog/btl/it-offshoring-is-exaggerated-and-the-it-labor-shortage-is-real/10872>, 05.11.2010

[13] „Offshoring kommt durch die Hintertür", Computerwoche, 10.07.2008, <http://www.computerwoche.de/1224104>, 07.11.10

[14] Ausführlich in Dr. Kay P. Hradilak „Das Notebook im Jahre 2010: Servicedesign kann 500 Euro-Notebook verhindern", Computerpartner 10 2006, Seiten 24-25.

[15] EITO Country Report Germany, März 2010

[16] „European Outsourcing Market Slowed by Lacklustre Contracting",TPI, July 29, 2010, <http://www.tpi.net/newsevents/news/releases/100729-UK.html>, 10.11.10

[17] Daniela Hoffmann „Heimlicher Run aufs Offshoring", Computerwoche, 18.08.2010 http://www.computerwoche.de/management/it-services/2351512/, 10.11.10

[18] Siehe z. B. dbresearch „Inshoring Ziel Deutschland", 28. Februar 2006, Seiten 14ff.

[19] Christiane Pütter „Forrester-Ranking: Deutscher IT-Markt legt 2010 um elf Prozent zu", CIO Magazin, 29.01.2010, <http://www.cio.de/2220246> 19.11.10

[20] Berlecon „IT SERVICES MADE IN GERMANY", Dezember 2008

[21] siehe [17], Abschnitt „Vorteil Deutschland"

[22] BDI, IW Köln, Roland Berger, vbw: „Systemkopf Deutschland Plus- Die Zukunft der Wertschöpfung am Standort Deutschland - Management Summary", BDI-Drucksache Nr. 405, Stand: Januar 2008

Abbildungen

Bild 1-1 Jährliches Wachstum Bruttoinlandsprodukt und IT-Ausgaben in Deutschland in Prozent 1

Bild 2-1 Typische PC-Preise in TUS$ 6

Bild 2-2 Entwicklung Marktanteile von ISS-Servern in Deutschland in Prozent. 7

Bild 2-3 Entwicklung Gesamtbestand an PCs in Mio. Stück: USA, Top 3 Europas und BRIC. 10

Bild 2-4 Entwicklung Bruttoanlageninvestitionen Deutschland in Büromaschinen und DV-Geräte in Mrd. EUR. 12

Bild 2-5 Entwicklung Consumer IT-Markt Deutschland in Mio. EUR. 13

Bild 2-6 Überblick zu Computing on Demand-Initiativen 14

Bild 2-7 Klassifizierung von IT-Services 23

Bild 3-1 Rendite großer IT-Dienstleister. 30

Bild 3-2 Was gehört zu einem Engineering-Produkt? 43

Bild 3-3 Checkliste Kundenanalyse und -planung 58

Bild 3-4 Das Kundenportfolio 60

Bild 3-5 Typische Durchdringungspfade in der Kundenplanung 63

Bild 3-6 Checkliste Markenbild 70

Bild 3-7 Checkliste Marketinginstrumente 72

Bild 3-8 Checkliste für Fallbeispiele (Cases) 73

Bild 3-9 Checkliste Skill- und Projektdatenbank 105

Bild 3-10 Die „horizontale" Organisation 116

Bild 3-11 Die wichtigsten Werkzeuge für die operative Steuerung 126

Bild 3-12 Wie groß muss der Quartalsfunnel für einen Key Account Manager sein? 130

Bild 3-13 Checkliste regionale Business Planung 134

Bild 4-1 Infrastructure as a Service als Channelmodell 154

Boxen

Das Gesetz der Kommodisierung	5
Der PC-Fall	6
Szenario-Prozessor „Ruhm der Mitte"	11
Update 2010: Die Disruption kam anders	11
Rückläufige Anlageinvestitionen in Hardware	12
Hoffnung Consumer-Markt? Danke iPhone!	13
Web Services: Werden die Anwendungen zur Utility?	16
Update 2010: Cloud Computing – alter Wein in neuen Schläuchen!?	17
IT-Services sind Ermöglicher	21
Größe garantiert keine hohe Profitabilität	30
Vorsprung durch Können	45
Ist eine überragende Kundenerfahrung zu teuer?	49
Was nicht ausgesessen werden darf	56
Die hohe Kunst, sich von Kunden zu verabschieden	61
Wann macht ein eigener Messestand Sinn?	76
Der wichtigste Schritt von allen	87
Projektbudgets als unternehmerischer Anreiz	93
Wie finde ich die richtige Quote?	95
Was tun, wenn es ein „grottenschlechtes" Jahr ist?	97
Der Firmenwagen – ein deutsches Thema	98
„Die Zentrale und die Front"	111
Horizontale Organisationen heute	117
„Wenn wir unschlagbar geworden sind"	121
Muss das sein (Die Accountgespräche)?	131
Was wird eigentlich freigegeben?	132
Der Charakter des Managements	140
Wir wollen unsere Leute nicht verbrennen	142
Never give up (Die USS Interepid)	144
Fallbeispiel Servicebündelung für die mobilen Einzelnutzer	153
Regiosourcing als neue Kraft- Wachsen in der Region	154
Systemkopf werden!	157

Bücher

Christensen, Clayton M.: *The Innovator's Dilemma* (Boston: HBS Press, 1997)

Davidow, William H.; Uttal, Bro: *Service Total* (Frankfurt/New York: Campus, 1991)

Gerstner Jr., Louis V.: *Who Says Elephants Can't Dance?* (New York: HarperCollins, 2002)

Grulke, Wolfgang: *[10] lessons from the future* (London: Prentice Hall, 2001)

Keegan, John: *The Mask of Command* (London: Random House, 2004)

Maister, David H.: *Managing The Professional Service Firm* (New York: Simon & Schuster, 1997)

McCormack, Mark H.: „*Was Sie an der Harvard Business School nicht lernen*" (Landsberg am Lech: mvg Verlag, 1991)

Nonaka, Ikujiro; Takeuchi, Hirotaka: *The Knowledge Creating Company* (New York/Oxford: Oxford University Press, 1995)

Prahalad, C.K.; Ramaswamy, Venkat: *The Future Of Competition* (Boston: HBS Press, 2004)

Tulgan, Bruce: *Wettlauf um die Besten* (München: ECON, 2001)

Kapitel-Zitate

Kapitel 1:   Wolfgang Grulke: „[10] lessons from the future", Prentice Hall 2001, p. 143

Kapitel 2:   Brad De Long: „Paradise Lost- A Survey of the IT industry", The Economist, May 10 2003, p. 2

Kapitel 3.1: IBM Corp. Annual Report 2003, <http://www.ibm.com/annual-report/2003/noflash/igc_l_jri.shtml>

Kapitel 3.2: William H. Davidow, Bro Uttal: „Service Total", Campus Verlag 1989, Seite 162

Kapitel 3.3: „Inside Intel", Business Week European Edition, January 9 2006, p. 44

Kapitel 3.4: „Welcome to Procter & Gadget", Business Week European Edition, February 7 2005, p. 59

Kapitel 3.5: „Revenge of the nerds – again", Business Week European Edition, August 8/15 2005, p. 30

Kapitel 3.6: Bruce Tulgan: „Wettlauf um die Beste"", Econ, 1. Auflage 2001, Seite 96

Kapitel 3.7: „Outsourcing Innovation", Business Week European Edition, March 21 2006, p. 52

Kapitel 3.8: „Strategy as revolution", Harvard Business Review July-August 1996, p. 74

Kapitel 3.10: Mark H. McCormack: „Was Sie an der Harvard Business School nicht lernen", mvg Verlag 1991, Seite 174

Kapitel 3.11: „The Leadership Mindset", Business Week Global Edition, January 30 2005, p. 120

Kapitel 4:   Interne Microsoft Memo vom 30. Oktober 2005, siehe unter anderem, <http://www.nytimes.com/packages/pdf/business/11microsoft.gates.pdf>

Stichwortverzeichnis

„Goldene Neunziger" 1
„Großkampfschiffe"
    Profitabilität 30
    zentrale Managementthemen 31
„Grow or Go" 119
„Jäger" oder „Farmer" 60
„Kolonial-Syndrom", bei Übernahmen 123
„On Demand"-Zukunft 148
„Preispunkt-Effekt" 10
„Software aus dem Netz" 8

A.T.Kearney 150
accenture 29, 30
Account Manager 87
Accountgespräche 131
Alumni-Programme 81
AMD 7, 10
Anbieterseite, Computermarkt 14
Anlageinvestitionen 12
Applikationen 23
Atos Origin 30
Auftragswahrscheinlichkeit 129
Ausgründung von Bereichen 115
Auslastungsvorgaben 94
Auslastungsvorschau 127

Basisfähigkeiten, von IT-Dienstleistern 25
Basiswissen, Services 50
BearingPoint 29, 30
Bechtle-Gruppe 117
Benchmarks mit Wettbewerbern 135
Bereichsleiter 84
    Schritt zum Geschäftsführer 89
    vom Vertriebsleiter zum B. 89

Berufliche Netzwerke 80
Beschaffung
    Bereiche 101
    Make or Buy 101
Bescheidenheit (Kultur) 121
Beschleuniger (Provision) 96
Besetzung von Führungspositionen, Mergers & Acquisitions 122
Betriebsprodukte 45
    Charakter 45
    Entwicklung 46
Branchenteams 108
BRIC-Länder 10
Bruttoinlandsprodukt, Entwicklung 1
Bundesagentur für Arbeit 113
Business Case (Neue Produkte) 41
Business Critical Computing 7
Business Pläne
    bei Ausgründung 115
    Jahresplanung 133
    Kundenplanung 62
    neue Produkte 50
Business Process Outsourcing 150, 152

C1 117
CapGemini 29
CEBIT 2009 (Szenario) 11
Chancen, für IT-Service-Unternehmen 151
China, Prozessorenentwicklung 10
Cloud Computing 17, 148
Cloud Computing-Markt 148
Computing on Demand 14
Consumer Elektronik 13
Consumer-Markt 13
Controlling, Bottom Up 125

CRM 23, 65, 153
CSC 29, 30

Datenbanken
    Produkte 50
    Projekte 104
    Skills 104
DEC 5
Deckungsbeitrag
    Betrieb 128
    Projekte 128
DELL 10, 14, 22
Disruptive Veränderungen 157
Durchdringungspfade, bei Kunden 63

EDS 29, 113
EITO 154
Ende der IT? 147
Engineeringstärke 32
Engineers 85
Entwicklung Tagessätze 26
ERP 8, 23
Ertragspool 14

Fallbeispiele (Best Cases) 73
Feldforschung 47
Feldorganisation 104
Flugzeugträger 144
Funnelliste (Vertrieb) 87
Funnelsteuerung 129

Global Vision IT Consulting 45
Globalisierung, von Services 151
Google Apps 148

Hochleistungsorganisation 137
Horizontales Wachstum 115
HP 10, 14

HP Services 29, 30

IBM 10, 14
IBM Global Services 29, 30
Industry Standard Server 7
Infrastructure-as-a-Service 150, 155
Intel 10, 11, 14
iPhone 13
Ist-Abrechnung 126, 128
IT-Betrieb 25
IT-Consulting 24
IT-Engineering 24
IT-Engineering-Produkte 39
    Charakter 39
    Entwicklung 40
    Preisbildung 43
    Produktisierung 42
    Roll Out 42
IT-Infrastruktur 39
IT-Markt
    Anbietergruppen in Zukunft 147
    Brasilien, Russland & China (BRIC) 9
    Consumer IT Deutschland 13
    Stagnation in Deutschland 18
IT-Service-Produkte, Typen 38
IT-Services
    Geschäftsfelder 24
    Inhalt und Charakter 21
    IT-Infrastruktur & Applikationen 24
    Klassifizierung von Analysten 21

Jäger 80
Junior Engineers 85
Junior-Verkäufer 86

Kalkulationsverfahren 132
Karrierepfade
    Services 83
    Vertrieb 86

Key Account Manager 88

Kommodisierung 5
   der Anwendungslandschaft 16
   Gesetz der K. 5
   von IT-Services 26

Komplexität, der Datenverarbeitung 14

Komponentisierung, der Anwendungsprogramme 16

Krise, Führen in der 143

Kultur
   des Unternehmens 119
   gestalten 122

Kundenanforderung
   in den Neunziger Jahren 1

Kundenanforderungen
   Feldforschung 47
   Potentialerkennung 40

Kundenerfahrung
   bei Betriebsprodukten 46, 47
   bei IT-Engineering-Produkten 39

Kundenqualifizierung
   im laufenden Geschäft 130
   in der Planung 57

Kundenveranstaltungen 74

Leistung von Subunternehmern 127

Leistungsträger
   übernommener Unternehmen 124
   Umgang in der Krise 145

Leistungsverrechnung, interne 112

Leitkultur 123

Linux 8

Linux-Groupies 79

Logica CMG 30

Logistik 25

Management
   „Heroische Führung" 139
   Charakter des 140
   Delegieren und Orchestrieren 137
   Sparmaßnahmen, Umgang mit 143
   Vorleben von Werten 122

Managementberater, Einsatz von 141

Managementkonsole 15

Managementsicht, im Servicevertrieb 56

Marke, Begriff 67

Markenbildung 67
   Checkliste Markenbild 70
   Projekt 68

Markenumsetzung 71

Marketing
   Effizienz 77
   Grundaufgabe 71
   Marketinginstrumente 72, 73

Markt in 2015 149

Marktanteile, ISS-Server 7

Marktführerschaft 44

Marktpotentiale 41

Marktstudien
   Nutzen für Produktentwicklung 41

Mergers & Acquisitions 122

Meritokratie 138

Messen 75

Microsoft 8, 14, 16
   Excel, Preisentwicklung 8
   Monopol 9
   Windows 8, 10
   Windows 3.1 6
   Windows for Workgroups 3.11 8
   Windows XP Professional 8
   Word, Preisentwicklung 8

Middleware 16

Mitarbeiterentwicklung 88
   Bereichs- und Teamleiter 138
   von Engineers 83
   von Verkäufern 88

Mittelfristige Kundenentwicklung
    den roten Faden halten 131
    Kundenplanung 62
    Kundenportfolios 59
    Kundenqualifizierung 57

Nachträge 126

Netbook 6, 11

Netweaver 16

Netzwerkcomputer 15

Neukunden, Potentiale 42

NIXDORF 5

Office-Software 8
    webbasierend 148

Offshoring 150, 155

Oligopol, von Computerherstellern 10

Open Source-Software 8

Oracle 14, 16, 102

Organisation
    nach Kompetenzen 110
    nach Regionen und Top-Kunden 107

OS/2 1

Outsourcing, Markt 26

Outsourcingquoten > 50 % 149

Partnerschaften, siehe auch Technologie-partnerschaften 25

PC
    Gesamtbestand an 10

PC-Marge 2

Personalentwicklung 82

Pinguine 79

Potentialerkennung 40

Preisdruck, Softwarebereich 8

Preisdrücken 104

Preispremium für „Markenqualität" 45

Preisverfall 5
    Grundsätzliche Ursachen 8
    IT-Services 26
    PCs 6
    Unix-Server 7

Presales Consultant 3, 53, 86

Pressearbeit 73

Produktbereichs-Verantwortliche 49, 85

Produktentwicklung, Organisation 49

Produktisierung 37

Produktteams 49, 110

Professionalität 119

Projektdatenbank 104

Projektleiter 83

Provisionskurve 96

Qualitätskontrolle, Projekte 127

Quartalsfunnel 130
    Kennzahlen 130

Quartalskampagnen 129

Quartalsreview
    für Marketingaktivitäten 71
    Lost-Analysen 131
    zur Kundenentwicklung 64

Regionsleiter
    (Bereichsleiter) 108
    Ausgründung fördern 115

Regiosourcing 154

Ressourcenmanagement 112

Risikomanagements 132

Roland Berger Strategy Consultants 157

Rollenspiel 53

Sanierung
    Top Down 143

SAP 16

SBS 29, 30

Senior Engineers 85
Servermarkt 7, 12
Service Design 33, 46
    Fallbeispiel Außendienst 47
    Fallbeispiel mobiler Einzelnutzer 153
Service Level, überfüllte Erwartungen 47
Service Level-Steuerung 128
Service Oriented Architectures 16
Serviceerfahrung, siehe auch Kundenerfahrung 22
Servicepartnerschaften 103
    Anforderungen an 103
Servicevertrieb
    Anforderungen 55
    durch Serviceorganisation 54
    Managementsicht 55
Skilldatenbank 104
Software aus dem Netz 8
Softwaretools, Projektsteuerung 127
Spezialisten 84
Spielregeln, Management 111
Spitzenkönnen 101
Sponsoring 75
Standard-PC 5
Standort Deutschland 156
Storagebereich 8
Storagemarkt 13
Studien, beliebtester Arbeitgeber 81
Stundenschreibung 126
Sub-Marken 71
SUN 14
SUN, Scott McNealy 15
Systematiken, im Controlling 135
Systemhäuser 2
Systemkopf-Strategie 157
Szenario, Prozessor „Ruhm der Mitte" 11

Teamleiter 84
Technologiepartnerschaften 102
Telefonvertrieb 61
Terminmanagement, Projekte 126
Tivoli 45
Toleranz (Kultur) 120
Toll Collect 75, 113
Top 3 Europas 10
Top Down-Denken 125
Top-Engineer 79
Topkundenteams 108
Top-Verkäufer 79
Trainees 86
Trainingsprogramme, Vertrieb 64
T-Systems 29, 30, 75, 113

Überzeugungen, der Branche 2
Unix-Server 7
Utility Computing, siehe Computing on Demand 14
Utility Service Provider 154
Utility, Web Services 16
Utility-Anbieter 147, 152

Variable Vergütung
    Anteil bei Engineers 92
    Vertrieb 94
Vergütung
    Bereichsleiter 97
    Prinzipien 35
    Serviceorganisation 92
    Vertrieb 94
    von geleisteten Stunden 92
Vertriebliche Durchdringung, Servicebereich 54
Vertriebliche Grundausbildung 64
Vertriebliches Handwerk 64
Vertriebsleiter 88

Vetorecht für die Kalkulation 133
VMware 151
Vorschaurechnungen 126

Wang 5
Web Services 16
Webauftritt 74
Wissensmanagement (Bereich) 112

XML 16, 147

Zielmaßstab für IT-Service-Verkäufer 55
Zwingender Pfad (Kunden) 130